日本人とリズム感

「拍」をめぐる日本文化論

higuchi keiko
樋口桂子

青土社

日本人とリズム感　目次

第3章　模倣のリズムと情景の模写

第4章　リズムの距離

日本人とリズム感
「拍」をめぐる日本文化論

まえがき

すでにかなり前のことである。たぶん三〇年は前のことだったろうと思う。私は友人とタクシーに乗っていた。タクシーにはこの友人と、そのまた友人であるイタリア人の男性が一緒だった。彼はローマから着いたばかりで、珍しそうに東京の街並みを眺めては、私の友人に盛んに質問を投げかけていた。イタリア生活が長い彼女は、流暢なイタリア語で彼の問いに答えている。タクシーにはラジオの音が流れていた。

と、突然友人がケラケラと笑いだした。どうしたのかと訊ねると、イタリアからのこの客人はラジオから流れてきた都はるみの歌に、「彼女は腹でも痛いのか」と心配そうに聞いたのだという。タクシーの運転手も声を上げて笑った。流れていた曲は往年のヒット曲『アンコ椿は恋の花』で、絞り出すような野太い声が響いていた。ベルカント・オペラの国から来た人には、この発声は驚きだったようだ。

私の友人は身振りや動作もイタリア人に特有の仕草を交えながらさらに会話を続けていた。しかし彼女の身振り手振りは非常にイタリア的ではあるのだが、どこか違う。何かが違う。肩をすくめて手を広げる動作もイタリア人たち独特の恰好で、彼らが使う間合いの間投詞の「マッ」とか「チョエ」という肩を少し上げて出す声もイタリア的である。しかし何かが違うし、なんとも異質な感覚が肌をなでる。それは、日本人がイタリア語のアクセントを完璧に真似ることができないのとは違う違和感であった。彼女のイタリア語が巧みなだけに、この感覚が妙に気になった。

こうして見るともなく見ていると、あることに気がついた。相槌《あいづち》とうなずき方が友人とイタリア男とでは全く逆なのである。「そう、そう」という具合に相手に賛同の意を伝えるとき、彼女はさかんに首を縦に大きく下に振る。首を打ち下ろすように振る。ところがイタリア男の相槌は、むしろ上方に向かっていたのだった。しかも打つタイミングが彼女とは違って、一瞬間をおいていて、俗な言い方で言えば「ウラ拍」で、つまり一拍目と二拍目の間に「ン」を入れて「ンタンタ」と刻むときの「タ」のところで打っている。

なるほどイタリア男の手振りは大きく、周りの空間を吸い込むような勢いで口は動くし、顔の表情も目まぐるしく変わるのではあるが、うなずく動作そのものはさほど多くなかった。激しく打つわけでもなかった。それに対して友人の相槌の回数は小刻みで多い。

一般に日本人の会話は、相槌の回数が他の言語の人々に比べると多い。それも首を下の方に向けて、首を振り下ろすように打つ。プロボクサーやミュージシャンの中にはそうでない人が少なくないのだが、日本人の相槌の向きは一般的には下向きで、回数が多いようである。テレビのアナウンサーやコメンテーターと呼ばれる人でさえそうである。

ラジオから流れてきた演歌の「腹が痛い」ように聴こえた声も、下向きに出した声であった。そもそも演歌の発声は、地面の下方に向けて絞り出すようなところがあり、しかも声は声帯から発せられる声音だけでなく、気管や肺を伝って出てくる息の音さえも積極的に取り込んでつくる。声の中の息という、いわば雑音成分を多くして演歌独特の声を出しているのである。

こうした声の出し方に慣れ、相槌を下向きにする日本人の感性は、より根源的なものに由来しているのではないかと、そのとき思った。そして頭の隅にあったこのことが、今回、日本人のリズム感と表現の傾向を考えてゆくひとつのきっかけになった。

相槌の打ち方は用いる言語によって違う。相槌は言語の一部である。テレビで流暢に日本語を話す外国人タレントたちは、日本語を使うときには日本風の仕草をしているが、母国語になると身振りも物腰も変わる人が中にはいる。言語によって器用に変える、というよりも、言語のもつ要素が自然と彼らの動作を変えさせるのであろう。面白いことにそうした外国人タレントたちは日本語で言葉に詰まると、日本人のように「あの〜」「え〜と」と言う。ときには「あの、お〜」などと母音をさらにもう一度繰り返して延ばす。同じように言葉を選ぼうとしても、彼らは母国語であったなら、決して出さないであろう声を出す。言語は言語を使う人の感性と思考と所作・仕草をも変えていく。言語は独自のリズムをもっているように見える。

所作・仕草は言語と言語文化の集積である。個人差はあるものの、とりわけうなずく動作と相槌は言語の核に近いところに場を占めている。ところがそれほど重要と思われる相槌の打ち方が、どの文法書にも出て来ない。それは相槌が、文法とは直接かかわらないものであるからであろう。相槌は動きであり、言語のリズムそのものである。言語リズムの反映が相槌である。しかしこのリズム感を文法書に書くことはできないようである。

相槌は言語の中に組み込まれており、言語と文化の全体に根を張っている。日本語の声の出し方、発声仕方は、言語のリズムとしての相槌の打ち方とつながっている。タクシーに同乗したイタリア人の相槌は、よく見ればただ上向きであるというよりも、弓をしならせるようにして、上に向かうゆるやかな弧を描いていた。それはイタリア語のもつリズム感そのものを映していたのであろう。

相槌や仕草は言語リズムそのものがつくっているように見える。日本語の発音は、最初に強拍を置く。それゆえ相槌も強拍部分に置いて頭を下に振り下ろす。これに対して演歌を聞いたイタリア人の相槌は少ないか、あるいは打つとしても、いわゆるウラ打ちであった。

日本人は表を、つまり表面に出る顔を重んじる。しかし表を見る以上に日本人は裏に敏感である。実際、日本人ほど裏に重きを置く文化も少ないように思われる。しかしそれではどうして相槌に裏が出てこないのであろう。なぜウラ拍でうなずかないのであろう。

実は、日本人の裏の感覚はかなり強力に働いてリズム感をつくっている。西洋近代のリズムではウラ拍はオモテ拍と力を合わせて働く。ウラ拍はオモテ拍のために自らを用意する。リズムはウラを見せてゆくのである。そもそもヨーロッパの近代思想は、隠された部分を表に曝け出して、目に見えるようにしていくものであった。リズムにおいても裏を露呈しようとした。ところが日本人の感性においては、裏は隠れながら、表と拮抗する形で、実際には強く自らを自己主張している。

本書では、表を支配する裏の力がどのようにして日本的なリズムとリズム感をつくっていったのかを見てゆく。日本の裏と表は、おたがいに切断されて断絶した異なる次元にある。その意識が日本人の感性と日本的なリズム感覚をつくっていったと思われる。このことをリズム感の側面から考えてみようというわけである。

そこで本書の構成を簡単に説明しておきたい。

まず第1章では、音の聞き取り方に注目する。われわれは世の中にあふれる物音《ものおと》をすべて聞き取っているわけではない。耳に入って来ても聞いていない音がある。あるいは聴覚でないものを音として聞き取っている場合がある。音はリズム感をつくるが、しかしリズムは音にだけ求められるものではない。音の聞き取りとリズムとの不思議な関係に、リズム感の問題を解く緒をつかもうというのがこの章である。

次に第2章では、身体の動きと呼吸と発声という観点に立って、リズム感の「方向」について考える。身体の基本的な動作や習慣的な仕草は、生《せい》が育んできたリズムの方向性を映し出している。文化の特性を身体のリズムの方向の中に見てゆくわけである。

続く第3章では、見る視点を心や感情に移してリズム感の在り処を考えてゆく。人は心が好ましいと感じるものの方向に自然と身体を傾ける。さらにそれを真似ようとする。リズム感は模倣する感情と微妙に重なり合って、リズムの型をつくっているように思われる。

第4章では、第3章で考えたリズムの型、つまり感性が捉えたリズム感を、事物の認識の仕方から考えてゆく。とりわけ「もの」と「こと」という、日本語に特徴的な表現に照準を合わせてリズム感を考える。

第5章では、こうして見てきた問題を日本人の「裏」・「表」の意識と関連づけ、さらにそれを指示詞の「ソ」と絡みあわせながら、リズム感に潜む問題を考えてゆく。実は、われわれが何気なく歌っている歌謡曲やJ-ポップも、「ソ」と「裏」という捉え方無しには誕生しなかったところがある。

第6章では、ここまでに得たことを時間軸に投影して日本人のリズム感を考えてゆく。なかでも、とりわけ翻訳が厄介だとされる「なつかしい」という語の意味変化を軸に、日本的なリズム感を炙り出してゆく。

終章では、日本文化における裏の力がどのようにしてリズム感をつくってきたのかを総括する。今や日本を代表する文化となったアニメやマンガには、日本文化のリズム感が溢れている。これらが世界に受け入れられることの意味とは何か。リズム感は動作や仕草、声の出し方の奥深くに根を張って感性の型をつくり、ふとしたところで顔を出す。この章では日本人のリズム感の在り処を明らかにするとともに、日本のリズムの一体何が今、他の文化圏の人々に興味を抱かせるのかをも解いてゆくことになる。

普段われわれは自分のリズムとリズム感覚についてほとんど考えない。どのように歩き、どのように話し、どのように呼吸するのかをとりたてて意識することがないように、自らのリズム感を考えることをあまりしない。リズム感はわたしたちの身体の深層にこびりつき、生理感覚となっており、意識しなければ見えてこないからである。しかしリズム感について少しだけ立ち止まって考えることは、日本文化の根幹について別の観方をすることができるだけでなく、ほかの文化圏をより深く理解する一助になると思われる。日本人のリズム感を識《し》ることは、他の文化圏の言語や音楽、ダンスのリズムを習得する助けになるかもしれない。

ともかくも、まずは物音《ものおと》に耳を澄ませ、音の捉え方に耳を傾けることから始めることにしよう。

第1章　ものおとの気配

1　「ものおと」がする

　あるとき声楽家の友人が言った。日本のドラマを見ていると、ときどき声の出し方が気になる俳優が出てくる。彼らは語尾の息を強くして声の中に呼吸音を混ぜて、息がもれるような発声をする。そうすると息の音が気になり、発声の方に注意が向いてしまい、ドラマに身が入らなくなる。

　そうした俳優たちは日本を代表する芸達者とされている人たちなので、呼吸音を入れるせりふ回しは役作りのための演技なのかもしれない。しかし彼らの発声の仕方は、どこか「物《もの》」の音を聞いているようで気になる、と言うのである。クラシックの歌曲やオペラを勉強した彼女にとって、「声」は「声」でなければならない。人間が物体のような声を出すのは、どうしても違和感があるようだ。

　確かに耳を澄まして、ドラマの俳優たちのせりふ回しを聞きいていると、そうかもしれないとも感じる。彼女によれば、声楽家仲間には同じようなことを言う人がいるという。声楽を専門に勉強した人とそうでない人とでは、「声」と「音」に対する意識が違うのかもしれない。とはいえ声の出し方という視点で聴いてみると、日本人の声の出し方全般にはどこか特別なところがあるように思われてくる。

　息のもれるような音は、どちらかというと自然の物音《ものおと》に近い。自然音の要素を日本語の発音は認めているところがある。西洋音楽を勉強した友人は、息の音に人の声ではない物の音の成分を感じ取り、それに違和感をもったのかもしれない。西洋音楽の発声は雑音を排除している。そうすると、声の中に紛れ込む息の音を認める日本人の耳は、どこか音や声の受け止め方に違いがあるように思われる。

そもそも日本人は音をどのように捉えて表現しているのであろう。

われわれの周りには日常の音が氾濫している。溢れる音の中で何か或る音に注意を向けるとき、われわれは音を出す音源のものの名を借りて、「ベルの音が響く」、「車の音がする」、「鐘の音がする」などと言う。音は何かの音である。そもそも音を表現するときには、『〜の音』がする」というように、音を出す「物」の名前を用いる。音源が人間や動物であれば、「音」ではなく「声」として、「セミの声が聞こえる」、「鳥の鳴き声がする」などと言う。

音を出す音源は具体的な「もの」である。もっとも耳鳴りという、自分にだけ聞こえる音がある。この場合は具体的な音源がないので、「セミの鳴き声のような音が聞こえる」などと、比喩的な言い回しを使う。擬音を使って、「ジーンという音がする」、「ゴーゴーと言っている」などと言うこともある。しかし外部から聞こえて来る音に対してなら、具体的なものの音源の名を使って、「〜の音がする」と言う。

音がすることが当たり前の日常生活の中では、ひとつの注目したい音に対して、ただ「音がする」という言い方はあまりしない。「音がする」の〈音〉とは、きわめて抽象的で、聞こえてくる音は、何か特定の、具体的なものがつくり出している音に他ならない。「もの」があれば、ものの動きや物と物との接触は「音」を発する。それに「音」とは、物と物とが触れ合って空気が振動するときに聴覚に及ぼされる感覚なのであるから、抽象的な、何の音でもない音とか、あるいは音一般という音はない。もし「音がする」と言うだけで聴く相手が納得するとすれば、それは聞き取るべき音を出す対象を互いに知っていて、そのように言うことを許す状況があるからである。

　ところが「物音（もの音）がする」という言い方がある。「音」に〈もの〉という接頭語をつける言い方である。静寂の中で突然音が聞こえてきた場合などに、われわれは「おや、音がするよ」と言うが、同じことを、「何か物音がするよ」とも言う。音を発するのが何物かわからないときに、われわれは「音」ではなく、わざわざ「物音がする」というのである。「物音がする」という言い方は、「セミの鳴き声がする」というのとは違って、音の出所が何であるかを言っているのではない。音を出す「もの」があること、つまりそこに何かがいること、あることを告げている。そこに「音」を出す何かがある、いると言っている。

　もっとも「そこに何かがある」ということだけを言いたいのであれば、「物音がする」も「音がする」も同じであろう。しかし「音がする」と「物音がする」には、微妙な違いがある。単に「もの」を付けるか付けないか、だけのことであるが、それだけに留まらない問題が潜んでいる。それはまず、「音」の語の前に置かれる接頭語〈もの〉が、日本人の認識仕方を支配する要素をもっていることから出てくる。

　日本語には、〈もの〉を頭につける言い方が少なくない。とくに形容詞、形容動詞に多い。すぐさま「もの静かな」、「ものさびしい」、「もの悲しい」、「ものものしい」など例が頭に浮かぶ。そして〈もの〉という接頭語をつけた形容詞・形容動詞は、「静かな」、「悲しい」、などとは違った、「なんとなく静かな」、「なんとなくさびしい」、あるいは「そこはかとなくさびしい」というような意味合いを付着させている。[1] この違いが「物音がする」と「音がする」との違いに出てきている。

接頭語ということだけを言うなら、〈もの〉以外の語が動詞につく接頭語は、特に古語に多い。たとえば〈うち〉は動詞に付いて、「ちょっと、ふと」という意味を添える（「うち見る」）。あるいは〈うち〉は「すっかり」（「うち絶ゆ」、「うち曇る」）、「勢いよく」（「うちいづ（出づ）」）の意味でも添えられる――ただし、「うち入る（討ち入る）」、「打ち殺す」のように「うつ（打つ）」の意味が残っている複合語の〈うち〉はここの意味の接頭語には入らない。言い添えれば、〈うち〉は一段と語気を強める場合もあって（「勢いよく入っていく」）、「少し、ふと」と、「勢いよく」という、両極端の意味合いを添える興味深い接頭語の例である。

　接頭語には、「どことなく寂しい」、「なんとなく哀しい」という場合の「うら寂しい」、「うら哀しい」の〈うら〉等がある。また、「かたづける、とりまとめる」の意味の〈ひき〉（「ひきしたたむ」、「ひきとめる」、「ひきはがす」）や、「とり外す」の〈とり〉をつける例がある。いずれも語調を整えたり、語勢を強めたりして、語にニュアンスを与え、語幹の意味を強調する作用をする。

　しかしこうした接頭語の中で、〈もの〉は他とは異なる要素をもっている。〈もの〉は、前述のように形容詞につけられるが、さらに名詞の頭につけて、「ものごころつく」、「もの想いをする」とすることができる。また動詞につけて「もの思う」、「もの語る」（物語る）とする場合もある。また目的語として使われることもある。「ものを憂う」という例がそれである。こうした用い方は、〈ひき〉、〈うち〉、〈とり〉には無い。つまり〈もの〉は語勢を強調するだけではなく、別の役割を引き受けている（実を言えば、〈うら〉という接頭語も〈もの〉に近いところがあって、後ほど「もの」とともに本書の大きなテーマとなるのであるが、それについては〈もの〉と併せて、後で詳しく触れることになる）。

　もともと「もの」という語は、実体があって無いような、曖昧なところがある。「なんとなく」「どことなく」という意味合いは実体の無さがつくっており、こうして「もの静かな」には「どことなく静かな」というニュアンスができ、「もの悲しい」は「なんとなく悲しい」という意味合いをもつことになった、と言えるようにも思われる。

しかしそうすると、「なんとなく」の「なんとない」の「何」とは、一体何なのだろう。「どことなく」の「どこ」とは一体何処《どこ》なのであろう。これらの「もの」や「なん（なに）」は明らかにされないにもかかわらず、我々はそこに何かを感じ取る。そのような明らかでない〈もの〉という語が、動詞にも、名詞にも、形容詞・形容動詞や副詞にもつけられて力を発揮するのである。

「何でもないもの」とは、対象を断定できない、あるいは断定しない何かである。対象を特定しない曖昧な存在である。接頭語〈もの〉には、輪郭が見えないという静かな曖昧さがある。しかしこれは見方を変えれば、〈もの〉は存在だけを感じさせる、或る静かな広がり感を与える働きがある、ということになる。このことは「もの悲しい」や「もの思い」、「もの静か」などという〈もの〉のつく語の反対の場合を考えてみれば明らかである。騒々しく、素早く、けたたましく過ぎ去る明確なものに〈もの〉を付けて、「ものうるさい」「もの速い」などとすることは、ほぼない。〈もの〉は曖昧性を強調するが、この曖昧性には、方向性の欠落感と場所の広がりがある。場所だけがある、と言ってもよい。それは動きの少ない、ある静けさで、鈍く遅い、どんよりとした広がり感としての場所である。つまり何かが漂うような空間を「もの音」の〈もの〉は意識させる。〈もの〉は背後に、何かの存在を、何かある気配を暗示する語であるように見える。

あるいは「物音／もの音」には、背後に何かを感じさせる気配がある、とも言える。「もの音」には、未だ正体の定かではない、部分的にしか分からないものの影と、背後に何かが隠されているという感覚がある。「もの音がする」という言い方に何とも言えない曖昧な広がり感があるのは、音の源が何か分からないことに由来している。そこには、どこか得体のしれない、或る不気味さがつき従っている。不気味なものはたいがい、密やかで静かである。

このような日本語の〈モノオト〉の語感は、英語のノイズ noise、フランス語のブリュイ bruit というような語とはかなり異なる。noise や bruit は、他から区別される、いわば輪郭の明解な音を強く感じさせる。しばしば「雑音」と訳されるように、ノイズ noise やブリュイ bruit はわれわれにとっては外からの侵入者であり、異物として〈闖入してきたもの〉と認識される。コンピューターで用いられる「ノイズ」がその例で、それらは耳障りで邪魔な余計なもので、その場を乱しにやってくる。ノイズは自己を主張して、その場で自己主張を始める。

ところが日本語の「もの音」という語には、押しかけてきて自らを顕示しようとする異物であるというよりは、自分の背景にあるものを見せようとする色合いの方が濃い。「もの音」は自分の背後の何かの先ぶれとしての役割が強く、ノイズのように自分自身を訴えかけようとはしない。

日本語の「もの音」は、まわりに溶け込んでいく物を物体として感じさせるすれすれのところにあって、ただ存在を語りかける語であるところがある。そもそも「もの音‐が‐する」という日本語の文の構造が興味深い。つまりこれは、「もの音」＝「物の音」を主語＝動作主とし、「する」を述語の動詞としている。この文型はわれわれに、音を発する「もの」の存在を意識させる。「もの音がする」という、主語〈もの音が〉と、述語〈する〉の構文は、少なくともかたちの上では、「もの音」を主語とし、「する」を述語とする。ところが文型の示すところとは逆に、「もの音がする」は、物の正体が曖昧であることを告げる。つまり「もの音がする」は、何が音を響かせ、音を耳に届けさせるものの、しかしその物体が何かであるのか、定かでないという、未知の存在をイメージとして浮き立たせる。

同時にこの言い回しを聞いた人はそこに、漠然と、何かの物音を聞くのに十分な静けさの広がりを感じ取る。「もの音‐が‐する」は、音の生じる場の静かな状況を聞き手の意識の表面に引き上げる。「音がする」とすることによって、かえって周りの静けさを引き出す効果は、音のもつ逆説的な能力である。芭蕉の「古池や　かはず飛びこむ　水のおと」で表現されているのは、カエルの飛びこむ音よりも、カエルが池に跳びこんだことで見えて来る、周囲の静かな気配であろう。あるいはもしかすると、この池のあたりは相当うるさかったのかもしれない。たとえば、カエルはずっと鳴いていた。そこにカエルが飛びこんで、それが発した水音によって、一瞬カエルたちの鳴き声が途絶えた。そのことで水の音が冴えわたり、その一瞬の静寂が、静寂と喧噪の対照をつくった。芭蕉がその断絶に見えてくる対比を句にしたという具合である。どちらで読み解くにしても、そこにはカエルの鳴き声を気づかせる地となる広がりの気配が見えてくる。

「もの音がする」は、芭蕉のカエルの句と同じ効果をもたらしている。音を響かせるだけの或る落ち着いた状況と気配がそこにあることが、「もの音がする」という言い方の底にある。「もの音がする」は、音の方ではなくて、「もの音」を生み出すものの気配があることを伝えている。

こうした気配の感覚は、もの音だけが与えてくれるのではない。ある種の香り、におい、風のそよぎ、空気の動きや、視覚的・嗅覚的なゆったりした緩い動きも同様である。社寺や教会では行事の際に、香を焚き、護摩を焚く。香は緩い空気の流れをつくり出し、何かが現れるにふさわしい特別の場をつくり出す。香る空気のゆるやかな流れは、永遠の中から姿をあらわしてくる神や仏の気配を期待させる。つくり出された広がりは、隠れている何ものかの姿を感じさせる準備をする。香や護摩は、まだ見えては来ないが、隠されている全体の先ぶれであり、切片であり、人はそこから寺の鐘の音の響きわたるようなひろがりを、ひとつのイメージとして捉えてゆく。

隠されたものの部分がつくり出すイメージは、静かで密やかであって、それはフロイトの言う「不気味なもの」[2]の概念と通底している。われわれは宗教的な儀式の香の中に、ある種の不気味さを感じることがある。輪郭のはっきりしない、或る場を先駆的につくり出す「もの音」は、広がりを感じさせ、輪郭の淡いまとまりをもった、緩い気配を与える。

このような空間感覚としての気配は、受け手（見る者・聞く者）が感じ取るものであるので、主観的で情緒的な要素を纏いつかせている。あるいはそうした情緒的な受け手の心の意識が、単に「音がする」という抽象的な言い方ではなく、「もの音がする」という言い回しを用いることになったのかもしれない。日本語の「もの音」は、もの同士が触れ合う現実感のある空間を想定させて、触覚的な空気の漂いを「気配」として発散している。同時に受け手の意識と周りの空間との境界線の曖昧性を露呈している。

2　気配と気分

（1）気配の触感

それでは「気配」とは一体何か。「気配」という語に対して、現在われわれは、「気（け）」＋「配（はい）」という具合に、「気（け）」と「配（はい）」の漢字を当てている。しかし「気配」の本来の意味は、「ケ（気）」の「ハヒ（延）」である（角川古語辞典）。「ハヒ」とはあたり一面に広がることであるから、気配とは、あたりに感じられる空気の延びのことになる。紫式部はその日記の中で、「秋のけはひ入立つままに……」というように、「雰囲気」という意味で「気配」を用いている。気配は原義からして、そこに延び、漂う気であり、音、匂いなどによって感じられる物事の様子であった。

「気配」はそこで感じ取られる物事の様子から、「ものごし、品位」という意味でも使われる。『源氏物語』の中の、源氏のもとに頭中将が訪れたときに交わされた、いわゆる「雨夜の品定め」と呼ばれる女性談義の場面に、この意味での「気配」が出てくる。葵上の兄の頭中将は、

大方のけしき、人のけはひも、けざやかに気高く……（帚木）

と源氏に言う。つまり二人は女性の品位についてあれこれと語りあう中で、「姫君のものごしもすっきりとしていて上品で、……」という具合に、「けはひ（気配）」を、ものごしや品という意味で用いる。また、「人の品、高く生まれぬれば、……自然に、そのけはい、こよなかるべし」（家柄が高く生まれてしまうと、……自然と女性の様子は格別に見える）というように、その場に生まれる雰囲気がまわりに漂うという意味でも、「気配」の語を使っている。

「気配」はなんらかの様子を示し、ある雰囲気をもって、一定の空間イメージを確保する。「延び広がるもの」や「漂うもの」は、動きの方向を定かにしない。とくに香りや匂いはこのことを感じさせ

る。

逆に、人の気配が香りとなって漂うように感じさせることもある。同じく『源氏物語』の「柏木」に、

おましのあたり物清げに、けはひ香ばしう、心にくくぞ住みなし給へる。……

というくだりがある。道ならぬ恋をした柏木は病に伏しているが、御座所のあたりはさっぱりとして、香が薫っている。つまり、衰弱しながらも、柏木の上品な気配が漂うようであるとする。この描写は、むしろ柏木のもつ気配の方が、香りや匂いを立ち上らせると感じさせる。

雰囲気を醸し出す香りや匂い、ものごしという要素は、すぐれて主観的で感覚的である。しかもそうした香りや匂いはごくわずかである。むしろごく少ないがゆえに、確かな気配が生まれる。「面影」や「名残」には「気配」という意味もある。面影や名残りとは、あるときふと見えてくる顔の特徴や仕草や断片である。しかしそれらのもつごくわずかな切片の方が大きな気配となって、人の心を覆う。いったん見えた全体は、少ししかないはずの部分という持ち場を超えてゆき、見えるもののイメージの方を増殖させて、かすかな部分の方が全体を包囲してゆく。闇の中の光が強烈な印象を与えるように、かけらでしかないごく淡い「もの」の方が全体を圧倒するのである。

「気配」には「人の話し声」や「物音」の意味もある。徒然草に、

人のほど、心ばへなどは、物いひたるけはひ（気配）にこそ物越しにも知らるれ　（徒然草、九段）

というくだりがある。つまり、（女性の）人柄、気立てなどは、ものを言う声の様子によって、たとえ物を隔てていても知ることができるもので、話をする声や声の出し方で女性の人柄は分かる、というわけである。ここでの人の声は、話の内容よりも何を話しているのか定かでないような声であり、音であろう。それは物音としての音、気配としての小さな音と捉えられており、その音としての延びの方に意味が与えられている。

気配としての要素は、ごくわずかである。そこに方向性はない。漂う広がり感だけが身体的に感じられる。このような静かさの中の微かな音、声、空気の振動、匂いによってもたらさせる気配は、皮膚に触れて来るような、或る感触として推しはかられる。身体に接触する感覚のゆえに、気配には感触を受け取る人の主観的な要素が強く働くのである。

触覚的な延びとしてのこのような空間感は、古文の「〜わたる」あるいは「〜渡す」という言い回しに通じる。「冴えわたる」、「響きわたる」、あるいは「見渡す」という表現が目指しているのは[3]、このような触覚性のある広がりであろう。音も、匂いも皮膚感覚を通して、感情そのものに直結している。叫び声は人の声を「聴く」より先に、声の持ち主の鋭い感情を身体的に「つかまえさせる」。

そもそも人の声は感情の外化である。人の声を聴くとき、聴き手はことばの意味とともに、相手の気持ちを受けとめる。赤ん坊の泣き声は母親に行動を起こさせる。声は触覚的に人の心を撫で、突き刺し、包み込む。ほんのかすかな、わずかな動き、香や空気の流れやかすかな風や、とりわけ人の声という有機的な音が気配をつくる。「気配」という語義は広がりと延びの感覚をたたえている。

（2）声の気配

もっとも、音や声に気配を感じることは、日本語に限らない。声は気配をつくる媒材である。声はもともと感性を背負って生まれた。たとえばドイツ語の「声」という語 Stimme（シュティメ）も、日本語の「気配」あるいは「気分」という意味がある。つまり「声＝シュティメ Stimme」は「シュティムング Stimmung」（気分・雰囲気）と同じ語源を持っており、気配や雰囲気の意味を従えている。日本語やドイツ語という言語の如何にかかわらず、音は本来、気配をつくるのである。

空気を伝わるものは気配をつくり出す。音だけでなく香りも触感も気配の要素であることは、ヨーロッパでもしばしば論じられてきたことであった。とりわけ声と嗅覚、そして触覚の同根性は、一八世紀のドイツの哲学者、ヨハン・ゴットフリート・ヘルダーの思想の中心でもあった。彼はその『言語起源論』の中で、感覚の「共感覚」性を指摘し、視覚と聴覚、触覚と嗅覚、聴覚と触覚間の共通項を抽出して、これらの融合性を見た。

ヘルダーは触覚的なものを視覚的なものと対比し、言語を、視覚のような理性的なものと、触覚のような感性的なものの融合であるとした。彼は言う。視覚は知的なものの痕跡に裏打ちされており、客観的で冷静な統一性をつくり上げる客観的で冷たい器官である。これに対して触覚は一時的で、温かく、主観的である。聴覚はこれらの中間にあって、感官同士を融合させ、表現したいという欲求を繋げてくれる[4]、と。感官は融合し合って、理性的で悟性的な能力を具えながら、感性的な組織である言語をつくり出す。ヘルダーに従えば、すべての感覚器官の根底には触覚がある[5]。目に見えるものはたいてい動き、「あたかも手で感じるように音を発する[6]」。彼が考える触覚は日本語の気配に近く、主観的な感覚器官の意義を主張していた。

とはいえヘルダーの触覚中心の考え方は、日本語のもつ気分や気配の意味合いとは区別しなければならない。日本的な「気配」には緩やかで穏やかな広がり感がある。とりわけ日本語の接頭語の〈ほの〉や〈もの〉には穏やかさ、静けさという要因が強い。しかしヘルダーに静けさの観念は薄い。

ヘルダーも、すべての感覚は触覚的であると言う(7)。ところが彼の考える触覚や言語論は、積極的な「動き」の要素が優勢である。そもそもヘルダーの哲学の根底には「動くこと」がある。『言語起源論』を著したときにも、彼は言語の始まりをものが動くことに求めた。ヘルダーは動くもの、動いて音を発することに言語の起源を置く。音を発する「もの」の動きが、まずある。ものが動かず人が行為をしないうちには、行為者である名詞は出てこない。述語が主語に先行する。動詞から名詞が生じる。羊と呼ばれる生物がメーと啼くのではなく、人はメーと啼く生物を「羊」と呼んだのだと言う。ヘルダーによれば、ものは運動の際に音を発する。そして、何かと何かが接触するときに音が出る。彼は動くことに着目して、言語の根源に運動の要素を求めた。音を捉えることで、動きの正体である対象をつかもうとした。

ヘルダーによれば名詞は動くものを抽象化しそれに名前をつけることからできる。彼によれば、名詞が生じるとき人間はそれに冠詞という刻印を押す。多くの言語は名詞に冠詞を与える。名詞がつくられるとき、すべてのものは人間的に、男女に擬人化され、その結果が冠詞として表わされる。名詞はものごとを抽象化していった産物であって、抽象化の行程で名詞は男女の性別をつくり、男女別の冠詞が付されることになった。したがって名詞は抽象されたものに対する命名であるが、しかし抽象化される段階で、動きの要素もまた名詞の中に閉じ込められていった。つまり名詞と冠詞の組み合わせはその動きの要素を凝縮してもっている。そうすると名詞と冠詞には動きの成分が残されたと考えることができる。

冠詞の発音は、その役割からしてごく少しである。たとえば「父」の意味のドイツ語 der Vater（デァ ファーター）と発音する場合、名詞 Vater の Va（ファ）にアクセントが来るので、冠詞 der（デァ）は弱拍になり、強く発音されることはない。

しかしこのほんの少しのデァの音が言語にリズムを与えることになる。ほんの少しの音の響きが動きを生み、言語全体のリズムをつくりだしてゆくことになる。ヨーロッパの歌に弱拍始まりの弱起の曲つまりアウフタクトの曲が少なくないのは、言葉の先頭に来るのが多くの場合名詞であって、その名詞の前には冠詞を置くことが基本にあるからであろう。西欧語において、最初に置かれる冠詞のわずかな発音の付加が、前段階の空気の振動を与えて動きを起こす。冠詞が言語全体のリズムに影響を及ぼすことになったのである。

言語の起源を論じたとき、おそらくヘルダーはよく日本語を知らなかった。日本語は冠詞を付けない。日本語はまた、事物の「動くこと」に注目し自然の事物や概念を擬人化することによって、事物を抽象名詞化してゆく言語ではなかった。冠詞をもたない日本語は、言葉の始まりをほぼ強拍でそろえて発声する。日本語ははじまりからして冠詞のある西欧諸語のもつリズム感とは大きく異なる道を辿るものだった。

そもそも日本語の動詞は必ずしも「動く」概念をもたないものが少なくない。(8) 動詞の中には、「〜する」というよりも、「〜している」と言えるような「すがた」を表す語が少なくない。名詞を男女に擬人化するヨーロッパのような言語では、言語が醸造されてゆく行程で言語の抽象化が進行していった。しかし日本語はそのような抽象化に傾かなかった。日本語は感性そのものとのつながりを保つ、ドイツ語よりも――ヘルダーの『言語起源論』の論調に従って言うなら――より「熱い」言語であったとすることができる。ヘルダーの枠組みを当てはめるなら、感性と契る日本語は、音やわずかの匂いや微かな空気の振動から、音を音のままに感じ、ものに寄り添って、気配を触覚的に得ることに向かう言語であったと言える。

したがって、日本語の「気配」や「気分」と、ヨーロッパ語がもつような「気分」とを同じ地平で考えることはできない。漂い延び広がる「気配」と、ドイツ語で「気分」という意味の「シュティムング Stimmung」との間にある違いの第一は、日本語の「気配」が静的であるのに対して、「気分」は主体的で動的である、というところにある。わずかな空気の動きが醸し出すのが日本語の気分・気配であるのに対して、ドイツ語の気分や雰囲気という語は、「動くこと」に基盤を置いていたのである。

あるいは、湿潤な日本の気候では、水分を含んだ空気が、わずかな音の動きでも周りが察知するような環境を整えていたのかもしれない。重さを蓄えた空気の中に生き、木のぬくもりのある建物の中に住み、粘り気のある空間は、ものの少しの動きを触感として伝え、皮膚の感覚で触れことのできる空間的な要素を多く貼りつけていったと言えるのかもしれない。

これに対して、乾燥した空気のヨーロッパでは、音の響く事情は日本と同じではなかった。乾いた空気を呼吸し石造りの建築物の中に住むヨーロッパの人たちにとって、音は遠くまで響いてゆくものであり、遠くまで動きを伝えるものであった。人の声もまた遠くまで届くものであることを前提にしていたのであろう。

（3）倍音と息の気配

大気の違いは、言語によって、声の出し方、発声時の口まわりの筋肉の動かし方をかなり異なるものとする。声の伝わり方の質が変わるからである。空気の湿度は声の伝導の質にも影響したであろう。日本語の発声は、口を大きく開けて音声を響かせるような仕方をしなくてもよい。むしろ口を閉る方向で、舌や口をあまり動かさず、声道を閉め加減にして声を出す。声道の締め方を工夫してゆくと、いわゆる「ダミ声」ができる。朝市での魚屋や物売りやサオ竹売りなどがよく用いる声の出し方で、独特の倍音を出す。こうしたダミ声は周囲によく聞こえる。

ダミ声がつくる倍音は、ヨーロッパ人の考えるものと同じではない。ピアノを例に見るのがよい。ピアノの調律師の腕の見せどころのひとつは、どのような倍音をつくるか、どの倍音を選択するかにある。そのため音のウナリのコントロールに腐心する。鍵盤をひとつ、たとえば一番低いドの音を鳴らすと、ピアノの中のハンマーが弦を打つ。ド（C）の音はその上のド、ソ、ド、ミ、ソ、シの半音下、ド……と、二倍音、三倍音、四倍音、五倍音というように倍音を響かせていく。ドの音は倍音を作り続けて、耳に聞こえない高い音域の音を響かせていく。どの鍵盤も同じように倍音をつくる。それぞれの音がまた倍音をつくっていく。倍音同士にはズレがあるのでウナリが生まれる（たとえば同じソの音でも低いドがつくる倍音のソと鍵盤の上の方のソにはズレがある）。それに同じ音でも、鍵盤を強く弾いたときと柔らかく弾いたときでは出方が違う。このウナリをいかに少なく処理し、ウナリをどのように落ち着かせていくかが調律師の技である。

ところが日本的な声の出し方の倍音は、西洋音楽とは違い、むしろウナリそのものの効果を求めていった。ダミ声は西洋音楽が求める整数倍音ではなく、ウナリを混ぜながら特殊な倍音を響かせてできるものである。浪曲のダミ声にもこの種の音が多く含まれている。日本の寺の鐘の沈静的に響く音も、このような倍音が重なり合って、ウナリの幅を広くつくる。つまり日本の音には雑音的な要素が多い。日本人の耳が好んだ音は、ヨーロッパの教会の鐘のようにどこまでも高く響いてゆくものではなく、雑音の要素を含んだ、鈍く広がって、あたりに浸みゆく音であった。

倍音は周波数の上の方になると、人の聞こえる可聴域を超えて、無意識の領域へとつながってゆく。こうした倍音の力は祈りと結びつく。ヨーロッパでも日本でもこれは同じである。しかし日本の求める音の質は西欧の音とは方向性が違っていた。西洋の音楽が楽音を音として選び、ドレミファ……の音階からズレる音を避けようとしてきたのに対して、日本の音はむしろ正確な音程に正しく合わせるよりも、多少音をずらして、あるいは「ツボを外した」音を取り入れようとした。人に聴かせる語り物や講談、地唄、民謡などは、発音の仕方は音程を微妙に揺らすことを選んだ。彼らは積極的に喉をしぼって発声をした。声の出し方で倍音の響き方を変える日本の音は、琵琶にせよ三味線にせよ、その場に静かに広がり、心の中に浸みゆく音の要素を選択したのである。そうした音がつくり出す気配は、整数倍音で響く音づくりをするヨーロッパの気分と同じものとはならなかった。

本章の冒頭で、声楽家の友人のエピソードを紹介した。息がもれるような日本人俳優の声が気になるという話である。彼女はいわゆる西洋音楽を勉強した人であった。アカデミックな西洋音楽の授業では、音声は正確な音程で歌わなければならない。音程の幅は厳しく、音程から食み出す声は認められない。出す声はできるだけ上に向かって響かせるようにするのでなければならない。息が漏れるような発声は好ましくはない。ところが日本の伝統的な唄の歌い方は、わざと音をほんの少し外して独特のウナリをつくり、また息の音を使って人の心に迫ろうとしてきた。それは歌や語り物だけでなく普段の会話、演説、そして芝居の台詞回しでも同じことであった。日本人にとって息の声は無駄でうるさい夾雑物なのではなく、気配をつくり出す手段のひとつであった。それは声楽家の友人の求める発声とは別の方向性をもっていた。

(4) 静の気配と動の気分

ヨーロッパにおいて、声はしばしば論議の大きなテーマとなった。とくに一八世紀においては、声は言語の構造、あるいは誕生と結びつけられて盛んに考察された。一八世紀は言語の起源を声から解明しようとした時代で、先に挙げたヘルダーや、後で詳しく論じることになるジャン＝ジャック・ルソーが、声と言語起源を、そして身体の動きやリズムを関連させて大いに気を吐いた。

ところが言語論争としての声の問題は彼ら以降、突然立ち消えになる。共通感覚としての声や触感についての考察も中断される。そしてしばらく時間をおいた一九世紀の終わりごろ、現象学者が声と気分を繋げて、再び声の問題を取り上げることになる。そこでも気分は基本的に「動き」において考察された。

現象学者にとって、「気分」はひとつの中心的な概念であった。とりわけドイツの教育哲学者であるボルノウは「気分 Stimmung」を積極的に考察した。その著書『気分の本質』の中で彼は気分をして、常に存在するもの、本質的に心に属する基底層であり、有機的なものとして扱った。(9) ただし現象学者であってもハンス・リップスのような人にとっては、気分は、自己を抑圧し脅かすものというように否定的・病理的に考えられた。ハンス・リップスによれば、気分とは、具体性のある色や音一般から人を遠ざけさせて、ある瞬間、ひとの心を奪うものである[10]。現象学者の気分の捉え方は様々であるが、しかし一様に、どこかでそれを具体的な、動きのある音の並びと関連付けている。シュタイガーになると、Stimmung（気分）は明確にリズムである、とすることになる[11]。

日本の現象学者も「気分」に着目した。大西克礼は現象学派の中でもとくにルドルフ・オーデブレヒトに着目し、とくに「気分」のもつ重要性を論じた。ただし大西はオーデブレヒトの言うStimmungは、われわれ日本人の解釈する気分や情趣とは違うと指摘する。ドイツの現象学者が考える「気分」とは、積極的で純粋な自我意識から生じるものであり[12]、気分は創造的な体験を形態化しようとする活動である[13]、と大西は記している。

在野の学者であったルートヴィヒ・クラーゲスもまた、具体的な音を想定しながら、その著『リズムの本質』の中で、気分と音そしてリズムを論じた。気分は一九世紀から二〇世紀の前半において、現象学者を中心に音と結び付けられながら、その動的な感覚やリズム感が積極的に考察された。

しかしそもそも西欧語でいう「リズム」とは何か。ドイツ語でRhythmus、英語でrhythm、フランス語でrhythmeと綴られるリズムは、ギリシア語の「流れる」という語rheeinに由来する。拍はリズムをつくる。ただし、リズムとは、拍や拍子のことではない。リズムと拍、そして拍子は分けて考えなければならない。拍子（meter）とは意識的な連続したパルス、つまり心臓の脈動のような短期間の信号の変化のことであり、拍子の脈絡の中でカウントされる場合に拍（beat）となる[14]。リズムは拍子とは別のものである。リズムは規則的な拍がなくとも存在し得る。したがって、中世のグレゴリオ聖歌やオペラの中の叙述的な独唱レチタティーヴォ（叙唱、朗唱）は、規則的な反復アクセントがなくても、その複数の音符はリズムとして位置づけられる。[15]

先に挙げたクラーゲスもまたリズムを考えるにあたり、リズムを拍と分けることから始めている。『リズムの本質』で彼は、拍は意識的で、機械のように無機的で人為的な繰り返しであるが、これに対してリズムは鳥が翼を動かして飛翔するように、有機的で無意識的な運動であるとしている。翼は反復して動かされるが、機械の動きとは異なる。クラーゲスに従えば、拍が同一物の繰り返しであり、反復するものであるのに対して、リズムは類似したものが繰り返されてできる。リズムは同じものが無機的に反復されるのではない。リズムは常に新しい。[16] リズムは現象の中で変化をし、あるいは同じ現象を機械的に繰り返さないように、同じ動きの型からたえず逃走しようとしている。

クラーゲスによれば、リズムは運動を感じるところに生まれる。同じ乗り物の音であっても、自動車の音に人はリズム感を得ないが、列車の音には心地よいリズムを感じる。それは、運ばれているという直接的な進行のしるしを車輪の音に感じ取るからである。レールのつなぎ目は一定でも、列車の速度や微妙なカーブはそこに変化をつけて、同じ反復感をつくらない。リズムは変化を感じ取る中にある。中世の荒削り石の建築物が同じ様式の近代建築よりもリズム的であるのは、粗削りの建築の石の並びが、バランスのある揺れを感じさせるからである。機械の切断で組み立てられた近代建築の石とは異なり、中世の建築は、正確に同じ大きさに石を切ることを避けた。人の力で切り積み上げられた有機的な石の建造物は、様々な継ぎ目を見せ、その壁面に不均質に表れる線は、建築に多様な生命感を与えることになった。これに対して、われわれが時計の無機的な音にリズム感を感じないのは、時計の音が単純な反復だからである、とクラーゲスは言う。リズムは持続的な推移の有機的な運動の中で「更新」される、つまり常に新しくなってゆくものなのである。[17] 現象学者のシュタイガーの考える気分もまた、動くリズムのことであった。ヨーロッパの気分は運動と変化とリズムを捉えている。

一方、日本人にとっての気分は、あたりを見渡す「わたり」の中にある。響きわたる、冴えわたる「気配」の中にある。「ものおとがする」という言葉が微かな音を感じさせ、わずかな動きがあたりの静寂を引き出すものであったように、日本語の気分や気配には、何処とは知れない広がりと静けさがある。

同じようにかすかな有機的な音がつくり出すものであっても、ヨーロッパの気分が躍動と運動感と逃走のリズム感に支えられていることと、日本の気配が静かな広がり感をもつことの間にある隔たりは大きい。日本の気配は広がりの中にあって、聴覚的で触覚的である中に嗅覚・視覚的な部分を共有して、おたがいに通底し合っている。

日本を代表する作家・川端康成の作品には、音が他の感覚と照応していることを描いたものが少なくない。たとえば『山の音』は、登場人物の信吾が、ふと「山の音」を聞いたように思ったことから始まる。そして音は様々な感覚に入り込みながら物語を展開させてゆく。

しかし一体、「山の音」とはどのような音なのか。「海の音」ならある程度の想像がつく。海には海水があり波が立つ。波の音がする。海の音は何となく分かる。「山」もまた、その映像のイメージであれば思い浮かべるのにそれほど苦労はしない。しかし「山の「音」」となると、どこか漠然としており、つかみようがないもののように見える。

ところが冒頭近くのこの「山の音」という語は、その後に展開してゆく物語を先取りして、あらゆる感覚器官が通じ合っていることを予感させるものとなっている。すなわち川端康成の『山の音』は、「山の音」だけでなく全編を通して、日本人がもっている様々な音のイメージを散りばめており、そしてそれらの感覚がお互いに反響しあうことを描き出すのである。

「音」とは単に物理的な音ではない。山そのものに音はない。しかし川端は信吾に、確かに山の音を聞いたと言わせることで、日本人の音というものの捉え方をまず提示した。『山の音』には日本語のもつ「音」の、幾重に重なる意味が綴られる。ものが動くことで音が生じるとすれば、音にはより触覚的な手触りがある。川端はさらに聴覚が感覚の境界線を踏み越えるものとして描いていく。この小説の中の小見出しにも、蝉、雲、春の鐘、雨の音、蚊の羽音などの語が並んでいる。川端はそれらの音を、見て、聞いて、触れて、嗅ぐことによって、そこにある気配を描いてゆく。

『山の音』だけではない。川端康成の代表作とされる『雪国』の次の一節は、川端の音に対する感受性と、さらに日本人が音をどのように捉えているかを引き出している。主人公の島村は退屈まぎれに左手の人差し指をいろいろに動かして眺めていた。

> はっきり思い出そうとあせればあせるほど、つかみどころなくぼやけてゆく記憶の頼りなさのうちに、この指だけは女の触感で今も濡れていて、自分を遠くの女に引き寄せるかのようだと、不思議にも思いながら、鼻につけて匂いを嗅いでみたりしていたが、ふとその指で窓ガラスに線を引くと、そこに女の片眼がはっきり浮き出たのだった。（傍点は引用者）

指で窓ガラスを触ったのだから、何かしら音がしたのであろう。その音は湿ったガラスに触れたときの、或る独特のイメージを立ち現れさせる。その音を通してここで描かれていくのは、窓ガラスに指で線を引くときにかすかに出した音という聴覚、島村がガラスに感じた指の触感、指をかいだ匂いという嗅覚、窓ガラスに浮き出てきた女の片眼という視覚、こうした感覚のほぼすべてである。この描写に読み手は、湿り気をもった指の感覚が呼び起こす相互の感官の響き合いを感じる。そしてそこに静かに広がる多様な気配を得る。西欧語が基本的に動きの中に気分・気配をもつのに対して、日本語の気分は、広がりの中に感覚を総動員して現れてくるものなのである。

音が気分や気配をつくり出す一要因であるとするなら、音の響きを伝える空気の状態がここに関わってくると言えるのかもしれない。気候の差異は気分の位相を決めるすべてではないにせよ、文化の違いを育て生活の基盤をつくるひとつの大きな要因である。

第2章　リズムの方向

1　稲作のリズム

(1) うなずきの方向

言語はそれぞれ独自の発声の仕方と固有のリズムをもっている。日本語のアクセント学の誕生には、しばしばポリワーノフの業績が言及される。[1] ポリワーノフの考えは、日本語のアクセントが南方語、つまりマライ・ポリネシア諸語のアクセントと類似するとするもので、マライ・ポリネシア地域と日本の根底に、共通項として稲作を置くことから始まっている。稲作文化が両者の言語アクセントを似せていると考えるのである。

日本文化の起源はしばしば稲作に求められてきた。稲作が南方から渡来したとする説は、日本民俗学の父とされる柳田国男に始まる。柳田は稲作文化の成立を紀元前三世紀ごろの弥生時代におき、稲作農耕を携えて日本に渡来した弥生人こそが日本と日本語の基礎をつくったとした。[2] 大林太良は、縄文時代の後期に焼畑耕作文化が伝来し、その基礎の上に弥生時代初期に水稲作耕作をする文化が渡来したと考えている。

もっとも、稲作が弥生時代に導入されたといっても、稲作が実質的に日本に定着するのは一〇世紀ごろのことである。稲作が伝わる前までの日本には長い縄文文化の時代があった。それは紀元前一四〇〇〇年ごろから約一万年続いていた。稲作の到来によって、その文化の一部はアイヌに受け継がれたが、文化は全体として徐々に弥生のそれへと移行していった。狩猟し魚を取り、植物を採取しながら成り立っていた縄文文化は、現在、その高い文化と技術水準の見直しが進められているものの、今なお謎に包まれている。梅原猛は『日本の深層』で、『魏志倭人伝』にある三世紀ごろの日本人がただの農業国家ではなく、農業とともに、狩猟や漁撈文化の面影が強く残っているとしていることを指摘して、そのころの文化が一色ではなかったとしている[(3)]。

縄文文化が新しく渡来した弥生文化と出会ったことが、現代に続く日本文化の骨子をつくっていったのであろう。日本文化の起源を稲作だけに求めることはできない。とはいえ、生を支えるために主要となっていった稲作は、日本人の生き方を形成し、文化の原型をつくり、言語を構成する要因のひとつとなったと思われる。それゆえ稲作を行うときの身体の動きから、日本人の身体と日本語の言語リズムを考えてゆくことができる。

日本語に限らず、生活様式は言語のアクセントをつくる。それは個人的な次元での身体感覚に留らず、その言語をもちいる人々の身体の動きや所作・動作をつくり、それをそこに生きる人々の全体に付す。生のスタイルは人の行動をかたどり、身体のリズムと言語のリズムを形成する。体得された生と言語のリズムはさらに人の皮膚感覚となり体感となって、筋肉の動きの原型をつくってゆくと考えらえる。

生の基盤に稲作を置く日本人にまず必要とされたのは、地面を耕すために、鍬《くわ》を大地に向けて打ち込むことであった。鍬を打つ作業は、いったん振り上げて大地に打ち下ろす下向きの身体の運動である。自分の身体に向けて一度引いた力を利用して、そこで息を蓄えるように少し止め、次に勢いをつけて一気に土を掘りつける。鍬を大地に打ち付ける運動感覚は、身体のリズムを大地の中へと、地面の下へと向かう動きの型をつくる。運動の方向はいったんタメをつくってそれを一挙に出すように身構えると、全力で下へと向かう。こうして身体の中に下向きのあるいは内向きの動きの型が生まれ、定着していった。

鍬を打つのであれば農業を行う文化はどこでも同じであるかもしれない。しかし稲を植えるためには、さらに身を地近くまでかがめ、ときに後退して注意深く進むことが必要である。後ずさりしながら苗を植えて行く身体の構えは、ゆっくりした速度と、後ろへの方向性を、つまり後退的な運動方向を身近なものとしていった。

さらに稲作の作業は他の人と合わせながら、呼吸を合わせながら行わなければならない。他の人と協調して動作を揃えるリズム感が育っていった。稲作は元来、湿気のある暖かい気候に恵まれた大地の、柔らかい水田の中で行う作業であった。温暖な気候は大地に草木を茂らせて、土壌を柔らかくしてくれる。ところが日本は山岳が多く、したがって耕された田は傾斜の多い場所にあり、足場が悪かった。日本の自然環境は農耕には厳しい条件であった。狭い傾斜の水田の中でバランスを取って歩くには、自然と骨盤を落として腰をかがめて足元を踏みしめて行わなければならない。しかも同じ作業をする他の人と呼吸を合わせて揃えて歩くことが必須とされた。こうした前提のもとで、腰を落として身を安定させて、拍の頭を狙って拍子を合わせながら、皆で同じように動作を合わせる動作が定着していった。

リズムは地面の下方へ、大地の内側へと向かうとともに、協調する方向へと向かう。腰を落として安定してゆっくりと進んでゆくリズムである。稲を相手とする身体は、田植えのときのように、あるいは後ろ向きに、そして同時に周囲や横方向に漠然とした全体的な注意を払わなければならない。動きは静かでも、着実に、安定する方向に足を踏みしめて歩いてゆかなければならない。こうした条件が日本人に下に向かうリズム感覚と、後退するリズム感を植え付け、大地に対して水平方向にかつ全体に満遍なく注意を払う目を養うことになった。

共同作業を旨とする稲作には歩くリズム、つまり二拍子のリズムに合わせて行儀よくそろえる動きが適している。手も歩行のリズムに合わせて、皆が共同して一斉に同じ動作をするのがよい。つまり同じ作業を共有する人たちと呼吸を合わせるリズムは、最初に強拍を置くことと、二拍と、その反復形の四拍のリズムを共有することがふさわしかった。

この感覚は日本人の時間感覚に拍の頭で動作を揃えるリズム感、いわゆる「正拍で揃える」リズムの取り方を身体の中に宿していく。昨今も、仲間同士の酒の場で宴もたけなわになり一斉に声を揃えて手を打ち鳴らしながら歌を歌う段になって、たとえば「酒は飲め飲め……」の歌がとび出してくると、人々の手を打つタイミングは、「酒」のさ、「飲め」ののに置かれる。手拍子は正拍で揃えられて、しかも内側に向けて両の掌を打ちつける。身体の内側に向けて手を打つ。打ったときに手のひらをもんでいる人もいる。なかには他の人たちのちょうど間で、つまりウラの拍で手を打つ人も出てくるが、打ち方自体は、やはり手のひら同士を打ち付け合うように、内側に向けて、正拍と正拍の中間で合わせて打っている。

打つ手を内側向きにリズムを取るという感覚は、日本人の運動全般と生活の動作に波及している。たとえば指で数を数えるとき、われわれはひとつふたつと、指を内側に折ってゆくが、西欧人は、逆に握った手の平を開くように親指からイチ、ニ、サン、と指を立ててゆく。のこぎりの切り方も日本とは逆方向である。

平均的な日本人であれば、のこぎりは自分に引きつける方向に引く。ところが欧米人ののこぎりの方向は向こう側、つまり外側に向かっており、日本人とは真逆なのである。鼓のような日本古来の打楽器も内に打ちつける。打ったところで内側に向かってすり込むようにして止めることも多い。比較のために、西欧楽器のティンパニを考えてみればよい。ティンパニのバチは皮の表面を打つが、それは上に跳ねるためであり、皮面でバチを跳ねるようにして打っている。息を吹いて音を出す管楽器も同様で、クラリネットはリードを吹くとき、身体を上に向けて、ときに身体を反りかえらせるようにして、外に向かって音を出している。ところが日本の尺八は首を振りながら、息を下方に向かわせており、ときにかがみ込んで身体を折るように、内向きに吹く。三味線も琴も、爪弾いて、弦の上でバチを止める。和楽器はいずれも、動きを下にして止めることで、リズムの流れをいったん途切れさせているのである。

つまり日本のリズムには断絶がある。切断がある。一方、ヨーロッパのリズムは上向きであるが、それに加えてリズムは連続性を蓄えて粘っており、エネルギーを途切れさせないように次へ次へと持続させてゆくのである。

さらによく観察してゆくと、日本人のつくるリズムは交互に裏と表に交替するように進んでいる。踊りにもこのリズムの方向性は顕れている。日本の古典舞踊は、摺り足で、腰を落として沈みこんで踊り、その姿勢で足裏を下に向けて打つことを基本とする。邦楽の動作は基本的に、横向きで、安定的で、上下に大きく動くことを好まない。日本の舞踊にも、伝統にコミカルな面を強調した、跳び上がるものは少なくないのであるが、しかし跳びはねる踊りでも、動きの向きは身体を開放して上に向かうのではなく、跳ねる前に少しタメをつくるようにほんの少し動きを止めており、強拍で揃えるように拍を狙って取るというリズムの基本を外すことはあまりない。

したがって、リズム感覚の差異は上向きか下向きか、というよりも、身体の内部から外に向かって開放されてゆく方向か、あるいは身体の中からさらにその芯へ、奥へ向かうか、という違いである、とした方がよいかもしれない。というのは、ヨーロッパのリズムの方向性は上向きである、といっても、上に向かうためには下肢の筋肉はいったん地面を蹴っていて、下に向かう瞬間があるからである。しかしそれははじけさせるための動きである。身体の中心にバネがあってそれがまず縮んで、粘りを絶やさずに次に伸びて外へと解放されていくことが、結果として身体リズムの方向を上に向けている。

日本人の水平方向の運動に敏感な性向は、歩き方にも現れている。かつて日本人は、右手右脚、左手左脚を同時に出し、手と脚を同じ向きに動かして歩く歩き方、つまりいわゆる「ナンバ歩き」という歩き方をしていたとされる。今でも梯子をのぼるときにはわれわれは同じ側の手と足を出している。竹馬の歩き方もそうである。梯子《はしご》が同じ側の手と脚を同時に運ぶのは、この方法が身体全体を安定させてくれるからである。ナンバ歩きの痕跡は歌舞伎の六方や相撲の鉄砲などに残り、伝統として受け継がれて来ている。ひょっとこの面を頭に載せて踊る八木節の振り付けも、同じ手足の側を同時に出す。さらに盆踊りの振りは同じ側の手足を同時に出して歩く。山形の花笠音頭などのように、踊りの途中でしばしば二、三歩後ろに戻って、また進むというかたちも少なくない。阿波踊りではこの格好で何百人、何千人という人が一斉に練り歩く。最近の身近な例として、映画の『シン・ゴジラ』でゴジラがナンバ風に歩いている。昔の日本においてこうした歩き方がさほど珍しいことでなかったとすれば、身体を揺さぶらずに安定して歩くことが、稲作を基調とする日本人の生のスタイルにかなっており、それが人々の普段の生活の中に組み込まれていたからであろう。

＊

実はこのような歩き方は、ギリシアの壷絵などにも見られるもので、右脚と右手を同時に出し、左手と左脚を同時に出す歩き方自体は、何も日本独自のものではなかった。身体の安定を保とうとするとき、人間は自然とこのような歩行法を取る。生の基盤を稲作に置く日本人にとっては、身体のブレを防いで動くことが必須のものであった。急な斜面を耕して、水を引き、稲を植えるという労働をこなしていくために、安定を約束してくれる歩行法をしなければならなかった。また、ひねもす地に伏して働く稲作のためには、地面と並行する横方向に注意を払い、どっしりと着実に、下向きに、ときには後ずさりして安定を確保しながら進むことを優先しなければならなかった。

稲作を営むためには、ともに力を合わせて、強い拍をつくるのがお互いに分かりやすい。息を止めて、断絶をつくり、打ち付けるように第一拍目を揃えて作業に携わることは、同じ動作のリズムの共有に役立つのである。下に向かい、内側に引く方向性をもつ日本人の身体の型は、歩き方のみならず、日常生活の動作や仕草に影響を与える。

日本人の正拍揃えのリズムの基本的な方向は、今でも日常の無意識の仕草に顔を出す。たとえば相《あい》槌《づち》の方向、つまりうなずきの方向である。「まえがき」でも述べたように日本人の相槌の打ち方は、下に首を振る。上から打ち下ろすように打つ。テレビのショーや対談でも、コメントを聞く人はさかんに、首から下向きの相槌を打つ。相槌はかなり頻繁で小刻みで、タイミングは「正拍」に合わせられる。やはり正拍打ちのリズムが会話や対話の中で守られているのである。

ヨーロッパやアメリカのテレビ番組を見ると、彼らは相槌をそれほど多く打たないし、そもそもさほどうなずかない。相手に賛同するとき、相槌は首を振ることよりも、顔面の表情筋を使い、顔全体、身体全体で行う傾向が強い。さらに観察すると、アングロサクソン系の人々の場合、目の動きや眉毛の上げ方などの顔の動きによって、相槌を日本人の首振りに代えている。相手の言うことをもっともだとする賛同のサインは、まず目が行う。眉毛がぎゅっと上に上がる。あるいは顔の中心に筋肉を寄せるようにして、顔の表情筋をフル回転させて相槌の合図を送る。

首を振る場合でも彼らの相槌のタイミングは、日本人のようにリズムのはじめの、正拍に当たる部分で首を落とさない。シンコペーションを取るように、つまり「タンタンタンタン」という具合に強拍と弱拍の位置を変えて、正拍と正拍の間の、いわゆる「ウラ拍」で相槌を取り、しかも首を下向きではなく上向きにうなずいている人は少なくない。

とはいうものの、もし日本人が日本人同士の談話の中でアメリカ人のような相槌を打つと、途端に座が白けてしまう。そしてどことなく、浮いた、異質な空気が漂うということになるであろう。逆に、日本語を学ぶ外国人にとって、日本人の相槌の入れ方を学習することは、かなり難しいようである。相槌の打ち方、うなずき方は文法書には載っておらず、言語入門の参考書にもない。ところが文法書にない相槌の仕方こそは、日本語という言語のリズム感を象《かたど》るものなのである。相槌の打ち方、うなずき方は日本語と日本人の生の型の根、感性の型、日本人のリズムの基本を知るための重要なポイントでさえある。

われわれが正拍打ちの相槌をする理由のひとつは、日本語が基本的に強拍から始まる言葉であるからである。名詞に冠詞がなく、強拍で開始される言語のリズムは、正拍を打つための準備の拍、始まりの前のいわゆる「前拍」をことさらに必要としない。前拍という概念自体、日常生活の上で希薄である。ところが多くのヨーロッパの諸言語にある冠詞は、最初に強拍を置かせない。それが前拍となって、言語のリズム感をつくり出すからである。このためヨーロッパの民謡は弱起で始まる曲、つまりアウフタクトの曲が多くなる。

ヨーロッパの人々は、敏速に動くことを要する狩猟生活を基軸にしていた。そのことがリズム感に影響していったのであろう。ヨーロッパは一二世紀ごろから始まる大伐採によって多くの森が失われたが、もともと深い森林に黒々と覆われていた。狩猟・採集生活を行って生きていた彼らは、生活のために獲物を追って素早く走らなければならなかった。いつ跳び出してくるかわからない獲物を瞬時に見つけて追いかけるためには、筋肉を使って脚で大地を蹴り上げ、縦の、垂直方向の、つまり上方へと伸び上がる運動方向を蓄えていなければならなかった。狙いを定めて獲物に向かうためには、足は踏み出す前から既に次の運動を予測し、身体を備えておかなければならない。目は前を見据えて、常に次の行動への体勢を取るようにしていなければならない。全身の筋肉を瞬発性と、弾力性のある、重力の方向に反発するような方向を準備しておくことが、彼らの生のスタイルに適していた。それは日本の稲作が求める、安定した、水平方向へと動く向きとは異なるものであった。彼らのリズム感は、常に速やかに身体を欲する方向性へと向けられていなければならず、ここにヨーロッパにおける、進行性の強い、前方へと向かい、上下の方向に動く、瞬発性を蓄えた、粘って続いてゆくリズム感の基盤がつくられていた。

ヨーロッパの諸言語は基本的に冠詞をもっている。冠詞は運動の前の準備の呼吸をつくるとともに、発声という運動のタイミングを取る動きをしている。つまり、西洋人がしばしば見せる上向きの相槌は、上向きのリズム感の反映である。そして冠詞は次の運動（あるいは発音）の準備を身体に意識させ、動作を待ち構えさせる呼吸が表れ出たものであるがゆえに、相槌を打っても彼らは日本人とは逆の、シンコペーションのタイミングで打つ人が多いことになる。

正確に言うなら、うなずくことと相槌を打つことは同じではない。うなずくはもともと「項（うなじ）」で、顔や頭に関する部分を表す「頁（おおがい）」を部首にもつ。「うなずく」はうなじを突く動作を意味していた。うなじを突くのが「うなずく」で、うなじを縦に振る動作であった。一方、「相槌を打つ」は鍛冶屋の親方と弟子が交互に槌を打って刀を鍛えていたことに由来する。これが次第に相手の話に合いの手を入れる動作の「うなずく」ことに用いられるようになった。

これらの語源は日本語のリズムの特徴をさらに見せてくれる。うなずくことは縦に動くうなじのこと、つまり首を使って顔という身体の末端部分を上下させることである。身体の末端を動かすわけである。また相槌は槌を打つ相手の裏を槌で打つことであるので、そこでは表と裏が交互に入れ替わる。しかし語源は違っても、相槌もうなずくことも、ともに断絶し合うものが交互に掛け合いながら交替して、末端を下に向けて動かすことがイメージとしてある。日本人はそのような動作をコミュニケーションの中で用いてきたのであった。

もちろん日本人にも例外はある。たとえば優秀なボクサー選手は、うなずきの方向が上であることが多い。彼らの日常は終始厳しい基礎訓練によって、動作の基本を上向きに鍛えることに当てられているからである。しかも単に上向きなのではない。彼らの上へ向かうという運動の方向は、大地を蹴って空に向かうという、瞬発力を携えた方向性がある。インタヴューなどを見ていると、彼らの相槌のタイミングもまたウラ拍にあることがわかる。ボクシングに必要な、蹴り上げて地面に反発する力は、この方向のリズム感を彼らに定着させた。それは彼らの無意識の動きにも影響を及ぼし、運動を常に上の方向へと向けさせ、その結果、日常会話のうなずく方向も上に向いてきているのである。

（２）子音を聞きわける

わたくしごとだが、一〇年前、久しぶりにベルリンを訪ねたときのことである。ベルリンは他の大都市に比べると、空港から市の中心街までの距離が比較的短い。私は路線バスで市街地に行くことにした。

慌ててバスに乗ったので、ホテルまでの乗り換えがよく分からない。運転手に訊いてみると、バスの終点で「〈オッ・パー・ノフ〉行に乗り代えなさい」と言う。しかし彼の発音がよく聞き取れない。「オッ・パー・ノフ」という単語も地名も知らない。そこで私はその発音を真似して「オッ・パー・ノフですか?」と聞き返す。運転手は「そうだ、オッ・パー・ノフだ」と言う。私はまた、「オッ・パー・ノフですか」と聞く。運転手はまた、「そうだよ。オッ・パー・ノフだよ」と答える。「オッ・パー・ノフか?」「そうだ、オッ・パー・ノフだ」の繰り返しの後、仕方がない、私はメモ帳に訳も分からずカタカナで、「オッ・パー・ノフ」と書いた。路線図にそうしたバス停名は見あたらないが、おそらくそういう発音に近い固有名なのだろうと考えて、とりあえず終点で降りた。そしてまた近くにいた人に、「どのバスがオッ・パー・ノフに行きますか」と聞いた。聞かれた人はバスを指して、「このバスです、これがオッ・パー・ノフに行きます」と言う。そのバスに乗り込むと、私はまた運転手に、「オッ・パー・ノフに行きますか」と訊ねた。今度のバスの運転手も、なんのためらいもなく、そうだと言う。バスは「オッ・パー・ノフ」に着いたらしく、運転手は合図をしてくれる。なんのことはない。そこは「ハウプトバーンホーフ」、「ハウプト」つまりメインの、「バーンホーフ」つまり列車駅で、ドイツ語のHauptbahnhofだった。つまりそこは東京駅のような中心の鉄道駅、中央駅だったのだ。

この単語なら、大学でドイツ語を習い始めて、かなり最初の方に出てきた単語で、実際に何度も口にして来た語だった。ドイツを旅行する人の必須単語でもある。

しかし最初のバスの運転手の発音は、ベルリン訛りではあったものの、私の耳には「オッ・パー・ノフ」としか聞こえなかった。なんとなく「オッ」の前、「パー」の前、そして「ノフ」の前に強い子音を感じたので私はそこで思いっきり呼吸をして、訊く人ごとに「オッ・パー・ノフ」と叫んだのだったが、すべての人が私のいい加減な発音を、きちんと「Hauptbahnhof」と理解してくれたのだった。しかも彼らは、ごく自然に、「オッ・パー・ノフ」に「ハウプトバーンホーフ」の音を聞き取ってくれたのだった。「パp」も「バb」と聞いてくれた。少なくとも私にはそう思えた。

私は彼らの発音するHauptbahnhofの、母音のところぐらいしかよく聞き取れなかった。また私の「オッ・パー・ノフ」に、ドイツ人たちは何の違和感もなく、「ハウプトバーンホーフ」と、子音を補って語を聞き取ってくれたのだった。ドイツ人のドイツ語の発音は、日本の初心者向きドイツ語読本が記すような「バーンホーフ」ではなく、「バーヌホーフ」の方に近いとは思う。いずれにせよドイツ人たちは私の怪しげなドイツ語の一生懸命な息の音に、ドイツ語の子音を補って聞いてくれたのだった。

もちろん、あまりにも当たり前の語だから、外国人旅行者が「ハウプトバーンホーフ」に近い発音をすれば、訊ねる言葉は大概決まっているのだからすぐに分かる、ということはあろう。とはいえ私は改めて日本語の発音とドイツ語の発音のもつ、子音と母音の違いについてそのとき、なるほどと思ったのだった。

逆に、もしここで、私がカタカナ風に「バーンホーフ」と発音して、彼らがすぐに分かったのかどうか、知りたいと思う。というのは、日本語の「ん」の音は、実際には大きくわけても三種類、分け方によっては八種類とも一〇種類とも言われるほどの違いがある。ドイツ人たちは日本人の「ん」を三種類に分けて聞いているようで、ここで「バーンホーフ」と言うと、「ン」の音はドイツ人には別の音に仕分けされてしまうと思うからである。

日本人がひとつの語と捉えて無意識的に発音している「ん」を、ドイツ人は少なくとも三種類の、それぞれ別の違った音として聞いている。大別すると、n, m, ngの「ん」がある。山手線の神田、新橋、新大久保の中にある「ん」は、それぞれn, m, ngの違った音である。「ん」についてはさらに第4章で別の観点から論じることになるが、以下、この章で関連することに限って述べてゆくと、日本語の「ん」の音は基本的に口蓋垂で発音し、喉の奥から外に出る空気を口から出さないように発音するので、「ん」は自然と鼻から出ることになる。たいがいの「ん」はこのnである。また、困憊、昆布、顛末などのように、「ん」の次にパ行、バ行、マ行の語が来ると、「ん」は上下の唇を閉じて鼻から息を出す。混濁、簡単などのように、後ろに続く子音がダ行、タ行の場合には、歯茎を舌に当て鼻から音を出す。

「ん」は続く子音が何かであるかで、舌の位置や唇の形がその子音に影響されて発音される。したがって「ん」の後ろにマ行音・パ行音・バ行音が来るような、審判、サンマというような場合になると、「ん」は鼻音の m の音で発音される。また、感覚、山間、金額のように、後ろにカやガが続くときには、音は軟口蓋に舌を付けて ng の「ん」の発音になる。さらに、牽引、婚姻の例に見られるように、次に続く音が子音でなく母音であれば、「ん」は鼻母音となる。こうした発音の種類の違う音を日本語はすべて「ん」と表記している。私の「オッ・パー・ノフ」も、カタカナ書きの日本語が「バーンホーフ」とすると強くなる n の音を発音しないことで、むしろドイツ語の n に近い音となったのであろう。子音の発音も「オッ・パー・ノフ」の方がドイツ語に近いのかもしれない。

母音と子音の発音の仕方の違いは、言語の構造そのものに由来している。それゆえ母音と子音のもつ役割は日本語と非日本語とでは、かなり違う。日本語の場合、母音は母音、子音は子音とはっきりと分けず、まるで子音と母音を一緒に混ぜて融け合わせるかのようにして発音している。子音の発音が緩く曖昧なのである。日本語は子音に対する注意が散漫である。また、言語は音声を分節するために子音を使うが、日本語は母音もまた言語の分節に積極的に参加するという、他の言語とは違った特徴をもっている。

ここで、もうひとつの例を挙げることにしたい。こちらはかなり有名な例で、『日本人の脳』（一九七八年）の著者・角田忠信の経験したものである。

角田はアメリカに研究のため滞在していた。夜まで研究が続いていた。ふと外から虫の鳴き声が聞こえて来る。虫の音は心地よく、音楽のように聞こえてきた。そこでそのことをアメリカ人仲間に言うと、アメリカ人の同僚たちはそうは感じないという。虫の音が聞こえてくることさえ、彼らは気が付かなかった。このことに角田は非常に驚いた。情感のある、音楽のように聞こえる虫の音が、同僚たちには耳に入ってこないか、あるいは雑音でしかなかったからである。

そこから角田は、日本人が虫の音を何らかの意味をもつとして捉えていると考えた。そして日本人の脳に関する一連の研究を発表することになる。この研究は脳の司るものが西欧人と日本人とでは異なるというもので、一九七八年の発表当時、大きく取り上げられた[4]。

角田はそこで、西洋人なら非言語脳である右脳で反応するものまでも、日本人は左脳で言語として捉えると指摘した。つまり角田の説によれば、西欧人は音節言語を理性の脳、ロゴスの脳である左脳で処理し、音楽の奏でる音、西洋楽器の音を、パトスの脳である右脳に任せる。彼らは、虫の音、鳥の鳴き声、小川のせせらぎ、風のそよぎなどの自然音をも雑音として右脳で処理する。西欧人にとって、音楽も機械の雑音も同じく非言語の領域の音なのである。邦楽器の楽音、笑い声・泣き声などの感情音も同様である。それらはロゴスの脳の領域が受け持つものではない。ところが日本人は虫の音を言葉として捉える。つまり日本人は虫の音を、言語脳である左脳で聴いているのである。

日本人が虫の音を心地よいものとして感じるのは、そこに情感を、つまり何か意味のあるもの（＝一種の言語）を感じ取っているからであろう。それに対して西欧人は虫の音は雑音と同じで、意味を捉えることができない。それゆえ虫の音は角田のアメリカ人の友人たちには意味をもった音として聞こえてこなかったのである。

角田によれば、日本人の脳は西洋人の脳とかなり異なった構造をしている。日本人が西洋音楽の音や機械音を言語的な意味をもたないものとして右脳で処理するのは、西欧人と同じである。しかし西欧人の脳は虫や鳥、動物の鳴き声や、感情の声である泣き声、笑い声、自然界の小川のせせらぎや波の音、邦楽器音、そして子音と同様にハミングや母音をも、パトスの脳である右脳で処理する。それらの音は日本人であれば、情動に関係する感情音・持続音として、言語半球である左の脳半球で処理する。つまり日本人は母音もまた言語を処理する脳で行なっていると言うのである。

角田に従えば日本人の右脳と左脳は、ロゴスの領域を扱う言語脳と、パトスの領域を扱う非言語脳、という西欧人の分け方を受け入れない。つまり日本人は、ロゴス的・パトス的・自然的なものの出す音をすべて、「心」の脳で処理していて、西洋楽器の音、機械の音、雑音を、右脳で聞くが、子音や感情の声、動物の鳴き声、自然界の音、邦楽の器楽音を、さらには母音をも、「心」の音として左脳で聞く。角田は音の処理領域から日本人の脳に対して、パトスの脳か、あるいはロゴスの脳かという西欧人の処理とは別の脳の分類仕方を提唱したのである(5)(図1)。

脳の働きが似ていると思われる日系ブラジル人、あるいは幼いころに他言語を使って育った日本人や、あるいは同じアジア人の中国人、韓国人についても角田は調査を行い、彼らの脳が日本人とは異なった処理の仕方をしていることに気がついた。ただしポリネシア人だけは日本人と非常に似た脳の分担をしていると言う。ここで先の章の冒頭で触れた、日本語とポリネシア語との類似性が思い浮かぶ。ポリネシア人と日本人の脳の働きには似たところがあり、それは世界でもかなり特殊であるとした。両者の類似性を角田は脳と聴覚の研究から引き出したのである。そしてさらに、ポリネシア語で育った人は嗅覚刺激に対しても、日本人と同じような反応をしていることを指摘している(6)。

日本語の発音という視点から、角田理論において注目したいのは、西欧人の脳と日本人の脳との子音と母音の処理仕方の差異である。言語は子音によって音節を分けられて、その複雑な体系をつくりだす。子音が語を分節する。その子音の処理は言語脳の左脳で行われるのであるが、日本語では母音もまた子音と同じ資格をもって言語処理にたずさわるという角田の指摘が興味深い。日本語には語の分節をつかさどる子音を伴わなくても成立する語、つまり母音だけで意味を成す語が少なくない。角田はたとえば、「イ」の音には、胃、井、意があり、「ウ」も、鵜、卯、兎、「エ」も、絵、柄、枝がある、などの例を挙げる。[7] そして、アジアの諸言語が西欧語と同じように子音で音節をつくる中で、ポリネシア語だけは日本語と同様に、母音も子音と同様に文節をつくるのに参加しているとする。

角田の『日本人の脳』は発表されるやベストセラーになり、大きな反響を呼んだ。しかし角田が専門とする神経科学や耳鼻咽喉科の学者たち、

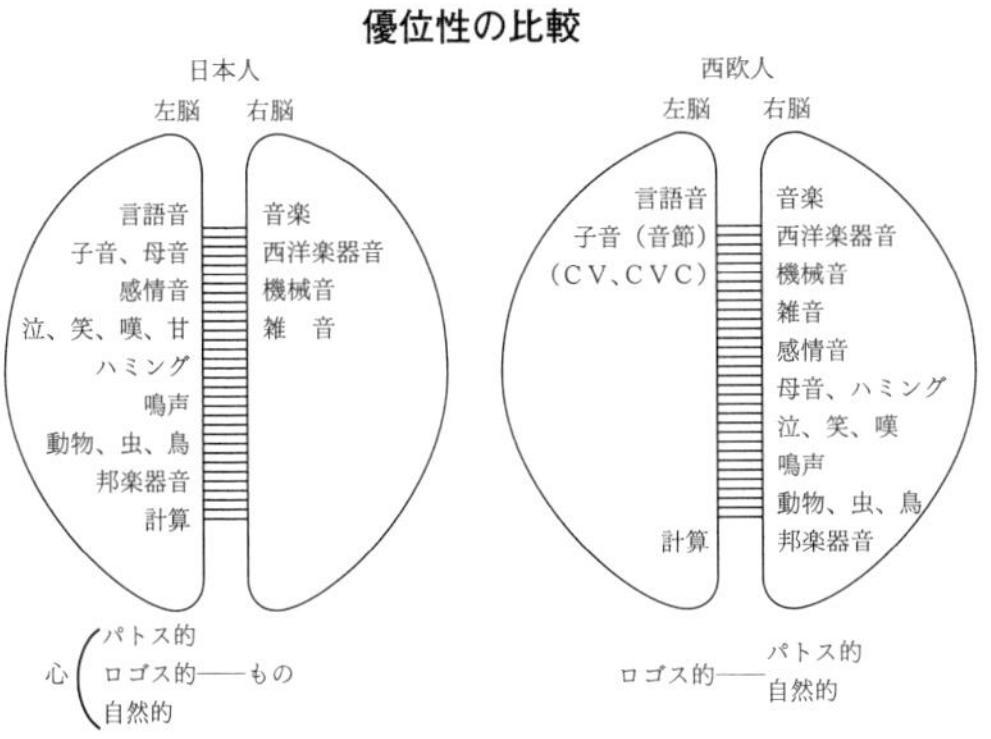

図1　右脳と左脳の分担。角田忠信による日本人と西欧人の自然音、言語音、楽器音の認識機構の比較（角田『続・日本人の脳』大修館書店をもとに作成）

および言語学者や国語学者は、角田説を無視する傾向があった。角田は約四〇年後の二〇一六年に、持説に改変を加えながら『日本語人の脳』を発表している。当初「西欧人」と「日本人」とした分け方は、この中では「日本語人」と、そうでない「非日本語人」としている。

「日本語人」という言い方を採用する新著の中でも、日本語の母音の処理の仕方が世界の他の言語と異質であることが、様々な実験やテストの成果によって提示される。欧米の言語学は、舌と唇の開閉によって生じてくる音声のうち、言語カテゴリーに統御される要素をもつもののみを音声とみなし、また母音の範囲を狭めている。ところが日本語の発音は、自然に出てくる音声のうちの母音要素のある音（自然母音）を言語カテゴリーの中に入れる。日本語人の脳は自然母音を、何かの意味をもつも

のとして処理するとしている(8)。

言語は基本的に、子音＋母音＋子音、あるいは子音＋母音である。西欧語の発音は子音と母音を明確に明解に区別しないとうまく通じない。西欧語はとりわけ子音の発音に敏感で、口唇まわりや舌の筋肉を駆使しなければならない。また西欧語は語音となる声をかなり絞っており、声の中でも言語の分節に参加しない音声を切り捨て、雑音として扱う。西欧語は子音と母音によって分節される音を言語とすることに強く拘束される。ところが口唇周辺の筋肉の運動量の少ない日本語は、子音の発音自体を弱いものとし、呼吸をするときに自然と身体から出るような音をも、言語の一部と捉えてしまう。

自然母音を処理する日本人の脳は、自然の音に対して敏感に反応する。滝の音、虫や鳥の鳴き声にも、何かしらの意味を捉えることになる。情緒的な意味にせよ、なんらかの言語的な意味を捉えてしまう。日本語は子音と同様に母音が言語の文節をつくるのに参画するのであるから、日本語は息や呼吸の音も意味を表す言語の範疇に入れることになる。日本語は漠然とした、広い範囲の音をも母音として捉え、それを言語として処理する脳をつくりあげていったのである。

こうして日本語は自然母音の果たす役割が大きく、あるいは子音の多い息の音や、呼吸に伴う声帯の動きの音や気道の音、あるいは肺の中から聞こえてくるような雑音をも、意味をつくる要素として許容していった。日本語は、西欧語が雑音として切り捨てる音声部分を受け入れ、そこに意味を感じ取ることになった。

西欧人は語音にはない音声には気をつけないし、あるいはそうした声を生理的に受けつけない。日本人の話し方の特徴に、言葉に詰まったり間を取ったりする場合の、母音による引き延ばしがある。「あ〜」、「え〜」、「う〜」のような例である。さらに「え〜と」を話のはじめに入れてくる。「え〜と

～」となる場合も少なくない。話に詰まると、「あの～」「その～」が俄然多くなる。語尾の母音を引き延ばして終わる人も多い。さらには語尾の音の母音部分を切ると、それをもう一度のばして話す人がいる。たとえば、「ここにも、おー」、「重要な、あー」「問題を、おー」「見てとることが、あー」「できます、うー」という具合で、演説の口調にしばしば出てくる。ところがこうした日本語の母音の引き延ばしを、西欧人は生理的に嫌うところがあるようである。それは音声の中の言語とならない音が耳に障るからであるのかもしれない。

古来、日本人は虫の音を音楽のように聞き、癒しを感じてきた。実際に虫の音を分析してみると、日本語の母音の音に非常に近い波形をもっていることが分かる。日本語は雑音の要素を含んだ音声にも何かの意味を感じ取ってきた。日本語の脳は音を言語として処理する脳の範囲が広く、西欧語なら雑音として切り捨てる虫の音も、さらに滝の音や小川の流れる音などの自然の音をも、何かの意味をもった音として処理してきたのである。

自然の中の雑音は、ものとものが触れ合うことで生じるものであるから、そこには触感がある。触れてくるという皮膚の感覚は直接的であり、身体的である。日本人は耳を触感として感じ取る領域を育んできたとも言える。こうして日本人は息の多い発声に、ある種の触覚的な要素を捉えて、息の多い、喉をつぶした、しゃがれ声に心を慰められることになっていたのかもしれない。手と足で触れるという作業の形態はつねに稲の自然の声を聞いていなければならなかった。

西欧人は、純粋な音の並びには明瞭な意味を与えることはできないと考えてきた。純粋な音を並べる音楽は「物語る」ことが苦手である、としてきた。しかし日本語は言語としてとらえる音の範囲が広く、そこに意味を見出してきた。声として受け入れる音声の幅が広かったのである。かつてシャンソン歌手のアダモは、演歌歌手の森進一に似た声で人びとを魅了した。それは、歌詞や旋律が心を揺さぶったからだけではなく、アダモのしゃがれた、息の要素を多く含んだ声そのものの発する触感性が日本人の「心」を刺激したからであろう。彼が日本語で歌った『雪は降る』は、彼の本国のフランスではそれほどヒットしたわけではなかった。

(3) 拍子の切り取り

稲作に基盤を置く生活では、作業を揃えるために最初の動作を正拍で合わせる。そのため最初の拍を意識する。腰を落として地面に稲を植えてゆく農作業は、激しい呼吸をする必要がない。日本人の呼吸は基本的に、骨盤を落として、静かに息を吸い、正拍を狙って息を吐く仕方を選んでいった。

剣道などの日本の伝統的な武術の呼吸法は、息の音を出さないように、瞬間まで息を殺しておく。相手に次の手を読ませないように、できるだけ呼吸音を沈めて自分の「気」を消しておくのである。

これに対してスポーツの呼吸の仕方は真逆である。たとえば野球のピッチャーの動きを考えてみればよい。キャッチボールでもよい。ボールを投げるためには、最初に用意の呼吸と身体の準備の形がある。他にも様々な場面で、和の武道と西洋のスポーツとの間に具体的な呼吸法の違いを見ることができる。

相撲の立ち合いは、短距離走のピストルのような合図の道具をあらかじめ用意していない。関取はひたすらお互いに息を合わせる。日本では様々な場面で掛け声をかけることが多々ある。しかしそれはタイミングを数値化しているわけではない。阿吽《あうん》の呼吸、というわけである。たとえば祝いの席では拍子を取るときなど、「ぃよーっ」という掛け声をかける。鼓を打つときにも掛け声をかける。しかしそこでもわれわれは秒数を計測しているのではない。相手の息の間合いを見て、それに呼吸を合わせて手を打つ。掛け声の息の様子によっては、手を打つまでの間隔は、場面、場面でかなり違ってくる。シャンシャンの手拍子は、場合によって次第に速くなるが、これもお互いの呼吸で了解している。

日本人のつくり出すリズム感覚は方向性において西欧人とは根本的に違っている。日本人は、皆と共同して作業を行うために、基本的に最初の出だしを正拍に合わせようと構える。しかし注意はむしろ漠然と全体的に投げかけられる。日本においては大勢の人々と力を合わせて大地を穿ち稲を植えるという、下向きの労働を滞りなく遂行してゆくために、緩やかな、全体を見渡すような呼吸の仕方が定着していた。そのため二拍を繰り返す安定感のあるリズム進行が選ばれていった。

日本語のリズムを語るとき、しばしば子音と母音をひとつのかたまりとする「モーラ mora」という単位を使う。「モーラ」は子音と母音でひとつの語音をつくるという日本語独自の音の分節単位である。「拍」と言ってもよいが、「拍」という概念がそなえている音の強弱に注意を向けることよりも、音の長さを数える単位である。何かの言葉を、指を折って一音ずつ数えるときに自然に無意識にしている音の単位がモーラである。

たとえば俳句の五・七・五の音を数えるときに自然と行っている数え方がそれで、「柿食えば鐘が鳴るなり法隆寺」は、「カ・キ・ク・エ・バ　カ・ネ・ガ・ナ・ル・ナ・リ　ホ・ウ・リュ・ウ・ジ」という具合に指を折る。この一つひとつの数がモーラである。「法隆寺」は「ホ・ー・リュ・ー・ジ」と数えるので、5モーラとなる。

モーラという単位は、語音が一定の時間の長さをもつという日本語の特性をよく表している。「チョコレート chcolate」は、「法隆寺」と同様に伸ばす音、長音を1モーラと数えるので、「チョ・コ・レ・ー・ト」と、5モーラとなる。「高層ビル」の「高層」は「コ・ー・ソ・ー」で4モーラであり、東京にある地名の「高円寺」は「円」の「エン」を二つに切って「ン」を数えて「コ・ー・エ・ン・ジ」と、5モーラとなる。「コー・エン・ジ」と数えてもよさそうだが、日本語は「長音」(伸ばす音)も、「撥音」(跳ねる音の「ン」)も、「促音」(「ッ」)も一つのモーラと考える。ただし「チョコレート」の「チョ」にあるような小さい「ャ、ュ、ョ」の「拗音」は前の語の中に取り込まれる。したがって高円寺は5モーラであるが、法隆寺もまた「ホ・ー・リュー・ジ」となって5モーラとなるのである。

日本語を習う外国人の中には、促音や長音を1モーラとして発音し、逆に拗音が2モーラにはならないという日本語の仕組がよく分からないので、上手くできない人がいる。彼らには、「高層ビル」の「高層」を「コーソー」と、また「高円寺」を「コーエンジ」と発音することが難しいらしい。強弱をつけることは得意なので、長くする音を強く発音するようにして発音を補っている。つまり高層ビルは「コソビル」となり、高円寺は「コエンジ」となる。こうして、アクセントの強弱を中心とする言語が母国語である人の場合、「大阪」も「尾坂」もしばしば同じ発音をすることになる。また、言葉の中に母音が続いていると、音が省略されてしまう。たとえば「運営委員会」は「うん－えい」と「ん」の後に母音の「え」が来るので、委員会の「い」にアクセントをつけるものの、「ウンエイイインカイ」ではなく、「ウエイイカィ」、あるいは「ウエイイカイ」となってしまう。

促音も同じで、「北海道」も「ホッ」の撥音部分が2モーラになることはなかなか聞き取りにくいようで、「ホ」に強く力を入れて、「ホッカイドウ」ではなく「ホカイド」と言う傾向がある。「きっと」は「きと」であり、「しっかり」は「しかり」である。外国人になじみの柔道の「講道館」は、「コドカン」である。最後の「カン」はともすれば一息になっている。今や国際的なスポーツとなった「柔道」(「ジュードー」)は、Judo、つまり「ジュド」である。

ただし逆のケースがある。「チョ」などの拗音(小さいゃ、ゅ、ょを含む音)を日本語は1モーラと数えるが、これをふたつにわけて発音する外国人が少なくない。「旅行」の「りょ」や「京都」の「きょ」は日本語では一つの音節である。ところが日本語を学び始めた人にとって、「リオ」と「リョ」、「キヨ」と「キョ」の区別はかなり難しいようである。したがって「偽薬」(ぎやくgiyaku)、つまり薬効があると思わせるプラシーボの意味の偽薬は3モーラで、「逆」(gyaku)は2モーラであることがなかなか理解できない。ところが日本の子供にとっては、昔のコマーシャルにあったように、「チョコレート」を「チ・ヨ・コ・レ・イ・ト」と「チ」と「ヨ」を切って別々に発音して6モーラで数えることはさほど不思議とも思わないようである。また場合によっては大人も、拗音でモーラを増やして数えることをしている。最近ではさユリの『ちよこれいと』という歌もある。

そもそも今日のような発音表記をするのは明治以降になって、標準語が定められてのことであった。ここで発音にモーラを当てはめることが、日本語のリズムのありかを炙りだすことになった。それまではモーラの概念など、ことさら表記する必要はなかった。表記しなくても理解を共有していた。稲作の作業と呼吸は、方言の差異を別にすれば、日本語に二拍四拍のリズムを定着させて、2モーラ、4モーラを単位として数える言語のリズム体系を基本的につくり上げていったのである。

高橋龍雄は音便、子音・母音の発音、撥音、促音の研究を行い、日本語の発音の壮大な体系を、一九三四年に『国語学原論』として発表した。その中の「言語の本質」の第三章では、日本語が基本的に「二音節基調」であることを記している。(9) そこで彼は、日本語の発話の最小単位は二音節という単位を基軸としており、二音節が繰り返されて二・四拍基本のリズムをつくるとし、この基本的な二拍あるいは四拍という基調が、日本の繊細な文学の形式をつくっていったと言う。高橋の考え方は基本的に今に引き継がれている。もし語音が不足する場合には休止という空白の時間が生じてこのリズムを守り、二拍・四拍という落ち着きのある単位を日本語に与えることになる。(10)

日本語は正拍を狙って、二拍・四拍を打つ。2モーラ、4モーラを基本とすると言い換えてもよい。そしてこのリズム感が、二音ずつの音をひとまとまりにして、それを繰り返する中で、七五調・五七調というかたちをつくり出した。七五調、五七調と言うが、実は五音節目、七音節目は次の語音にそのまますぐに次の語音に繋がっていくのではなく、間に休符を付すことが多いので、五七調、あるいは七五調というリズムは、実際には四拍か八拍の八音を基調としている。七音節と五音節の後に休止を置くリズムは、二拍四拍のリズムを基として音節の後に無音の音を置いているので、実は二拍の倍数になっているからである。

そもそも日本の古代の和歌のルーツを探ると、基本は一二音節であった。短歌は「五七・五七・七」の音節であり、他に、音節が五・七・七となる片歌や、五七・五七・五七……七の長歌などがあった。基本的に歌は五音節＋七音節の一二音節の、二拍およびその反復の四拍の形式を守っていたのである。能の謡いも同様である。メロディー部分の多くは七五調の韻文で記されている。この一二音を八ツ拍子という拍子組織に割り付けて曲が謡われた。一二拍子を八ツ拍子に割り当てると、四音分不足することになるが、能では足りない分の音を伸ばすことで、全体としてはやはり二拍という日本語の拍感を守っている。(11)

（4）ウラ拍を聞く耳

心臓の鼓動に由来するものが拍であるので、二拍・四拍は日本語にだけ特有であるというわけではない。しかし激しく動きまわるのではなく、静かに進む稲作の作業に適した二拍とその反復である四拍を基準とするこのリズム感は、日本人の脳に、ゆったりとした二拍子四拍子の刻みを用意させた。さらに水平方向への注意を怠らないリズム感覚がこれを支えていった。

もっとも、拍の意識、リズムの意識を、常に西欧式のリズムや拍の考え方や意識の秤で捉えるのは適当でないのかもしれない。日本には西欧的なリズムの考え方におけるような拍の意識はなかった、とも言えるからである。実際、雅楽には多くの無拍の音楽がある。無拍子は非拍節的なリズムであり、拍を拒む。そこに二拍子四拍子が入っていったとしても、その拍子感覚は西欧的な拍感、つまり音の強・弱による拍の概念とは基本的に異なっていたのである。日本語のリズムに対して西洋的な拍の概念を当てはめるのは、はなから無理があったとも言える。古くからの日本の音楽には強弱弱の拍をもつ三拍子の音楽は非常に少なく、雅楽に三拍子は存在しない。日本語のリズムと拍感は淡く緩く、そして動きとして鈍く、染みるように揺曳する。

言語のリズム感は、その言語の中で最も頻用される語音が何であり、それがどのような役割を演じているかに現れ出る。日本語で頻繁に使われ、圧倒的に多いのは、「の」である。「何々の」という場合の、属詞の「の」である。「の」はこの日本的なリズムの形を守ることに大いに役立って来ている。格別に必要としない場合にも「の」を用いるとすれば、それは「の」という語が二、四拍子系、4モーラ系という日本語独自の拍を保ち、しかも、日本語の欲する静のリズムを確保してくれるからであろう。

実際、古来多くの歌人たちが「の」を愛用して来た。たとえば人麻呂の、

東《ひむかし》の野に炎《かぎろひ》のたつ見えてかへり見すれば月傾きぬ　（万葉集48）

での「の」の重なりは、日本語のリズムを整えて、この歌独特の詩の生命感を生んでいる。現代の歌人も同様で、佐佐木信綱の、

ゆく秋の大和の国の薬師寺の塔の上なる一ひらの雲

には「の」重なりがある。

「の」はもともと様々なケースで使われてきた。それは「の」が多くの意味をもっていて、いたるところで用いられてきたからである。たとえば所属、性質、場所の「の」、あるいは「〜という」という意味で使用する「の」がある。また「教師の父」という場合のように「の」の後に具体的な内容を表すときに使う「の」がある。そして無くてもよい修飾的な箇所にも「の」はしばしば用いられてきた。

無くてもよいときの「の」は反復されて、モーラを増やし、日本語のリズム感をまもってくれる。さらに、日本人は「の」という音のもつ響きそのものを好んだ。意味を編む点で無くてもよい「の」が頻繁に用いられると、「の」（n-o）という発音は安定した日本語の調子を守り、ゆったりとした横へ

の広がりを醸し出し、微妙なニュアンスを与えて、日本語が好むリズム感を保持してくれる。歌のリズムが攪乱され、ゆったりとした水平感が壊されると思われるときに、歌人は絶妙な言語感覚で「の」という語を挿入し、そのことによって安定したリズムを取り戻し、気配としての漂いとひろがりを掬いだそうとした。「の」は横へと広がる、浮遊感と、回遊的で鳥瞰的な、安定感のある静けさのイメージをつくり出すのを助けてくれる。

言語に特有のリズム感は様々なやり方で守られ保たれてきた。日本語が語頭を揃えて正拍を狙って打つのには理由があった。日本語のアクセントの置き方は単純で、2モーラとその繰り返しの4モーラの形をつくる。2モーラでは語として短すぎるので4モーラの語音が好まれた。これを基本に語句の単位がつくられていった。

このリズム感覚は外国語をカタカナ読みにする場合にも引き継がれる。つまり日本語は、強弱アクセントである外国語をも日本語のモーラリズムに変更してゆく。[12] こうして外来語の多くは、日本語のリズム原則に準じてカタカナ語化されて行く。たとえば野球の捕手は「キャチャ」でなく「キャッチャー」、小刀は「カタ」でなく「カッター」、お稽古ごとは「レスン」ではなく「レッスン」、メールで書くのは「メセジ」でなく「メッセージ」、「DVD」は「ディヴィディ」でなく「ディーヴイディー」(「イ」を1モーラで発音)という言い方が使われることになる。こうして英語は日本語化されて、日本語のリズムの中に落ち着く。別面から見れば、日本人は日本語の無意識のモーラにとらわれてしまい、なかなか英語という強弱アクセントの言語をうまく習得できないことになる。

とりわけ4モーラへの偏愛は、たとえば現代の日本語にもある。語を約めて省略する場合がそれで、たとえば「キムタク」、「ナツメロ」などという省略形である。日本的な4モーラ系の形を守るために、新しいリズム感をもつはずの若者さえ、「ドラクエ」、「ポケモン」、「アメブロ」などという新しい略語を量産して行く。現代の若い世代でさえ、新語のかなりの数が4モーラとなっているのは、言語のリズム感のもつ根の深さを見るようで興味深い。

日本語のモーラ感覚は、弱拍始まりの曲をも強拍始まりのモーラで数えて、曲のイメージを置き換えてしまう。ベートーヴェンの交響曲「運命」の出だしの「ジャジャジャジャーン」は、口真似されるクラシック音楽としては、おそらくもっとも有名な曲であろう。しかし実際にベートーヴェンが作曲した譜面は、最初は休符から始まる。したがって本来なら「ん・ジャジャジャジャーン」とするべきである。しかし誰でも知っているこのアウフタクトの曲は、日本人の言語感覚の中では強拍始まりになって定着して、「ジャジャジャジャーン」となっている。

われわれが弱拍を如何に無意識的に排除し、如何に強拍を意識しているかは、消防車のサイレン音をどう捉えているかにも窺える。日本人は普通、サイレンの音を「ピーポー・ピーポー」と捉えるが、欧米には同じ音を「ポーピー・ポーピー」という具合に、つまり音の低いところを核にして弱拍をもとにして音を捉えている人が少なくない。日本語は最初の音を強拍で捉える。こうして耳は高い音にまず反応することになる。日本語は音の高低に拠るので、子音の強弱アクセントには疎い。

ヨーロッパの人々の生の基盤は、日本人とは別のところにあった。彼らは走り、動くことが必要であった。彼らは獲物を追って素早く先へと走るために、脚の筋肉で大地を蹴り上げた。彼らが模範としたのは身近にいる最速の動物である馬の躍動であった。馬が地面を蹴り、走る、上方に向かうリズム感が基台となった。馬の背に乗って獲物を追う生が育んでゆく身体の方向がひとつの核であった。リズムの形は生の方向性をかたどる。確かに馬も遅く歩くときには日本人のリズムのように偶数系の拍子をつくる。しかし馬が駆足（ギャロップ）で疾駆する様は、動的な、強い拍と弱い拍の交替を意識に刻印した。地面を蹴ってその反発力で上へと向かい、身体の中から開放されてゆく運動感がリズムのイメージとして定着していった。なかでも三拍子は、ヨーロッパ人の好む運動性のあるリズムをつくった。

上下に跳ねるバネのような運動性の強いリズム感は、アフリカのサバンナに生きる人の中に、さらに顕著に見て取ることができる。ヨーロッパ人以上に狩猟生活を基盤としている彼らのもつリズムは、全身の筋肉を使って大地を蹴り、その反発力で跳ね上がる強烈な運動感をもつ。日本の生を培う稲作が、手による作業が中心であり、それゆえ腰を落として進むものとなったのに対して、西欧人やサバンナの人々の狩りの文化は、蹴り、跳び、発散し、強靱な身体を開放して、先へと進むリズム感の上に立って、身体の動き方を、呼吸を、言語を形成していった。――もっともこれは大まかな分け方であって、ヨーロッパにおいてさえ一六世紀以前には拍とリズムの意識は近代以降とはかなり異なっていた。西欧「近代」がつくっていったリズム感については、後にさらに詳しく触れてゆくつもりだが、その前にリズムが身体に表れたかたちを文字の書き方の中に確認しておきたい。

2 文字のリズム

下に向かい安定を求める日本的なリズムと、大地を蹴って上へと向かい、身体を開放させる西欧のリズム感との差異は、様々なところで顔を出す。本来無意識的な、伝達の媒体である文字を手書きした場合にも現れる。動作のリズムは筆記文字の上にリズム感の痕跡を残すのである。

もちろん文字の様相だけを問題にするのであれば、リズムの形を拾うことはできない。たとえば西洋中世写本の装飾文字の場合を見ればよい。『リンディスファーン福音書』(七世紀末〜八世紀初頭)(図2)や「ケルズの書」などに描かれる美しい文字は、見られること、飾ることを旨とした表象そのものである。写本画家は文字に様々な装飾を施すことに専念した。文字は背景と結び付いて、知的遊戯を楽しむための装置となった。そこでは文字はただ形を貸しているのであって、意味の透明性を造形の遊びに代えている。文字は本来、己れの形を消して意味を表す。文字は借り物としての二次元性の中にあって、言葉のもつ記号という役割を超えて、三次元世界に戯れる。写本藝術の文字は本来の意味とは別に、装飾という目的を画像(イメージ)として押し出している。意識的な装飾の下には、文字は身体のリズムの跡を残すことはできない。

文字とは本来、意味を伝える記号であるから、写本画であろうと、誰かがメモ帳に書いたものであろうと、書かれた文字の「a」は「a」であり、「あ」は「あ」である。誰が書いても、文字は記号としての働きを果たす。しかし伝達のための記号として文字を手書きすることになると、文字は自らを透明にすることに徹して、無意識のうちに身体の動きの痕跡をかたちに残す。筆記の文字には個人の心理や性格が露われ出るので心理分析に利用できるなどと言うのではない。文字の筆跡には個人の書き癖を超えた、言語が具える文化のリズムが暴露されている。手稿文字は、書き手個人のレベルを超えた、言語自体がもっているリズムの方向と勢いを表している。手書きの文字は身体運動の軌跡としてのリズムをかたどっているのである。

アルファベットの場合、文字は左から右に向いて綴られる。筆記体で書くと、abc……、というように、右端を、上に向けて跳ね上げて終わる傾向がある。[13] 英語にせよフランス語にせよ、単語はいくつかの文字を一続きにして書くので、実際には、連なって書かれる文字の最後の部分が重要である。

　こうして書き文字を見てみると、右上向きにして終わっている人が多いことが分かる（図3）。もちろん文字の書き方には個人差があるので単純な一般化はできないが、それでも右上に向かう処理の仕方が傾向として高い。「*abc*」とアルファベットの文字を書くペン先は、下に引いた想像上の罫線で弾かれるように一度跳ね上がり、バウンドして上に向かっている。文字のリズムは上に、先方に、跳ねて、解放されて終わっている。

　ところが日本語文字のひらがな、カタカナでは、左下で下向きに終わるものが多い。もちろんこれは傾向の問題であって、「え」や「と」、「シ」や「セ」がそうでないように悉皆《しっかい》的ではない。とはいえ下向きに終わるか、止めて終わる文字が多数派である。また、漢字も右下や左下に流れ、あるいはしっかりと字の終わりを止める傾向が高い。縦書きではなく横書きにした場合も同じようである。草

図2　『リンデスファーンの福音書』（7世紀末〜8世紀初頭）

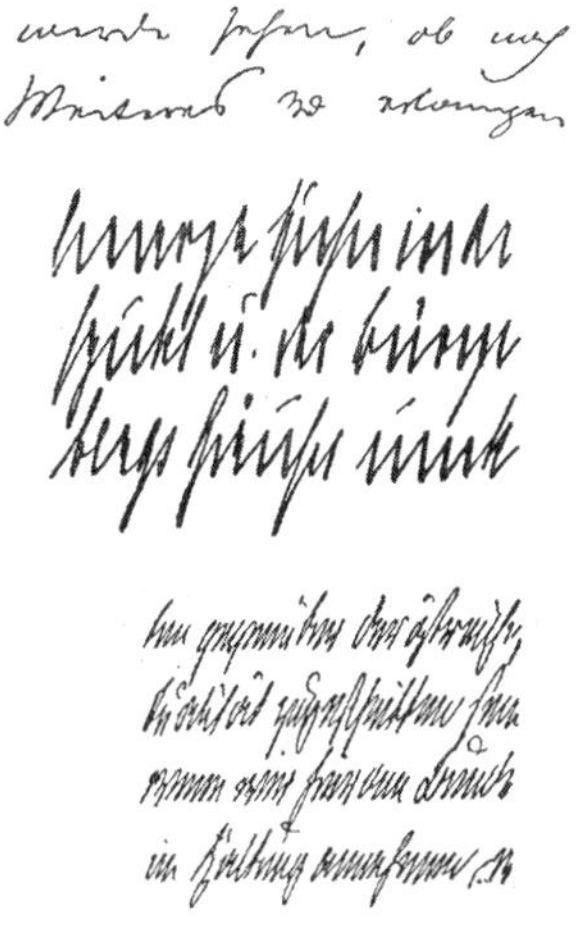

図3　アルファベットの様々な筆跡（クラーゲス『表現学の基礎理論』勁草書房より）

書は流れて終わるが、やはり多くが下方に流れている。文字のリズム感は下向きや上向きという身体の運動方向を、「文字を書く」という行為の上にも表している。

日本と西欧の文字の違いが見せる手稿文字の終止の方向と、文化のもつ運動方向の並行性をさらに識《し》るために、アラビア文字の書記体を比較の事例として挙げるのがよい。たとえばアラビア語の文字である。

アラビア語の文字は語尾の方向があちらこちらと様々に終わる。アルファベットが右上に跳ねて終わり、日本語の文字が左下や右下に向きあるいは止めて終わるものが多いのに比べると、アラビア語の文字の終わり方は上下左右と、かなり多様である(14)(図4)(図5)。

アラビア語の手書きの文字は、アラビア語の書道（アラビア語カリグラフィー）に則っている。人々が普段使う筆記体も、この様式化されたアラビア書道の形式に従う。アラビア書道の文字は一〇世紀のアブー・アリー・イブン・ムクラが体系化し、その弟子のアブー・ハサン・ビン・ヒラールが発展させて、その後各方面に普及していったものである。書記体には様々な多くの流派がある。たとえば角張って、水平方向に比較的短く、安定感のある書体のクーフィー体、丸みを帯びて細く、現在も日常的に用いられるナスフ体、あるいは装飾的で大きな曲線を描くスルス体がある。図5に挙げたのは芸術的とされるディワーニー体である。しかし細かな差異を別にするなら、アラビア語の文字は総じてアラビア書道の厳しい様式性から逃れることができない。日常的に使われる書記体もまた、この厳密な書記の体系と規範の精神を受け継いでいる。現在のアラビア人たちもまた、普段の生活ではボールペンなどを使って文字を書くので、アラビア書道の線の太い細いは再現されないが、それは日本語の手書きの文字も同じことである。ボールペン書きのアラビアの書記文字にも、文字の太い細いという身体の動きが込められている。

アラビア書道は、細い竹や葦や棒の先端を鋭利に切り落とした、ごく単純な筆を使う。筆先は紙面にぴたりと接するように斜めに鋭く切断される。それを常に紙面に吸い付けるようにして書くのである。日本の毛筆による書道が、自由に曲がる筆を用いて、書く者の心を反映するかのように、たっぷりと墨を含ませた筆を、自由闊達に動かしてゆくものであるのに対して、アラビア書道では筆先が紙面から離されることはなく、あくまで厳しく決められた様式に従って書かれなければならない。鋭く斜め切りにされた一片の竹の筆は、文字を曲げる曲線のところも、竹筆の軸を回転させるようにして、常にぴたりと紙面に接触させていなければならない。筆のつくる筆跡は、様々な太さの線を作ることになる。あるところは細い線に、あるところは平らな長方形に、あるいは捻じれたような形が出てく

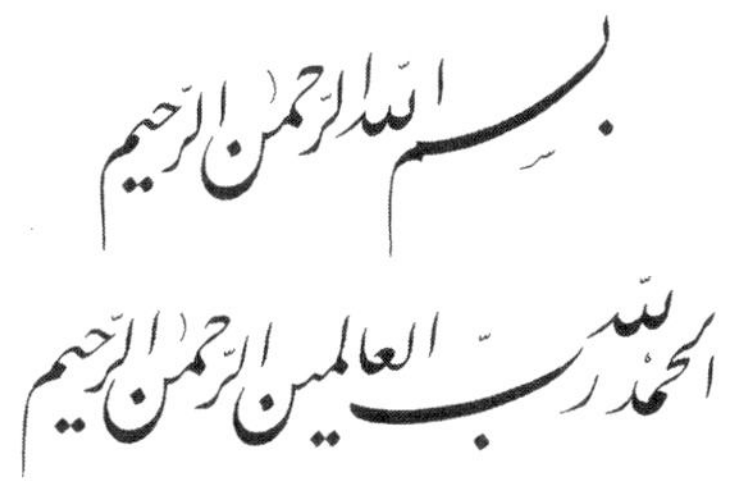

図4　ファーリスィー書体（『コーラン』「開巻章」より）（本田孝一『アラビア書道の宇宙』白水社より）

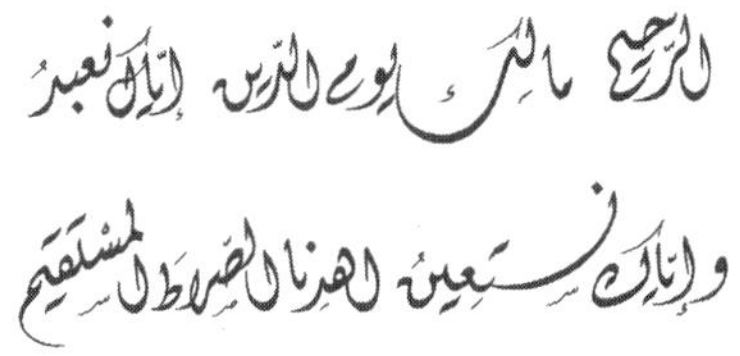

図5　ディワーニー書体（図4と同じ）

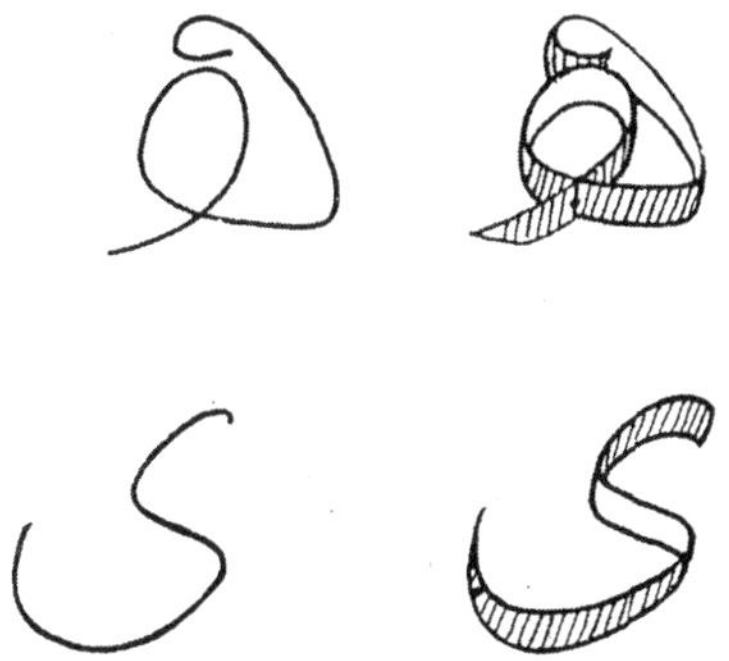

図6　リボンの影（本田孝一作成）とアラビア語の書体

る。

これらをよく観察すると、どれもリボンかテープなど、幅広の布や紙をねじって、それを色々な方向から見た形となっていることが分かる（図6）。というよりも、アラビア書道の文字の太い細いは、リボンを捻ってつくり出したシルエットであり、立体的なものを徐々に方向を変えたときに出て来るかたちを、ひとつの平面に投影した跡である、というようにも見えてくる。あるいは、文字はもともと立体的なリボンであったが、それが平面上に影を落としたものがアラビア文字の書道であるともみなすことができる。[15] これらの様々な文字を立体的な目で見てみると、幅広の線は、こちら側からは太いが奥行きは浅く、逆方向から見ると、細い線は弱いようでいて、奥行きは深く、奥へと深まるものとなっていることが分かる。線の細い太いは、力強さの逆数でもある。図6にある右側の図はテープを斜めからみてできた影を表している。

さらに目を凝らしていくと、文字の細い太い以外の別の側面が浮かび上がってくる。つまりアラビア語の文字線は単純な、幅の異なる曲線の集合なのではなく、リボンをひねったときにできるような立体空間を、或る一つの方向から見たときの痕跡そのもので、実際には三次元的な奥行きの二次元的な表現であるように見えてくる。[16]

アラビア文字はリボンのような帯状の布をねじり、ひねったままその両端の端と端とを繋ぎ合わせた、メビウスの輪のようなもので、文字の一つひとつは、それらのねじって出来た帯の一切片であった、とも言える。それゆえアラビア文字の語尾は様々な方向で終わることになる。左下に向かって終わるものもあれば、上向きに跳ねるものもある。右を上にするものもあれば、水平な部分も曲がっているものもあるという具合に多様である。そしてそうした個々の文字はどれも、永遠の運動を繰り返す輪の中の、どこかひとつを切り取って、永遠の運動輪の影となったものであったと見ることができるようなかたちをしている。

アラビア文字は永遠に運動を続けるリボンの輪の切り取りであり、果てしなく続く運動の軌跡の一片を見せようとしているかのように見えてくる。それはアラビア語の時制についても言えることである。アラビア語の時制は過去形しかない。西洋語のようないわゆる現在形や未来形がない。アラビア語の時制は、「終わったこと」と「終わっていないこと」のふたつしかない。ヨーロッパの人々の時間意識が、過去から現在を経て、先へと向かう一本の線でイメージされるのに対して、アラビア語の時制構造は敢えてそうした時制の方向を避けようとする。それが文字にも反映しているように見える。アラビア文字が繰り返してゆく輪の切片であることは、過去から現在を経て未来へと向かう永遠の繰り返しとしてのアラビア人の時間認識をも映し出しているように思われるのである。アラビア人の時間は、物語性を拒否して、永遠に向かう。

アラビアの民は苛酷な自然の中で生活と文化を培っていかなければならなかった。彼らは、夜は凍えるように寒く、昼間は照り付ける太陽に身を焼かれる中で生きていた。アラビア人はこうした苛酷な環境の中で生を繋いでいかなければならなかった。自然とは人を豊かに慈しむというよりは、服従を迫るものであった。この苛酷さが、永遠に繰り返される絶対的な自然観をつくった。そしてそのことは文字のかたちにも反映された。文字もまた超越的な永遠の宇宙を象るものとなったのである。

さらにコーランが文字の形成に与する。アラビア人にとって、文字とはコーランを語るものである。コーランはどこを開いても常にアラーの神への賛辞が並んでいる。そこには旧約聖書や日本の神話のようなストーリー性はほとんどない。

実はコーランは旧約聖書と同じテーマを扱っている場合が多い。というよりも、多少の異同を別にすれば、コーランは旧約聖書が語る物語の別のヴァージョンとさえ言える。アダムとイヴはアーダムとハウアーの、カインとアベルはカビルとハビーの、ノアはヌーフの、アブラハムとイサクはイブラーヒームとイスハークの物語となっている。しかしコーランの中にある物語は、登場人物の名前などの変更はあるものの、内容自体は双子のように、旧約聖書とほぼ同じものなのである。

ところがコーランは物語の筋の面白さを敢えて避けるように著されている。どの箇所を拾い出してきても、どこを切り取ってみても、あるのはただ神への賛辞である。コーランは、何がどうなり、何が何処から何処に至るのかという物語のストーリー展開など、問題としない。コーランはただ、読む中で響く読誦の美しさを旨とするものである。物語性の代わりに永遠がある。こうしてコーランを語るアラビアの文字は、いよいよ無窮の運動を繰り返す、無窮と無限を反映するものとなった。ヨーロッパの筆記体文字が語尾を右上に跳ね上げて終わるのに対して、様々な方向の語尾をつくるアラビア語の文字は、ひねったリボンの輪を一部切り出してきた切片として、永遠の連鎖である円環を照らし出している。

アルファベットにせよ、ひらがなカタカナ、漢字にせよ、アラビア語の文字にせよ、書き文字の終わりは、それぞれの言語のもつ身体の運動を刻んで、文化の方向性を顕わにしている。

人間は与えられた条件のもとで生を営まざるを得なかった。そこで与えられた生きるための活動は運動の方向を定め、そこにふさわしいリズムを培っていった。とはいえ、そのリズム感は常に変わらないものではなかったように思われる。

第3章　模倣のリズムと情景の模写

1　バロック・ダンスの準備

(1)　リズムの革命

リズムはその地で生を営むにふさわしい形が選ばれた。人は与えられた条件の下でリズムをリズム感にしていった。とはいえリズム感はある文化におけるその歴史の中で常に変わらなかったわけではない。時代によって、地域によって違いがある。リズム感は変遷してゆくものである。

そもそもリズム感は、拍や拍子と同じではない。『リズムの本質』を書いたクラーゲスは、「拍子は反復し、リズムは更新する」と言ったが、リズムが更新するものであるとすれば、リズム感は、地域によって、時代によって、社会構造によって、更新の仕方を変化させていくであろう。

リズム感の変化の事例を、最近の日本から拾うことができる。二〇一五年の夏、国会前に集結した若者たちのシュプレヒコールは、一九六〇年代、七〇年代の学生運動とは大きく違っていた。デモの様子の一部はテレビなどで報道されたので、日本人のリズム感の変化を実感した人も多いであろう。

かつてのデモは、たとえば「安保反対」、「戦争反対」というように、リーダーの言葉を繰り返して叫ぶものであった。たとえば「アンポッ」とリーダーが言えば「ハンタイ」と返す。それも、「正拍」

打ちのリズムで、しかも四拍子で合わせることが多かった。ところが二〇一五年の若者たちは、ときに三連のラップ調のリズムを使ってリーダーの問いかけに応えていた。あるいは拍と拍の間でリズムを取って「んセンソウ、んハンタイ……」のように無音の「ん」を入れて、拍をずらすようにして叫んでいた。これはシンコペーションのリズムであって、いわゆる「裏拍」打ちのリズムである。シュプレヒコールのリズムを若者たちはリズムを「裏（ウラ）」で刻んでいた。日本人には難しいと思われていたウラ打ちのリズムを、現代の若者たちはすんなりと克服して、デモの中で自然に使っていたのである[1]。

日本人のリズム感が大きな変化を見せ始めたのは、一九八〇年代中頃ではないかと思う。そのころまで来日する欧米のロック・ミュージシャンは、コンサート会場でファンが手で打ち鳴らすリズムのずれに戸惑ったようである。聴衆たちの手拍子は一拍目に手を打つ、いわゆる正拍打ちで、それはロック・ミュージックとは相容れないものだったからである。ところが日本人のリズム感覚は八〇年半ばあたりから少しずつ変化してゆく。聴衆は次第にウラ拍で洋楽らしいリズムを刻んでゆくことになった。

同じような、しかしより大規模なリズムの大革命を、ヨーロッパは一六世紀ごろに果たしている。それは西欧音楽のその後のリズム感を、以後の数百年にわたって支配する大改革であった。すなわち「バロック音楽」が、強拍・弱拍の連続から近代的な「拍子」をつくり出したのである。バロックに続く一八世紀の古典派や一九世紀のロマン派の近代音楽家たちは、なるほどバロックに対してさまざまな挑戦と対立を見せて、あるいはバロックの音楽を「克服」していったように見える。しかしリズムについては、彼らは基本的にバロックがつくりだしたものを継承していた。長く近代音楽を支えることになるリズム感は、バロック期につくり出されたものであった。

バロックの前の、ルネサンス時代の音楽にも「拍」という時価の単位はあった。あるいは、現代の「拍」とこの時代の「拍」単位を区別するために、原語で「タクトゥス tactus」と言った方がよい。タクトゥスは英語の tact とドイツ語の Takt の語源である。ポリフォニーつまり独立した複数の声部からなるルネサンスの音楽では、この「タクトゥス」が諸声部の進行を規定していた。ポリフォニー音楽ではそれぞれの声部はお互いに交錯しながら、独立していた。個々の声部の音は、中間休止という共通の休止以外では一致しなくてもよかった。この約束事の下では、ルネサンスの拍（タクトゥス）は、強拍と弱拍の規則的な連続をつかさどる働きをしていない。

図7　小節線が無い楽譜の例（クレマン・ジャヌカンのシャンソン）

さらにルネサンスの拍（タクトゥス）は、アクセントの組織であるわけではなかった。それゆえ、そこに我々の耳が感じるような方向性のあるリズムは生じてこなかった。フルードリヒ・ブルーメは、「ルネサンスは、リズム単位の機械的な振動による反復という意味での拍子を知らなかった。あるいはむしろ、ルネサンスはそのような拍子を意識的に避けた[2]」としている。現在、わたしたちは音楽の楽譜というと、最初に二番目の線からト音記号があり五線が伸びるという、あの見慣れたかたちを想像する。五線譜には拍子記号が書かれて、4/4拍子であるとか、6/8拍子であるとかが指示される。さらにオタマジャクシ状の音符が並び、拍子を区切る部分には小節と小節とを区切る小節線が付される。しかし小節線は当初の楽譜にはなかった（図7）。ルネサンスの時代の音楽は、そもそも楽譜上に拍子をつける小節線を引く必要など、なかったからである。

ところがバロックの作曲家はルネサンス人とは異なる道を選択した。音の強弱の反復によって、リズムと拍を固定化しようと試みたのである。それはルネサンス以降のバロック期の人文主義者たちが、古代の韻律の型を、数値とかたち（フィギュール）によってより一層明確に自分たちの音楽に適用しようとしたからである。

古代レトリックのフィギュールが牧歌劇などの劇場音楽に適用されて、イタリアではオペラが誕生することになった。あるいは、踊るという伝統があり、根っからダンス好きだったフランスでは、フィギュールは舞踊に適応されていった。とりわけフランスでは王自らがダンスを踊り、強弱のリズムを取り入れる宮廷バレエが発展していった。バロックの時代、舞踊の地位はわれわれの時代よりも高く、音楽と対等であった。拍子はそこで、踊るためという大いなる必然性をもたされていた。とりわけ大勢が一斉に踊るためには、拍子を合わせることは必須であった。

ただしバロックの初期においては、拍子はリズムを厳密に統制する連続体ではなかった。リズムは常に変わらないというわけではなく、楽譜に登場してくる小節線も、相互に関連のある音のグループごとに境界をつけるというほどのもので、ときに移動してもよかった。そもそも小節線は一七世紀の後半に定着したものであるし、バロックのリズムは固定化には向かうものの、今よりもずっと自由でおおらかであった。

(2) バロック・ダンスの合図

歌うという面においてもリズムの磊落《らいらく》さは同じことが言えた。つまりイタリア式オペラにおいても、リズムの伸縮という事情は変わらなかった。イタリアで誕生したオペラはその後ヨーロッパ中で大流行することになるのであるが、オペラ歌手たちは状況を説明するレチタティーヴォ(叙唱)の部分をかなり自由に延ばしたり縮めたりして歌った。舞踊の伝統の強いフランスではイタリアとは違う形式のオペラが流行したが、ここでもリズムの事情は基本的には変わりはなかった。

バロック音楽の楽譜にはしばしば「テンポ・ジュスト tempo giusto」という語が出て来る。実際に演奏するとなるとなかなか分かりにくいこの語は、字義的には「正しいテンポで」ということである。要するに、伸ばしたり縮めたりしないで、「正確なテンポ(速度)を取って」演奏するように、という指示である。バロック期の楽譜にこの語はかなり頻繁に出てくる。今では当たり前とも言える「正しいテンポを刻むこと」というこの指示標記がしばしば登場したこと自体、バロック期の音楽がいかにリズムを伸縮させていたかを物語る。バロックの語源は「歪んだ真珠」である。バロックの絵画は歪んだものに吸い寄せられ、楕円形を愛好したが、バロック音楽の時間もまた歪《いびつ》であった。

図8 アポロンに扮して踊るルイ14世

しかしバロックの舞踊が正しい拍子をつくり出していった。次第に複雑になっていくバロック・ダンスは、規則的で予測可能な拍をつくる必要があったからである。

こうして大勢の人々が合わせて踊るという動作が、拍と拍子を編み出した。すなわち、フランスで隆盛を極めてゆく宮廷バレエ、つまりバロック・ダンスが、身体の動きに規律を付与する拍をつくり出すことになるのである。

人々はメヌエットやガボット、ブレー、ミュゼットなどのステップを刻み踊った。バロックの様々なダンスの種類の名前は、もともと「動きの型」というほどの意味しかなかった。バロック・ダンスはこれらの動きを相手に合わせて一緒に踊る。バロックの宮廷ダンスは、特に初期には大勢で踊る場合が多かった。ペアになった男女は一斉に、大勢で、同じ動きの型で動く。相手に合わせて間違えずに踊るためには、動きを拍で揃える必要があった。頻繁に舞踏会を催した若き日のルイ一四世は自身も巧みな踊り手で、ときに太陽神アポロンに扮して踊った（図8）。政治の実権を叔父と母に掌握されていた若き王には、溢れ出る情熱を注ぐ対象は踊ることより他になかったからである。人々はダンスの名手の王のもとで、対面する相手に合わせて美しく間違えなく踊るために、お互いに動きを揃えなければならなかった。こうした中で踊りの所作はダンスの型に従って様式化されていった。そして、踊る身体が動きの型に従って拍とリズムを固定化し始めたとき、西洋音楽のリズム変革の幕は少しずつ開かれていったのである。

バロックとそれ以前の音楽では、音の長さが均質ではない「イネガル（inégal）」な、つまり音の長さが不均等な奏法が珍しくなかった。[3] しかしきれいに踊るためには、どうやって動くか、踊りの型がどうであるのかが、あらかじめ明らかになっているのが好ましい。とりわけ最初のステップを踏み出すための合図は、踊りの相手に対してどう動くかを伝え、準備の動作を取らせるために重要である。ペアになるパートナーは次から次へと変わっていくのであるから、今対面しているパートナーとステップを合わせるだけでなく、次の相手ともタイミングを合わせる必要がある。皆が滞りなく踊るためには、はっきりと分かる前動作が示され、それに足並みを揃えるのが良い。踊り出す一歩手前の、踏み出しの前のタイミングが明確に分かれば、踊り手たちは容易に呼吸を合わせることができる。今踏んでいるステップは次の動きを意識の中に飲み込んでいなければならない。この準備段階を目に見えるようにする意識が、ダンスに対して明快な拍とリズムを要求することになった。

バロック・ダンスの最初のステップは、まず膝を折った状態「プリエ」(plié) のかたちを取る（図9）。ダンス用語は現在でもフランス語をそのまま使う。プリエはフランス語で「(膝を)〈折る〉こと」である。プリエは次に進むステップのための筋肉の準備で、次のエルベへと、つまり「上に伸び上がる」(élevé) 運動へと向かう。「跳び上がる」動作は「ソテ」(sauté) と呼ばれ、地面を蹴って上がる。プリエからエルベへと向かう一連の「動き」はバロック・ダンスで「ムーヴマン」(mouvement) と呼ばれる。踊り手たちはこれらの動きを連続してなめらかに行う。準備段階のプリエは、エルベを予め予測した形となっていなければならない。

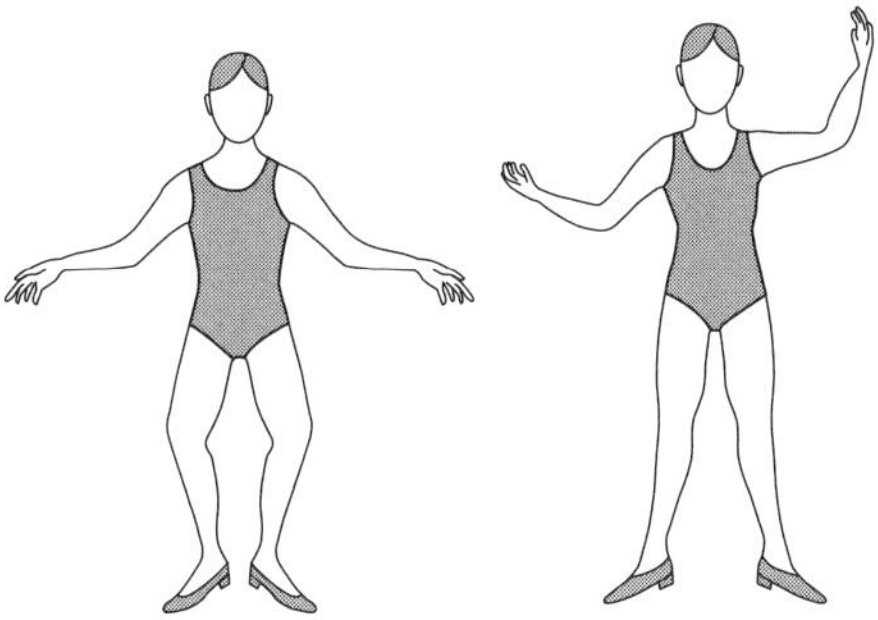

図９　プリエとエルベ（図はプリエからエルベへと伸び上がる身体の動きを指すものであり、図の形そのものを指すのではない。この一連の動きが次のプリエとエルベをつくってゆく）。

スムーズなムーヴマンのために身体の筋肉をあらかじめ準備することは、相手となるパートナーに自分の動きを分からせるとともに、自身の次の動きを準備するために必要であった。膝を折って構えるプリエは、エネルギーを溜めて筋肉が弾けるときを待つ、一連の運動を凝縮した合図である。[4] プリエは、エルベへと至る動きをすでに蓄えながら、上へと導かれる運動の連続性と、踊りの反復の型を守っている。踊りのパートナーが変わっても動きが途切れないように、粘りをもって連続してゆくリズムを用意しておく。プリエは身体が動く前から、すでにリズムの中にあって、踊る動きを蓄えている。

そしてこのプリエからエルベへと至る連続的なムーヴマンの意識が、拍と拍子とリズムをつくりだすことになった。小節線の誕生の要因のひとつはムーヴマンにあった。蹴るためにいったん沈むダンスの合図が小節線となった。ムーヴマンがひとつあるのが、一小節であった。[5] バロック・ダンスが伸び上がるための準備のプリエを行うことは、現在でも吹奏楽や弦楽アンサンブルにおいて、曲の出だしで奏者が一斉に息を吸うところにうかがえる。

このような準備行動は日本でもある、と言えるように見える。祝賀の席の一本締めのように、皆が行動を合わせるときに息を揃えることと、バロック・ダンスのプリエは同じ行為のように見える。しかし一本締めや田植えのタイミングは、静かな呼吸を共有して、息を敏感に探り合って正拍を狙って打つ点で、バロックのつくり出して行ったリズムとは異なる。しかも日本人の呼吸は打つ前に、居合い抜きのように、あるいはホラ貝を吹くときのように、ごくわずかではあるが、いったん息を止めている。息を止めた上で、次に止めた息を勢いよく吐く。つまりそこにはほんの少しではあるが、リズムの流れを切る何かの段差がある。リズムは切断されているのである。「いよー」の声を出すときに、声が裏返る場合がある。裏返って良いし、むしろ声を出す人はそのように発声しようとする。そこには動きの段差ができてくる。ところがバロック・ダンスのムーヴマンは、円滑な流れの中にいなければならないのである。

バロック・ダンスは丸く循環して持続してゆく、粘りのあるリズムの軌跡をつくってゆく。流れて持続してゆくこのリズム形は、次に続く近代ヨーロッパ音楽の演奏法に引き継がれることになる。準備の息は、循環するリズムの円環を崩さないように、吸った息は止めずにそのまま吐いて、出す息をそのまま音とする。バロック・ダンスのつくる準備は、なめらかにめぐる円環の動きを、次へ次へと粘って続けてゆくためのものである。リズムは波のように連続した「軌道」を描くものでなければならない。それは日本的なリズムのつくる、出だしで微かに、しかしかなり明確に、いったん呼吸を止め息を切って断絶をつくり、勢いよく次の動作に移る段差のリズムとは別のものである。

(3) 踊る身体から演奏へ

バロック・ダンスの形式感覚は当初、きわめて多様で伸び縮みの利く自由さがあった。大勢の男女が王の前で踊りを披露するとき、ステップを間違えて失笑がさざめくこともあった。しかし次第に難しいステップが編み出されていくと、習熟した踊り手が複雑なステップをこなして様々な技巧を見せることが多くなる。複雑に踊るための舞曲が増殖してゆき、職業的な踊り手が活躍するようになる。ダンスはゆるゆると「踊る」ものから「観る」ものへと重心を移していく。ルイ一四世自身、政治に専念できるようになると、自ら踊ることをやめてしまう。宮廷における舞踊の形は徐々に変化していった。

こうして、踊りの伴奏であった器楽音楽が次第に独立してゆく。踊るためではなく、もっぱら演奏に供せられる曲が多く生み出されるようになる。一八世紀になると、アルマンド、クーラント、サラバンド、ジークの四曲からなる「定型舞曲組曲」で踊るという習慣は廃れる。踊りの種類と型は、器楽演奏の指示標記として用いられる傾向が高くなる。メヌエットやクーラント、ガボットやサラバンドといった舞踊名は、器楽曲の曲名として扱われ、舞曲の内容は変質してゆく。曲の名づけ方も変わっていく。踊りの「型」の名称であったものは器楽用の舞曲の名前へと変化していった。踊るリズムもまた、弾くリズムへと変化していくのである。

そもそも舞踊には流行りと地域差があったので、同じような舞曲の名称でも、国の言葉によってリズムの中身が異なることはあった。その舞曲がもともとフランス風の宮廷バレエの型か、あるいはイタリア風の劇場音楽の跡を留めているものかという差異は、曲の内容・曲想をも大きく変えてゆくことになる。

J・S・バッハの舞曲集『六つのパルティータ』（クラヴィア練習曲集）の命名は興味深い。この中でバッハはイタリア語名とフランス語名を意図的に区別している。たとえば第一集、第三集、第五集、第六集には、イタリア語の「コレンテ corrente」の名があるが、第二集、第四集ではフランス語で「クーラント courante」と記される。よく似た字面が示しているように、フランス語もイタリア語も語の意味は同じで、「水の流れる様子」のことである。それをバッハは曲集によってクーラントにしたりコレンテにしたりしている。

この曲集でバッハは同様に、「ドイツ風」という意味では同じはずのフランス語の「アルマンド allemande」とイタリア語の「アラマンダ allamanda」を区別して用いている。つまり、第一、二、三、四、五集ではフランス語で「アルマンド」とあるが、第六集ではイタリア語の「アラマンダ」の名称がある。同様に、イタリア語「ジーガ giga」（第一集）とフランス語「ジーグ gigue」（第二、三、四、五、六集）が区別されており、さらにイタリア語の「アリア aria」とフランス語の「エール air」が混在する。

実際、とりわけイタリアのコレンテと、フランスのクーラントは、速さや拍子の点で曲はかなり違った形になっていた。舞曲はこのころすでに実際に踊るためのものではなく、舞曲のそれぞれの名前は器楽の曲名に当てられていた。地域によって似てはいるが名前の違う舞曲を、当時の人々は聞き分けることができたのであろう。同時にこのころに拍子とリズムの概念が固定化されていった。

一般的にはバッハのころ、つまり一八世紀の半ばごろに、曲の標題として使われていた舞曲名は速度記号に取って代わられたとされる。確かに舞曲の種類のメヌエットやサラバンドといった曲名標記は、アレグロやアンダンテ、ラルゴなどの名に座を譲り渡し、あるいは楽曲演奏のための速度や曲想の指示標記が楽譜の最初に書かれることが多くなる。

ただしそこに見られる変化は、ただ舞曲名が器楽曲の曲名に転用され、速度記号が擡頭《たいとう》して来たというだけのことではなかった。速度標記の変化は、身体表現の次元における変化に関わっていた。変化は曲のタイトルを貼り換えただけではなかった。リズム感を表現する意識自体が変わっていったのである。

舞踊から器楽へと音楽の軸足が移ったとき音楽は、それまでは舞踊が具えていた、身体によって目に訴えかける要素をどのように見せるのかを模索しなければならなかった。舞踊とは身体による表現であり、舞曲の名称には舞踊の型の影が宿っていた。舞曲は肉体の動きや手や足の仕草によって表現される、視覚的な、見える「動きの型」であった。しかし舞踊から独立してゆく器楽音楽は、プリエやエルベのような目に訴えかける身体の動作を、もはや与えられない。一八世紀の音楽家たちは、外的な身体の動きを別のもので表現していかなければならなかった。そして彼らはそれを「言葉」に託した。

現在、楽曲の最初に提示される音楽の標語はイタリア語であることが多い。それも、速度を示す語であることが多い。しかしそれらはただ速さを記しているのではない。一見したところ速度を表すように見えるこれらの用語は、本来、〈もの〉の様態や心と精神の状態を示している。

基本的なテンポ記号であるラルゴ largo はラテン語の largus に由来する。これは「もともと幅広い」とか、「豊かな」、あるいは「ゆったりとした」という意味である。ラルゴは現在、非常にゆっくりとしたテンポで演奏する、というような意味合いで受け取られているが、歩幅を広く取ると、人の動きは自然と遅くなる、というところからこの意味が出てきた。またレント lento は lenire に由来し、柔らかいという意味合いであるので、「柔らかさをもって」演奏することを指示する。グラーヴェ grave は「肉体的、物理的、精神的などっしりとした重み」を意味し、アダージョ adagio はイタリア語で ad agio、つまり「心地よさ」を表すイタリア語の agio と、「において」の意味の a/ad が接合されたもので、「横になるようにゆったりとくつろぐ」というような語感をもつ。アンダンテ andante は動詞「行く、歩く」の andare から出て来たもので、「散歩するように」、の意味である。速度記号と見えるものには、語のもつ本来の意味が、それも心の持ち方に由来した意味があった。

したがって精神と心に由来する音楽の指示標記は、同じように見えても微妙に異なることになる。それらは音楽に特別なニュアンスを付与してくれる。同じように速い速度で演奏するよう指示する標語でも、受け持つ区域が違っている。ヴィヴァーチェ vivace には「心や精神が活性化している」とか、「覚醒している」、といった感覚で弾むような軽さがあるが、アレグロ allegro は「すぐに対応できる」

というニュアンスをもつ点で、二者は似ているようで違う。また、アレグロは陽気さを指示するのであるが、しかしアレグロの陽気さには、深いところから湧いてくるような感情がちらつく。さらにこれらに似た語にプレスト presto があるが、ヴィヴァーチェが表面で弾むような軽さであるのに対して、プレストは前に行く、先行するという意味合いをもっている。それぞれの標語は同じように見えながら、心のあり方において違っているのである。

音楽の指示標記は時を追うに伴って、さらに人間の精神状態の中から言葉を探り出してくることになった。serioso は「まじめな、物事に集中している」の意味であるから、そのように集中して演奏しなければならないし、aperito とあれば、演奏者は「心が開いていて、迎え入れるような意味合い」をもつのでなければならない。spiritoso や con spirito は、「外に光り輝くような」明るい意味合いであるので、精神性をより強く込めるように弾く。

精神性に重きを置く指示標記はさらに微妙な差異を要求してゆく。spiritoso と同じような語 anima は心の内側から出てくるものを求めるものとして用いられる。激しい演奏を求める場合も、agitato は精神的に興奮した状態を求めるが、con fuoco は内面で何かが燃えているような力に満ちたものを求める。楽譜上の指示標記は速度を指定する「記号」である以上に、言葉をもつことのできない音を如何にして表現するかを模索する、音楽に精神性を求める指標となっていった。

一八世紀から増殖していくこうした指示標記は、しかしなお、古典レトリックに基づいていたのである。精神的な語で標記することは、レトリックの五つの技法（つまり、インヴェンチオ Inventio（構想／発想）、ディスポジチオ Disopositio（配置）、エロクチオ Elocutio（雄弁／表現法）、メモリア Memoria（記憶）、プロヌンチタチオ Pronnuntiatio（表現／発現））のうちのプロヌンチタチオ Pronnuntiatio――つまり、どのように声を使い身振り手振りを使って人に訴えかけることができるか——を実現するための作戦であった。音楽の中心が、身体を使って表現することから器楽の演奏に移って行ったとき、踊りが果たしてきた役割を具体的な身体イメージをもたない音に与えるために、あるいは歌が言葉で表してきたものを、言葉を操れない器楽に付与するために、作曲家たちは精神的な語によって、音楽をプロヌンチタチオ(＝発現)、つまり表そうとしたのである。

舞踊は肉体によって演劇性を目に見える形で表現することができる。言葉は歌に意味を与えることができる。しかし肉に拠らない器楽の音が演技的であろうとしたとき、音は舞踊とは異なる方法で身体性を外化しなければならなかった。踊るのであれば、リズム感は踊りの動きの型の中にある。しかし器楽曲の作曲という、踊りのリズムをもはや視覚的な身体の動きと直接的に連動させることのできない作曲家たちは、心の傾きを示してくれる言語にすがった。言葉を譜面に添えるのである。一九世紀の音楽は内面性へと収斂してゆく「絶対音楽」の時代とされる。しかしその萌芽は一八世紀の指示標記の変化の中に顔をのぞかせていたのである。

(4) 歩くリズム

バロック・ダンスでは、踊る男女は対となり、パートナーを入れ替えながら、廻り踊る。これが、面と面とを向かい合わせて踊るダンス、「対」(contre フランス語でコントル、英語でカウンター)のダンス、つまり「コントル・ダンス」という形式である。男女のペアは円環の動線の上をなぞるように旋回しながら踊り、再びもとの位置か、あるいは少しだけ右とか左にずれた位置に戻って来ることが少なくない。出発点が目的点となっている場合もある。円弧がひとつの基本形であり、身体もときにその場でくるくる回転して輪を描く。

舞踊は日常生活とは別の空間を想定する。つまり演劇的である。そもそもルイ一四世が愛好し発展させたバロック・ダンスの背景には「演劇」という要素が強くあった。演劇は、舞台という非日常の空間をこしらえて、そこで自分とは異なる役を演じる場である。「演じる」とは、なんらかの役割をデフォルメして表に見せることである。ルイ自身、権力という役どころを見せる演技者として踊った。バロックの王宮や室内空間、装飾される大型の絵画、調度品、服装、そして大掛かりな舞踏会は、権力を見せることに供される演劇でもあった。バロックの権力者たちが好んでつくった大庭園や、そこに配する噴水や花火の華やかなスペクタクルもまた、演じて見せる（魅せる）ものであった。日常のふるまいや身のこなしも演技的でなければならなかった。王宮内の居間も、自分がくつろぐことよりも、豪華さを見せて訪れる者を威圧し、権勢を誇示するために設えられた大道具であった。

日常と次元の異なるダンスは、どこを出発点とし、どこを目的地とするかは問題ではない。動線を如何に効率的に取るかも重要でもない。旋回する身体に、つまり手・脚が動くこと自体に意義がある。動くこと、演じることそのものが内容である。それを見る人もまた、踊る身体の動きそのものを楽しむ。バロック・ダンスの眼目のひとつは、たとえば王の前という非日常的な空間で「踊る」という、外に向かう演技性と舞台性をもつことであり、そして人に見せ、人を見ることで喜び合うという祝祭性を放つことであった。

ところが音楽の指示標記がダンスの型にとって代わっていったときに、そこにある基準は「踊ること」から「歩くこと」へと変わった。「歩くこと」は舞踊とはいささか異なる。歩行は人間にとって基本的な、生きるために必要な動作である。二足歩行は人間というものを表すのに最もふさわしいものである。歩行は舞踊のようにことさらに他の人に見せるものではない。アンリ・ベルグソンはその著書『笑い』を、人間の基本である「歩く」ことと転ぶことから書き始めている。人は歩く。まっすぐに歩く。転ぶ人を見て笑うのは、それが人間の基本的行動から逸脱しているからである。ある場所から別の場所に移って「歩く」ことは、ひとつの方向性をもって行う運動である。

ポール・ヴァレリーの言うように、韻文が舞踏であるとすれば、散文（prose）は「歩行」に当たる。舞踏と歩行の関係は、韻文と散文の差に照応する。そもそもフランス語の韻文 vers の意味はラテン語の versus つまり「回転」を語源とし、同じリズムの繰り返し・回帰を意味していた。踊りは旋回して、もとに戻る。ところが歩くことは目的点に向かうことである。さらに歩行は舞踊と違って、脚を自然に前に出してゆく人間の基本的な動作、行為である。次にどういうステップを取るのかを考えなくてよい。したがって人は歩くとき、あれを考えこれを考えて、精神をより自由に活動させることができる。歩きながら自身と対話し自らの心を見つめることができる。歩くという、独りで行う単純な運動は、その人の心を開放させて、精神を自由に活動させてくれる。人は自己と対話して、内省的になることができる。

歩く身体は精神のあり方を反映させることができる。音楽の指示標記が身体のもっとも基本的な動作である「歩く」速度になぞらえていたのは、歩くことのもつ精神性と無縁ではなかった。アンダンテは散歩で心を自由にして歩くような速さで、アレグロは身も心も「軽く」なったような快活さが生み出す足の運びである。ラルゴは、幅広い、ゆったりした、という意味であるが、それはちょうどプールの中を歩くような、ゆったりと、「幅を広く」取って歩く歩き方である。(6) アンダンテやラルゴ、アレグロという速度標記は、演奏速度を歩行に伴う心の幅に換えて表すものである。心の状態は歩く身体のテンポに書き直すことができる。

音楽の指示標記は、そもそもメトロノームの速さの目盛りによって数値化し得ない。指示標記は感情と精神のリズムを指示しようとするものである。歩くという行動は感情に結びついている。こうして音楽の指示標記が踊りの型から離れていったとき、人は自ら最も基本的な動作である歩行のもつ内省的な精神性によって、音を見えるものにしようとした。バロックの後期のテンポの記載はこの変化の一端を表している。

一八世紀の音楽リズムは、外観的な形式と規律を、「歩く」という、自己対話的なかたちに翻訳し、バロックのリズムを受け継ぐことで形成されていった。一八紀後半からの音楽は、バロック・ダンスが外に対して放っていた、身体を発現させるという欲求を、歩くことの内にある心のベクトルに代えて、むしろよりダイナミックで表現性に富んだ音楽をつくり出していった。

一八世紀は身体の動きを器楽演奏という抽象的な音の表現に変え、一七世紀的なバロックの舞踊と演技の文化を、精神性の勝った表現の文化へと転換していった。しかしバロックがつくり出したリズムの基体は崩れずに継承されていた。バロック・ダンスの、跳びあがる、上向きのステップという運動感覚と音楽のリズム自体は、次の世紀にもその次の世紀にも受け継がれていく。プリエもエルベも形を変えながら継承されていくのである。

2　数の模倣から気分の模倣へ

(1) バロックからルソーへ

ヨーロッパの一八世紀は音楽の中心が声楽から次第に器楽へと移行していったときである。しかしあるとき突然変わったわけではない。一八世紀前半の音楽はバロック的なものと古典主義的なものを混融させていたし、バロックの人々は自分たちのことをむしろ古典主義であると考えていた。音楽のバロックは一般的に、一七世紀から一八世紀の前半までとされている。一八世紀後半からの、いわゆる近代音楽家は、一見すると、音楽に対する姿勢においてバロックの音楽に反発しているように見える。とはいえ彼らは、とりわけリズムと拍子においては、バロックの音楽を踏襲しており、基本的にバロックと変わるところはなかった。一八世後半からの音楽は、バロックのつくり出したリズムと拍子のもつ「意義」を変えた。そして彼らのリズム観がその後のヨーロッパ音楽のリズムの基本となってゆくのである。

一八世紀半ばのリズムについての考え方の変化の背景には、模倣概念の変化がある。この変化がリズムの捉え方を変えた。『言語起源論』のところで少し触れたジャン＝ジャック・ルソーがここに与している。『告白』の著者として知られるルソーは、『百科全書』の編集に参加し、「音楽」と「模倣」の項目を執筆した人でもあった。ルソーがそこで展開した音楽の模倣論は、近代的リズム論の端緒でもあった。

もっとも「模倣」は、その前の世紀の一七世紀からきわめて重要なテーマであった。音楽的模倣という概念は、ルネサンスからバロックの過渡期に生きた作曲家が、論議の中心に置いたものであった。たとえばオペラに大きな貢献をしたモンテヴェルディは、「語り言葉」こそが「模倣」する音楽の主人公であるとしている。[7] 音楽の模倣を声に求めるだけなら、われわれはルソーを俟《ま》つ必要はないのである。

ただし一七世紀バロック人にとっての「模倣」は、レトリックとアレゴリーの図式的適応の延長線上にあった。音楽においても同様で、音楽家たちは何よりもまず、知によってレトリックに従わなければならなかった。彼らが「音楽にレトリックを適用する」ということの意味は、たとえば「太陽」という語があれば、ソの音を譜面に割り振るというものである。ラテン語の「太陽」という言葉の「sol（ソル）」があると、作曲家はソの音（トの音、Gの音）をもってくる。「夜」や「闇」の語があれば、黒く塗りつぶされた音符を付す。テクストに「ため息」とあればラテン語で「ため息 suspirium」（スピリウム）の意味をもつ四分休符を使う。語の意味が音楽の音を決定してゆくのである。言葉の内容を音楽的な意味に読み解くので、「落下」「墜落」「深淵」などの語があれば、下降する声部でこれらを表現する。また「蛇」や「罪」「誘惑」は曲がりくねった声部進行を使って語の概念を表す。「辛苦」「困難」は長く引き延ばされたリズムで表し、逆に「光」「幸福」「至福」は急速なリズムで表現する。「逃げる」という箇所が出て来ると、全声部をたがいに後を追いかけあうように作曲する。

バロック人にとって模倣とは、語の意味と形式の模倣であった。彼らは、音楽そのものは「もの」を模倣したり、意味を与えたり表わしたりすることができず、言葉だけが意味を与えることができると考えていたので、語の意味を音に適用したのである。彼らにとって音楽とは、自然物の模倣ではなく、古代レトリックのフィギュールを音に実現させる音楽的実践の場であった。作曲とは、詩句の言葉を音に解釈してゆく作業というかぎりでの模倣であった。[8]

バロックの人文主義者たちにとっての最大の規範は、古代のレトリックであった。もともと古典古代のレトリックは、雄弁術 orare つまり「口で話す」を意味する or- もしくは ora- を語源にもっていた。つまるところ、レトリックとは何よりもまず口から出て来る声を如何に演出するかという雄弁術上の問題だった。雄弁術とは、印象的なことばで自分の意見を述べて、眼前に居並ぶ聴衆の心を揺るがし、人々に説いて言い聞かせるための技術であった。そのために顔の表情や姿勢、手や足の叩き方、踏みならし方、指の仕草など、身体的な表現方法さえ研究された。如何にして説得するかが問題だった。なかでも声のめりはりを如何につけるか、抑声をどうするか、どう発声をすればより効果的であるのかという「声」の要素は重要であった。なかんずくイタリアには声を響かせ揺らせて人の心に迫るという伝統が根付いていた。歌好きのイタリア人たちは、常に言語と詩に歌のもつ抑揚を与えようとしていた。響く声の伝統を受け継ぐイタリアでは作曲家たち、たとえばカッチーニは作曲法を論じるに際して、まず朗誦法を論題に上げたほどである。[9]

歌のもつ抑揚の根拠はレトリックに求められ、レトリックの図式とアレゴリーを言葉で模倣することが重要視された。とりわけレトリックの中の「インヴェンチオ」(着想)を知的に音へと適応することが特に重んじられた。したがって別面から言えば、音楽は魂の感動を第一に考えているわけではなかった。バロックの音楽はイメージと情感を同一視していたが、その模倣は数字の上での同一性を楽譜に当てはめるもので、語の意味を音楽に翻案する記号論的操作のことであった。

模倣についての考え方は、フランスにおいて少しずつ論点が変わりつつあった。一八世紀にバトゥーは『芸術論』(一七四七年)で模倣論を説いている。バトゥーによれば、芸術家は美しい自然を模倣するものである。当時は天才論が語られることが多かったが、バトゥーの天才は存在するものを見出す人であり、同時に天才とは何かを模倣する人のことである。

こうした中でジャン＝ジャック・ルソーもまた模倣を論じて『言語起源論』を著した。「旋律および音楽的模倣を論ず」という副題が示すように、この著書は実質的に、音楽的模倣論であった。ここでルソーは、心に浮かぶ情念と、旋律によるイメージの模倣について語る。つまりルソーはバロックの作曲家と異なり、模倣に対して人間の「情念」という要素を導入するのである。ルソーの考えの中心は、「旋律」が「もの」を模倣するという点にある。ルソーが言うには、旋律は情念の抑揚を声の抑揚で模倣することによって、嘆き、苦しみ、喜び、叫び、脅かし、うめきを表現し、人の心に訴えかけることができる。ルソーによれば、声による情念のしるしのすべてが旋律の領域にある。旋律は模倣するだけでなく、自ら語る。旋律は言語のようには分節化されないが、生き生きと、そして激しく、情熱的に、言葉よりも一〇〇倍も力に満ちて語る。旋律は情緒や心の動きを引き起こすのである。

こうした模倣論の流れの中に、音楽のある議論の場が整えられていた。いわゆる「ブッフォン論争」である。この論争は簡単に言ってしまえば、イタリア音楽が優れているのかあるいはフランス音楽の方が優れているのかという、いわばたわいのないものである。しかし「論争」の果たした意味は小さくなかった。この直接の発端は一七五二年のイタリアのバンビーニ一座のパリへの来訪である。彼らはペルゴレージの『女中奥様』を上演した。当時、フランスのオペラ事情は他のヨーロッパの国々とはかなり違っていた。まわりの国々がイタリア・オペラにうつつを抜かしていたとき、フランスではイタリア・オペラとは一味違った宮廷オペラが一般的であった。その中でのバンビーニ一座の上演は、パリの人々の意表を突いた。

オペラはもともと、一七世紀の初頭にイタリアのフレンツェにおいて、古代のギリシア悲劇を再現しようとして生まれたもので、音楽と文学の融合したギリシア劇を復活させようとする試みであった。イタリア式のオペラは各地で新しい形式を生みながら、ヨーロッパ全体に広まっていった。ヨーロッパ各地には商業的な大掛かりな仕掛けをもつ劇場が次々と立てられた。オリュンポスの神々や英雄の物語をテーマとしたオペラは、ときに象や馬が登場し、あるいは機械仕掛けの大きな装置が出て来て見る人の目を驚かした。あるいはナポリ・スタイルのオペラでは、歌手たちはこぢんまりとした舞台の上で技巧的な歌を歌った。

もともとイタリア人は生き生きした、表現の豊かな歌が好きだった。ナポリ派のオペラがヨーロッパを席捲するようになると、いよいよ並外れた技量を見せる歌手が活躍することになる。去勢されて少年の美しい声を保つカストラートの歌い手たちが聴衆の喝采を浴びる。彼らは舞台の上をあちらからこちらへと歩き回って演技をするよりも、派手な衣裳や飾りの施された豪華な仮面をつけて、その場に立って歌い、聴衆を魅了した。コンサート形式の、ソロで歌うことを中心とするオペラも多くなった。歌手が自由に旋律線を操りながら歌のはじめに戻って同じ旋律を朗々と歌う、いわゆるダ・カーポのアリアの形式の歌も増えていった。

この時代の聴衆は現代のように、静かに席に座って音楽を聴くという行儀のよいものではなかった。聴衆は歌を聴きながら遊び、友人たちと語らい、歩き廻り、飲み食いをし、ときには歌手の歌に合わせて歌い、ふるまい、劇場内は相当にうるさかった。この中で歌手たちは自分の歌を響かせ、目立たせなければならなかった。歌手はテクニックを利かせた歌い方で聴衆の注意を引き付けることを強いられたのである。派手な装飾音と高い人工的な声で朗々と歌うことは、むしろ歌い手であることの必須の要件であった。

カストラートたちの声は、男でも女でも、子供でも大人でもなく、同時に男でも女でも大人でも子供でもあった。それゆえ彼らの声はある悲しさを秘めた、強靭で、しかも柔軟なものであった。彼らの声は人の歌声というよりも、機械仕掛けの楽器の音だった。彼らはバスからソプラノの声域を難なく出し、長い息を保ち、アクロバティックな技巧の歌声で、装飾的で速いフレーズを華やかにコロコロと歌うコロラトゥーラのパートを楽々とこなしながら切々と訴えかけた。カストラートの歌声は聴衆を沈黙させた。ヘンデルの『涙の流れるままに』は、日本でもテレビのCMや挿入曲に使われて、多くの人の知るところであるが、この名曲もまたカストラートのためにつくられたアリアであった。

ところがフランスではイタリア・オペラのような技巧的な歌い方もなければ、カストラートもいなかった。イタリア・オペラの中心であった一七世紀半ば、フランスではルイ一四世の力を借りたリュリが、フランス語で歌うフランス・オペラをつくり、上演していた。

リュリはもともとイタリア人であったが、ダンス好きのこの若き王の目にとまる。王が実質的な権限を身につけるようになると、リュリは王立アカデミーの権限をもらい受け、舞踊と筋とを結びつけた音楽劇をつくり出した。イタリアで古代ギリシア劇を再現しようとしてオペラが生まれたように、リュリはフランスでやはり古代ギリシア劇を再現するのであるが、彼が提唱したのは舞踊が音楽の一部となったスタイルの独特の音楽劇であった。ダンスをこよなく愛好した王の国では、伝統的に舞踊の方が好まれていた。イタリアが歌の国であるとすれば、フランスは踊る国であった。

それにまたフランス人は演劇好きでもあった。この国にはラシーヌなどによる古典主義演劇の伝統が根付いており、筋の統一を守る論理的な文化があった。ヨーロッパの各地でイタリア・オペラがもてはやされたとき、フランスではバレエを多く取り入れたフランス独自の宮廷オペラが演じられていた。

そもそも音楽は筋を物語ることを得意としない。リュリが試みたことは、舞踊を多く入れ、言葉を重視し、古典主義演劇の伝統に沿った、筋の論理性を考えたオペラをつくることであった。リュリは歌うことよりも、言葉のもつ抑揚と動きを崩さないようにと腐心する。こうしてフランスのオペラは歌いあげるのではなく、レチタティーヴォとアリアの区別が無い、声楽と舞踊と器楽によって古典的悲劇を再現するという形式を確立することになる。イタリアのオペラが耳を喜ばせる、音と戯れるものであったとき、フランスの宮廷オペラは、より理性的で統一感のある、しかし歌うという点ではどこか漠然としたところをもつものとなっていた。フランス・オペラは、声を張り上げて歌うというよりも、高貴な登場人物の微妙な抑揚のレチタティーヴォによろこぶ音楽劇だったのである。

リュリのつくったフランス・オペラの伝統は、『和声論』（一七二二年）の著者ラモーに継承されていく。ただしラモーがリュリの「引き継ぎ」をしたのは一七三三年で、リュリの死後すでに四六年の年月が経っていた。その間フランスでは独自のスタイルのオペラが君臨し続けていたのである。

（2）成果としての粘るリズム

こうしたフランス宮廷オペラ全盛の中のパリに、イタリアのバンビーニ一座がやってきてペルゴレージのオペラを上演したのである。演目の『女中奥様』はオペラというよりも、イタリアの伝統的なコメディア・デラルテにならった、幕と幕との間に上演される息抜きの幕間劇で、オペラ・ブッファという（おもしろオペラとでもいうべき）ジャンルのものであった。オペラ・ブッファから始まった論争なので、ブッフォン論争と名づけられた。

そもそも幕間劇である『女中奥様』は、パリで初演されたときにはリュリのオペラの幕間に上演された。筋はいたって単純である。登場人物もたった三人で、金持ちで独身の老人ウベルト、ウベルトの女中のセルピーナ、そして下男ヴェスポーネだけである。しかも下男のヴェスポーネは歌わない役である。

金持ちの老人ウベルトは頑固な独身者である。ある朝のこと、ウベルトはいつまでたっても女中のセルピーナがチョコレートをもってこないと苛立っている。ウベルトは怒って下男のヴェスポーネに催促に行かせるが、セルピーナはじらすばかりでウベルトはますます怒る。

実はセルピーナはウベルトと結婚しようと思って彼の愛を試していたのである。彼女は一計を策してヴェスポーネを兵士に変装させ、ウベルトに自分の婚約者だと紹介する。ウベルト老人は次第に自分がセルピーナに惹かれているのを知る。ヴェスポーネは黙役であるので、セルピーナはヴェスポーネの通訳をするという形でウベルトに多額の持参金を要求し、持参金を出せないならお前がセルピーナを妻にしろと迫る。ヴェスポーネの脅しに恐くなったウベルトは、セルピーナとの結婚を誓ってしまう。そこでヴェスポーネは正体を明かす。ウベルトは自分が騙されたことに気付くが、そのまま結婚することになり、オペラの幕はめでたく閉じられる。

ただこれだけの話である。しかしたったこれだけの話が、宮廷オペラが君臨するフランスに一大論争を巻き起こした。

幕間劇の『女中奥様』が演じられたときのメイン演目は、リュリの『アシスとガラテ』だった。こちらはオヴィディウスの神話から取られた牧歌劇《パストラール》で、ニンフのガラテをめぐって、彼女を深く愛する羊飼いアシス、巨人ポリフェームの三角関係を中心に複雑な筋が展開してゆく。結局、羊飼いたちを巨人から救おうとするアシスがポリフェームに殺され、ガラテは深く嘆く。そこにポリフェームの父で海の神のネプチューンが現れ、アシスを蘇らせ不死の大河に変えて、アシスとガラテの永遠の結びつきを祝福する。今風に言うなら、長篇SF劇《ドラマ》といったところである。リュリのオペラは演じられる内容も音楽も、伝統に則ったフランスの宮廷オペラそのもので、アリアとも叙唱ともつかない歌が延々と続いてゆくというものであった。

かたや、ペルゴレージの『女中奥様』はすべてがフランス・オペラとは逆であった。登場人物は俗物の金持ちと女中という市井の人々で筋はドタバタ調のラブ・コメディで、音楽は軽妙で抑揚があり、生き生きとはっきりしていた。ここにフランスの宮廷音楽＝フランス・オペラと、イタリア音楽＝イタリア・オペラのどちらが優れているかというブッフォン論争の火蓋が切って落とされたのである。

市民たちの日常的な愉快な題材に、市井の生活を軽妙に描く筋書きは、フランス・オペラに慣れた人々を驚愕させた。当然、リュリのオペラを愛する人々はこれに大反発した。彼らは、イタリアのオペラの、きびきびした抑揚で技巧的な歌を聴かせるというやり方が気に食わなかった。こうして「イタリア音楽派」と「フランス音楽派」が生まれ、互いに対立する。両派はお互いに相手を論破しようと多くの小冊子《パンフレット》を出し、議論を沸き立たせた。「ラモーの和声」対「ルソーの旋律」という論争の構図が論壇を覆うことになる。

もっとも、このオペラ上演の直前には、ドイツのF＝M・グリムが『オンファルに関する手紙』を書いて論争のお膳立てをしていた。すでに他にも一八世紀の前半には似たようなフランス音楽とイタリア音楽の優劣を競う論争はあった。ブッフォン論争は満を持して巻き起こされたのであった。

フランスの音楽とイタリアの音楽のどちらが優れているのかというテーマは、『百科全書』の執筆者たちを含む多くの論客を巻き込んで、ますます膨らんでいった。しかしこの論争は、「論争」というにはあまりに間口が広がり過ぎていた。ブッフォン論争はそれ自体、様々な主張の投げ込まれた奇妙な坩堝《るつぼ》であった。[10] ディドロはリュリに対して微妙な立ち位置を選び、ダランベールは、リュリの音楽に対しては批判的な立場を取る。[11] 実は論争の中心であるべきルソー自身、その考え方をかなり流動的に変えている。ルソーは『百科全書』の音楽の項目の中では、リュリを音楽と歌詞を一致させる技術をもつ作曲家として評価するが、数年後の『フランス音楽に関する手紙』[12]の中では一転して、リュリとラモーを含めたフランス音楽の全体を攻撃する。[13] ところが『音楽劇に関する手紙』[14]では、イタリア音楽の大きな欠点は「単調さと対照の欠如である」[15]としてイタリア・オペラを断罪している。ルソーの考えはしばしば整合性に欠く。リュリやラモーに対しても、ときに与し、ときに反駁している。[16]

あるいはルソーにとっては、フランス音楽とイタリア音楽はどちらにしても、彼と同時代の「堕落した」文明の音楽なのだから、二つの違いなど程度の差でしかなかった、と言えるのかもしれない。論争は誹謗や中傷をも孕みつつ新旧入り乱れて混沌とした様相を見せた後、次第に下火になって行った。「ラモーの和声」対「ルソーの旋律」という構図の下で交わされたこの論争は、そもそも論者の位置を明解にふたつに分断するという分かりやすいものではなかった。結局、論争はいつしか消えて行く。

とはいえこの論争の副次的産物は小さくはなかった。ブッフォン論争は最終的には、バロックから続いていた「調」や「旋法」（モード）mode（たとえばフリジア旋法、プリュギア旋法、リュディア旋法というような「旋法」）の問題に一応の決着をつけた。こうしてみると、ルソー対ラモーの対決の構図は、近代的な「調性」へと進んでゆくために近代音楽が歩む、ひとつ行程であったとも言える。一八世紀には未だルネサンス旋法の色合いを保っていたバロックの旋法《モード》は、この論争を経ることで精査されて、近代的な調性理論がつくり出されていくことになる。[17]

「論争」において瞠目すべきは、ルソーのリズム論であろう。彼は旋律を重んじ情念の重要性を説いたのであるが、旋律を論じることで、実質的に近代的なリズムを考えていた。つまり彼は情念からリズムを抽出していたのである。ルソーは音楽の構成部分として「旋律あるいは歌、和声あるいは伴奏、テンポあるいは拍子」の三つを挙げている。[18]これは現代でも音楽の三要素と言われるものであるが、一八世紀において三者は同じ比重で扱われていたわけではなかった。「和声」と「旋律」がブッフォン論争の中で華々しいテーマとして扱われたのに対して、音楽の三要素のひとつであるとされながらも、テンポあるいは拍子がたどった道は、前のふたつとは異なっていた。そもそもこの時代はリズムの概念そのものが漠然としていた。「三要素」の中で、リズムの類はかなり「干されて」いたのである。

ところがルソーは旋律を論じることによって、実際にはリズムを浮上させた。ルソーの主張する旋律はデッサンのようなものである。模倣とは模倣者が自分の身体と声をもって対象を真似るものである。絵画の流れる描線が対象をなぞるように、旋律はさながら流れるように対象を真似る。

ルソーのいう旋律の模倣とは、音楽家が対象を直接描くのではなく、対象と接する魂の「気分」（disposition）を模倣することであった。「気分」の「模倣」が「旋律」であった。模倣とは直接対象を真似るのではなく、気分をなぞるのである。ルソーは、「……音楽家の芸術は、直接に対象を描くことではなく、魂を、対象が目の前にあれば感じるであろう気持ちと似た気分（*disposition*）にする」[19]と言う。

ルソーは模倣に対して、「気分」という語を、つまりフランス語の「ディスポジション」という語を使っている。英語の disposition を辞書で引くと出てくるのは「気分」とか「機嫌」である。フランス語にせよ英語にせよ「ディスポジション」のもともとの意味はラテン語のディスポジティオ、つまり配置であり、ものを置く向きや傾きである。「ディスポジション」とは気分の向きや置き方、傾きである。ルソーにとって旋律とは、対象に接したときに心の中にできる気分やイメージの配置を模倣するものであったと考えられる。つまりルソーの言う模倣とは気分の模倣であり、イメージの配置の模倣であった。

イメージをデッサンして模倣するためには線が必要である。ルソーにとって旋律の強弱を模倣するものは、言語のもつアクセントと抑揚であった[20]。こうして彼は、「旋律のアクセントによって、リズムの調子によって、音楽は情緒が人声に与える抑揚を模倣し、心の内部まで深く入り込み、感情によって心を感動させる」[21]とする。ルソーは旋律を語りながら、実際にはリズムに言及していた。

ルソーの言うリズムと拍子とは違う。「拍子とは等しい拍が周期的に戻ってくることでしかないが、リズムは同じ拍を満たしている音価あるいは音の長さの組み合わせであって」[22]、音楽の最大の力はリズムにあるとしている[23]。ルソーの気分の考え方には、すでに述べたクラーゲスのところで見たものと同じものがある。それはまた現象学者のヴォルフガング・カイザーのリズム論や、リズムを「調子」（Ton）と言い換えるエミール・シュタイガーのリズム論に近い。ルソーは現象学者の考えるリズム論を先取りしていたとも言える。

ルソーの音楽的模倣論の根本にあったのは、言語のもつ情念の力である。『言語起源論』の中でルソーは、言語の起源にはふたつの種類があるとしている。ひとつは愛に源をもつ、情熱の言葉であり、それは「愛の娘」である。もうひとつは「必要から生まれた娘」である。自然がもの惜しみする北の国では、生きるために声をかけ合わなければならない。南国の情念の言葉が、歌うように抑揚のある母音に満ちたものであるのに対して、必要から生まれた言語は、耳ざわりのする騒々しいものであった。[24] ルソーが考える理想の古代の言語は、なによりも愛と情念に満ちた、抑揚とリズム感のあるものでなければならなかった。

もっともリズム論は、「旋律」対「和声」の論争に挟まれて、それほど表立って現れて来なかったし、ルソーの中でも未だ明確に整理されていたとは言えない。それに実を言えば、一八世紀の音楽家たちにとっても、リズムとリズム感は未だ熟していなかった。音楽家自身、リズムをそれほど正確に捉えていたわけではなかったし、現実的にこの時代の演奏者たちは演奏上のリズムを、それほど厳格に守っていなかった。あるいは守ろうとしたが、守ることができなかった。

グリムは自らの小冊子に寓話『ボエミシッブロダの小預言者』を書いて、一本の棒をもった指揮を「樵《きこり》」と揶揄している。当時の指揮者は棒のような杖を使い、床を打って指揮をした。ところがこれを使って指揮をすると、まるで薪割りのような音をたてる。指揮者はアンサンブルを合わせようとして「拍子を取って」いたのだが、バイオリンの音と別のところで棒の音が響く。拍はズレてしまい、一度も揃わなかったのである。[25] この寓話は当時のサロンではかなり好まれていたようで、ルソーやドルバック、ディドロがフランス・オペラとイタリア・オペラの比較の中で大いに言及している。

ルソーが『音楽辞典』の項目を書いた当時、リズムは音響学として、数学の次元で捉えられていた。もっとも和声も同じことで、音楽は数の秩序に則って捉えられていた。リズムは、舞踊の拍と動きのための「リュトミケー」、詩句の韻律と諧調のための「メトリケー」、詩の語調と抑揚のための「ポイエティケー」などと同様に、数学の秩序のもとで捉えられていた点で、この時代においても音楽はバロックのレトリック理論の支配下にあった。しかしこうした中でルソーは、リズムは言語のアクセントの中にあり、人の呼吸とともにあると考え、音節の言語の生み出す中に、言葉の拍子とリズムを読み取ろうとした。つまりリズムを言語の呼吸と直結させて、リズムを人の呼吸と結びつけて考えていたのである。

一呼吸で歌える旋律の模倣の範囲を、現在、われわれは「フレーズ」(phrase)と呼ぶ。フレーズという語はラテン語の pharisis に由来するもので、「ことばで表わす」という意味をもつ。この語を最初に使ったのはおそらくモミニ(Jérôme-Joseph de Momigny)であるが、しかしこの語を音楽用語として使うことが一般的になったのは一九世紀になってのことである。ルソーもダランベールもフレーズという語を使っているが、「音楽のフレーズ」というように、比喩的な用法としてである。ルソーは旋律による模倣を考える中で、一九世紀のフレーズという考え方を先取りしていた。ルソーの言う旋律は、気分の模倣であるが、それは人の呼吸を単位としてできる一つのまとまりであった。ルソーが、情念から出て来る呼吸が言語のアクセントをつくり出すと言ったとき、彼は人間の呼吸に基づくリズム感のあるフレーズのことを考えていたのである。

思い起こしたい。カストラートたちは一息を人間技ではない長さで、まるで機械のように引き延ばして歌うことができた。カストラートたちが活躍したこと自体、歌が如何にバロック的な考え方の上にあったかを物語っている。彼らは数値に合わせ、音楽の何らかの規律に合わせて歌っていた。長い一呼吸がつくりだす歌声は、感情から出る息ではなく、機械のつくりだすような数値規則に従って技能を披露するものであった。

しかしルソーの考える旋律による模倣は、感性そのものを直接真似る。旋律は息ができる自然な情感から出てくる。それは今日で言うフレーズであって、このルソーの旋律の考え方は、感性的な音楽をつくり出そうという近代の一九世紀の音楽へと繋がっている。ルソーの考え方は現代の音楽教育の基本とも通じる。楽譜を読み取り、音楽のイメージをつくり、それを真似るように演奏するように指導する点で、ルソーの考え方は聴覚的なものを感覚的なイメージで捉え、それを模倣するという、現代の音楽指導のやり方に通じているのである。

ヨーロッパのリズムは模倣の考えのもとに、呼吸と手に手を携えて形成されていった。他方日本においては、呼吸は発音と発声に規律を要求するものであった。

3　日本語の呼吸と模写の言葉

(1) 半価で自由な音

言語リズムをつくる上で、ことばを発する最初の音は非常に重要である。西欧語の冠詞は発音のための準備の呼吸であるので、弱く発音される。たとえばドイツ語で「父」の意味の〈der Vater〉デア・ファーターでは、最初の冠詞 der デァの音は小さく発音し、アクセントは名詞ファーターの頭の「ファ」に置かれる。冠詞デァは名詞ファーターを発するための、いわば身体の合図である。この準備が前拍となり、リズムを構成してゆく。つまり準備の呼吸が西欧の言語に動的なリズム感を与えている。またこの準備の呼吸が、冠詞をもつ言語を使う人々の間に、第一拍目から始まらない弱起の曲＝アウフタクトの曲を多く生み出させることになった。

アフリカの言語の場合、しばしば冠詞と同じ役割が単語の中に組み込まれている。アフリカの人たちがリズム感に溢れているのはこの言語構造によるところがあろう。たとえば語頭に置かれる「ん／ン」がそれである。カメルーンの都市のンガウンデレ（Ngaoundéré）は「ン」で始まる。日本語は「ン」で始まる語は、方言などを除いて原則的には無いので[26]、これはヌガウンデレと表記される。また「ン」の前に「エ」を補うこともある。たとえばガーナ初代大統領のンクルマ（Nkrumah）は、日本語では通常エンクルマと記される。

「ン」で始まる例は、スワヒリ語の ndoo（バケツ）、ngoma（太鼓）、nyama（肉）など、少なくない。コーヒーで有名なキリマンジャロはタンザニアにあるアフリカの最高峰で、スワヒリ語で Kilimanjaro である。これは本来、「山」の意味のキリマ kilima と、チャガ語で「白さ」の意味のンジャロ njaro が結び付いてできた語である。この語をふたつに切るとすれば「キリマ」と「ンジャロ」であって、「キリマン・ジャロ」ではない。

m「ム」が語頭を占拠している語も多くある。ただし語頭の m は唇を閉じて発音されるので、「ム」に近い「ン」音になる。日本でサッカーのワールド・カップが行われたとき話題となったエムボマ（Mboma）選手は、本来なら「ンボマ」となるのであろうが、語頭に発音できない「ン」を置けない日本語は、その前に「エ」をつけて「エムボマ」とした。
アフリカ言語の語頭のnやmは、口唇や口蓋、鼻、のどに対してだけでなく、身体に対して次の音への用意をさせて、音のリズム空間をつくり出している。西欧語で冠詞が請け負う準備の呼吸を、アフリカの言語では語頭のmやnが演出し、言語のリズムを整え、音楽のリズムをつくってゆく。アフリカの諸言語が「ン、n」や「ム、m」を語頭に持ってくる例が多いことは、彼らの音楽が卓越したリズム感をもつ事実を裏打ちしている。

もっとも日本語でも、言葉の出だしに「ん／ン」（以下、「ん」「ン」の表記を場合によって使い分ける）を付けてリズムを刻むと、突如として強いリズム感が現れることを、われわれは経験的に知っている。たとえば「タンタン、タンタン」のリズムを、「ンタンタ、ンタンタ」と「ン」を入れて刻んでみればよい。最初の「ン」がリズムに躍動感を支え、いわゆる「ノリのよい」音楽が生み出される。あるいはシンコペーションのリズミカルな調子が表われ、弾む音型が飛び出して来る。

実は日本語でも「ん」は古くから姿を変えて、リズム感を整える役割を演じて来た。「ん」は音価としては、他の語音のような明確な資格を持ってはいない。「ん」はいわば語音の「成分」ではあるが、自身は語音ではない。ところが「ん」はそこに「在る」ことによって、語のリズム全体を変える。「ん」は次の音への意識を整え、言語のリズム全体を支配する。[27]

次の音の呼吸を促すリズムを刻むために、実際に物売りや都都逸《どどいつ》は「ん」を意図的に採り入れていたし、演芸の世界は、お囃子などの中で「ん」の力を積極的に利用して、異次元的効果を生み出そうと狙ってきた。現在でも新人アナウンサーの訓練の一環として、話す語の前に「ん」を入れて発音して、発声の明解さとリズム感を確保させようとしている。「今日はよい天気です」を「ン今日はよい天気です」とすると、滑らかでリズム感のある調子が生まれてくる。さらに、非日常的な演劇の世界である能や歌舞伎がこれを頻用する。伝統演劇の台詞回しでは、語頭の「ん」はとりわけ意識的に強く長く発音される。引き延ばされた音がうたや謡のリズムの調子を整えてくれるからである。

「ん／n」は発音の仕方からして、日本語におけると同様に他の言語においても、かなり特殊な意思を込めることのできる音である。井上ひさしは『私家版日本語論』で「ん」を論じたとき、[n]の音は否定の意思を口唇内の器官をすべて閉じ込めるとした。そしていったん口の中に閉じ込められた否定の思いは呼気となって鼻腔へ抜け、口蓋から外へと破裂していったときに、音となって表れたのが「ん」であるとしている。[28] 否定の場面に「n」が登場することはインド・ヨーロッパ語でも同じような傾向が見えると言う。たとえば英語の no「ノー」、ドイツ語の nein「ナイン」、フランス語の **non**「ノン」、イタリア語の no「ノ」などの「ん」である。「n」の音は閉じ込めて爆発させる発音という点で、否定の意思とどこかでつながっているようにも見える。日本語においても、「ん」はその特別な位置を象徴するかのように、五十音図の中でも最後に置かれて、自ら特別な音であることを示しているようにも見えると井上は言う。[29]

しかし日本語という言語の中で「ん」の果たす役割は、他の諸言語のもつ「n」とはさらに別の、何か特別の意味と働きがあるように見える。そもそも都都逸やお囃子の中の「ん」は西欧語やアフリカ諸言語のつくるリズムと同じ働きをしているのであろうか。

日本語の「ん」の発音については、本書の第2章で、「ハウプトバーンホーフ」（中央駅）を「オッ・パー・ノフ」と聞いたエピソードとともにすでに触れているので重複を避けるが、日本語の「ん」の違いをわれわれは意識しないで使い分けている。

「最近は寒暖の差が大きいね。本当に寒かったり暑かったりだね。」
「きみ、新幹線で降りたところだろう。仙台と新橋では違うさ。」
「しかし寒いね。今夜は田楽でも食べないか。いつもの半額の千円で食べ放題のところが五反田にあるらしいよ。」

「ん」は子音の付き方で発音が違う。これらの「ん」は微妙に異なっている。「一〇〇〇円」は鼻母音であるし、「仙台」や「本当」は、歯茎を使った鼻音の「ん」である。また、「五反田」はnの音であるが、「新橋」は実際にはm、「新幹線」は喉を使ってngと発音している。続く子音によって「ん」は上下の唇を閉じたり、息を鼻から出したり、歯茎に舌を当てたり、さらに口の後ろの方に当てて息を出している。「ん」の後に子音ではなく母音が続く場合や、半母音のヤ行のjがくる「今夜」の「ん」では鼻母音となっている。「新幹線」と同様に「こんにゃく」をわれわれは「ん」と発音しているつもりであるが、これは[ŋ]の音となっている。日本人が「こんにゃく」を説明するときに酒の「コニャ(ッ)ク」と取り違えられる話は、フランス人にはわれわれが想像する以上のおかしさをもたらすようである。

口の周りの筋肉や唇の構えや舌の位置は子音を発音する条件であるが、日本語は語を分節する子音に対する意識が淡く、とりわけ「ん」の音は無意識のうちに他の語音に引きずられて発音している。「ん」は音を強くも弱くもさせる。人を呼ぶときの「〇〇さん」の中の「ん」や、語頭の音が比較的強い「大使館」のような語の場合、「ん」は鼻腔の中に消えるように弱い。ところが「乾杯」とか「群馬」という場合になると、「ん」は自己主張してくる。日本人はこうした様々な「ん」を、舌や喉の位置、口唇の形や息の仕方によって無意識に使い分けている。

しかし日本語の「ん」は、続く子音に発音の影響を与えるだけでなく、次の語音に影響を及ぼす。「ん」は、次の子音が何であるかによって、発音の音を大きく変えるのである。「半額」の「ん」は、「はんがく」の「が」を鼻濁音にしている。「ん」の権限は、次の音を濁音にするか静音にするかという「連濁」に及ぶ。つまり「ん」は次の音を濁音にすることがある。たとえば「日本橋」は「ニホンバシ」と濁って発音される（長音にもその傾向があり、「評判」の「判（ハン）」は「ヒョウバン」と濁ることになる）。「ん」は語音としてはときに半人前でどこか頼りなく、しかし次の語によっては強く力を発揮しながら、意識と無意識の狭間を行き交っているように見える。

こうした「ん」の力をわれわれが無意識的に行っていて特に気がつかないのは、「ん」という語音が、もともと「書かれない」語だったからである。たとえば「ふんどし」は「ふどし」と記載され、読むときだけ「ん」を入れていた。[29] 撥音「ん」は、歴史的に新しく登場した表記法であった。[30] それゆえ「ん」は長い間微妙で曖昧な位置に吊り下げられてきていたのである。

中世ごろまで「ん」は鼻音の仲間であり、さらに鼻音の発音も、今とはかなり異なっていた。この「ん」の微妙な立ち位置は、日本語の歴史の中でイデオロギー上の対立さえ引き起こした。すなわち「ん」の存在を認めるか認めないかについては、本居宣長と上田秋成が激しい論争を繰り広げた（『呵《か》刈葭《かいか》』）。宣長は「む」と「ん」の区別を主張する秋成と対立した。濁音を嫌った宣長は、「ん」は不正の発音であり、古代には「む」はあったが、「ん」はなかったとした。宣長にとっては「ん」は濁音の仲間であり、濁った音など、古代世界には存在してはならない音だったのである。「ん」は変幻自在に、通常の語音の中に様々な発音の形で、身を潜めながら力を発揮し続けていた。

マ行やナ行の語はゆっくりと発音すると、「ん」が乖離して聞こえ、やがて隠れていた「ン」や「ム」の音が独立してくる。幸田露伴は『音幻論』の中で、m系とn系の音について論じて、m音、n音を発音する前には、その前駆となる音が発せられることを指摘している。たとえば「ウメ」は「ウンメ」となる。また「マメ」を繰り返してゆっくり発音すれば「ンマ」という具合にmが現れる。[31]「ん」は発音の仕方によって語のリズムを変える働きをしている。逆に、語のリズムを変える場合、そこにmやnが現れて音価を別に生じさせることがある。つまり日本語の「ん」は、身を隠しながら日本語のリズム形成にかかわってきたのである。

こうした働きをする日本語の「ん」の語は、ヨーロッパ言語のnと等価ではない。欧米の言葉を母国語とする人々は日本語の「ん」の音を、少なくともnなのか、mなのか、あるいはngであるのかをただちに聞き分ける。われわれが意識としては軽く発音しながらモーラとしてはひとつとして数える「ん」を、ヨーロッパ人は発音の上で、より細分化した音として捉えている。したがってたとえばわれわれが軽くしか発音しないカメラのCanonやNikonの「ん」を、フランス人は「キャノンヌ」、「ニコンヌ」と捉える。「キャノンヌ」という言い方は、語音をモーラで数える我々の耳にはかえって音節を増やして、語音のリズムを変えてしまうように聞こえる。日本人は日本語の枠組みの中で「ん」の力を守ってきた。あるいは日本語の枠組みが「ん」を柔軟に使い分けることによって、独自のリズム感を守る必然性があったのである。

語のリズムを変える働きをするのは、「ん」や「む」だけではない。促音の「っ」も同様である。「っ」をゆっくり発音すれば、われわれは舌を前歯の上に付けて準備をして、すでに小さい「っ」を言っているのが分かる。促音の「っ」は撥音「ん」と同様に日本語の言語リズムの形成に大きく力を貸している。長音「ー」は語の母音を伸ばして語音にするものであるが、これも同じく日本語独特のリズム形成に力を貸している。「ん」や「っ」や「ー」は、もうじき語になる語音である。これらは未だ完全な音ではないが、やがて音となる、音への途上にある語音として、日本語では1モーラの時間を要求して、独自のリズム感を守ろうとしている。

強弱のアクセントを中心とする言語を母国語にする人には、日本人のモーラの考え方や四拍子を基とするというリズムの体系はなかなかのみ込めない。日本人にとって1モーラである「ん」や「っ」、「ー」を、彼らの耳は、ともすれば強く発音する子音の中に埋もれさせてしまう。反対に、日本人が無意識に同じと思って発音している「ん」の音の中に、外国の人たちはまぜこぜになって入っている様々な子音の違いをただちに聞き取る。日本人は「ん」の音の違いに疎く、外国人は「ん」の音に敏感である。しかしこの「ん」の曖昧さと柔軟さが日本語の特徴のリズムを操ってきたのである。

したがって、次のような場合に外国人はうろたえる。たとえばm、nが連続する日本語の発音の、kannon（観音）あるいはminyou（民謡）というnやmが連続するような語の発音である。彼らに、ふたつ連続するnを分けて発音することを理解してもらうことは簡単ではない。とりわけ西欧人にとってnは語を分節する子音であるので、それを母音の前に置けば、どうしても次の母音と合体させてしまう。kan-non「観－音」、あるいはmin-you「民－謡」を発音してもらおうとしても、nとnは繋がってnの次の母音と合体して、観音「カン・ノン」ではなく「カノン」に、民謡「ミンヨウ」ではなく「ミニョウ」となってしまう。

もっともわれわれが「観音」＝「カンノン」と言っているつもりの「ンノ」の音は、鼻に抜ける一続きの語音である。このことは、日本語の母音が子音と同じように音節を区切る働きをしていることを炙り出している。日本語の音節の数え方であるモーラは、強弱のリズムによる言語とは別の規律の体系をつくり出している。

音価が低く、かつては表記されなかった撥音や促音そして長音は、発音される語音の長さを定めて言語全体の調子を整え、あるいは支配さえしていく。こうして日本語は独自のリズム感をまもってきた。しかしそこにどのような法則があり規則が働いているのかは、実はまだあまり明確には解明されていない。とりわけ地名など固有名の場合には、その土地や社会状況が関与していて、単純な図式化をさせてくれない。そのため「ん」とその仲間たちはときに不思議な音韻変化を引き起こすことになる。

数年前、北九州の平戸を訪れたことがある。到着した脚のまま、郷土の資料館である松浦資料博物館に赴いた。館内を見学していて、平戸という地がその昔、「ひらど」でなく「ひらんど」であったことを示す資料を多く目にした。平戸はかつて、壇ノ浦では平家に味方して参戦した松浦氏が支配していた地域である。松浦氏は松浦党《まつらとう》の一氏にすぎなかった。ところが松浦氏は室町時代から勢力を伸ばし、武器の海外貿易によって勢力を広げていった。松浦史料博物館はその貴重な資料を公開しており、そこには「まつら」という表記が多く展示されていた。時の流れの中で、同じ土地においてさえ日本語の音の認知と表記の狭間では、しばしば微妙な変革をもたらしたという一例がここにある。「ひらんど」と発音されていたものは「ん」が省略されて「ひらど」となり、他方、「まつら」は長く引き伸ばされて「まつぅら」となり、最終的に「まつうら」と表記されて落ち着いたようである。この例の場合には他の要因も働いたのであろうが、日本語の撥音や長音は、むしろ明確に書かれないことで、人々の発音のリズム感を整え、日本語全体のリズム感を守る役割を果たしてきたのである。

(2) うつり、ひびき、うなる音

日本語は、子音と母音を分断して発音しない。子音と母音をいわば混ぜこぜに発音する。母音だけで分節された語をつくる例も少なくない。母音の発音に際して、ときに喉や内臓から出てくる息の音を利用する日本語の発音は、舌や唇・前歯、顔面の表情筋の動きが鈍く小さく、発声のための筋肉の準備もさほど要しはしない。むしろ口唇や口の周りの筋肉をあまり動かさない話し方を好む。こうして日本語は穏やかな動きで発声されることになった。

とりわけ子音を発音するときの口唇の緩やかな動きは、語音の発音の長い短いという変化を許していった。「平戸」や「松浦」の例のように、同じ地方にあってもそれぞれの語音が全く別の方向を取ることになったのは、日本語の発音自体が口周りの筋肉をそれほど使うものでなかったということが理由のひとつに挙げられよう。

西欧諸語の発音は子音と母音を厳しく分ける。子音を明確に発音し語を区切るために、口、喉、舌、唇の位置を確かめ、それらの筋肉を確実に前準備して、子音を爆発させた後、母音を響かせる。それが強いリズム感を生み出す。しかし発音の際のこのような口唇の動きを日本語は要求しない。少なくて済む口唇や歯の動きの準備は、日本人の拍の準備の意識をますます不十分にした。日本語は安定した拍子を刻むことへと傾き、静かで平坦なリズムに落ち着いていった。舌の活発な動きを緩くする日本語は、口の周りの筋肉をさほど使わない代わりに、喉を狭めて発音し声をつぶすことによって、息の音を含めるような発音をした。そしてそうした声を聞き取り、語句を分節するような母音を捉えようとした。気道を通る声だけでなく、息音も声として聞き取ろうとした。

一般に、母音の周波数は人間の耳が聴こえるさらにその上に音の層をつくっていく。ところが日本語のような息の音を多く含んで発声される言語では、音声は整数倍音だけでない音を響かせる。このような倍音は倍音とは言っても、倍数を上げていくときにできる共鳴して響く音ではなく、雑音の中にある音の要素である。こうした音の性質は、日本の音楽は雅楽がそうであるように、ゆったりと、周りにしみわたるような、あるいは奥へとしみ入るような音の空間をつくり出す。

日本の寺の鐘音は、ヨーロッパの教会が時を告げて打ち鳴らす音と、如何に異なっているであろう。ヨーロッパの鐘の音がどこまでも高く響いてゆくような音質であるのに対して、日本の寺の鐘は鈍く、あるいは濁りを含んで地に沈み込んで唸るようである。同じように「響く」のではあるが、日本の鐘の音は、鈍くしみ込むように周りを満たしてじわじわと横に響いてゆく。あるいはわが国の湿潤な気候が、こうしたじわりと滲みわたり移りゆく音を、人の耳になじみのあるものとしていったのかもしれない。

このことは日本人が連歌という詩歌のジャンルをつくりだしたことに通底していくもののように思われる。連歌の面白さは、二人以上の人が模倣と創作の掛け合いを繰り返すことで、句がうつり、変わってゆくこと、繋がって移ってゆくことにある。連歌は連作形式の歌で、前句をふまえて、つまりうつして句を詠んでゆき、歌を響き合わせて鑑賞する。この、「うつり」や「ひびき」に生まれる言葉の響き合いの要因のひとつは、空気に込められた、音を滲みわたらせる湿気のある大気にあったように思われる。

そもそも「うつり」は、夢うつつの「うつつ」(現)にあるもので、[32]今はそこにあるが、やがて移って行くものの意味である。坂部恵は、「うつり」は「ひびき」と繋がっていると言う。[33]日本的なリズム感は、それとなく、どことなく、漂うことを好む。日本語の特性が生まれる背景には、「もの」が少しずつ移ってことを許す媒材があった。そして音がうつろい、お互いに響きあうために、日本の空気の中には十分な湿気があった。

現《うつつ》は、いつか移り、変わっていく表層である。表層とは「おもて」であるが、「おもて」にあるものは、やがて移ってゆく。うつつの方ではなく、次へと緩やかにうつること、広がりの中でひびきあうことへの愛好は、日本人がものをどのように捉えたのか、そしてそれをいかにして語としたのかという、日本語の認識の仕方と日本語の発音構造に直結している。それはまた、日本語の安定感のある静やかな二拍四拍の連続を守ろうとすることに連動しているのであろう。

子音の曖昧さや母音の発音の仕方というような日本語の発声仕方の特性は、ただ語音のリズムに関与しているだけのものではなく、「もの」を見る言語の視点そのものに由来しているように思われる。これを考えるひとつの鍵が「もの」の様相を真似る語、つまり擬音である。

（3）模写と擬音語

「ん」とともに日本語を特徴づけるものに、擬声音、擬態音などの擬音がある。「雪がしんしんと降る」、「葉がはらりと落ちる」、「扉をパタンと閉める」などのように、擬音はものの音を模す。ほかにも「星がぴかぴか光る」のように様態をまねたり、「とぼとぼ歩く」、「さめざめと泣く」、「わくわくする」、「べたべたする」のように人の心の状態を表すのに、日本語は大いに擬音を使う。

「ぱたりと」のようにひとつの語で示すこともあるが、「ごろごろ」、「ペタリペタリ」、「うろうろ」

など、日本語の擬音は語を重ねるものがかなり多い。たいがい副詞的に用いるが、「わくわくする」のようにふたつの語を重ねて「する」をつけて動詞化することもできる。また「な、の、だ」をつけて、「ふわふわな生地」、「(酒に酔って)べろべろだ」というように形容詞化、形容動詞化することもできる。擬音はおそらくほぼすべての言語に認められるが、日本語の擬音は英語の三倍から五倍と言われ[34]、他の言語と比べて数も種類も極めて豊富である。

擬音は「オノマトペ」と呼ばれることもあって、このふたつは同じものとされる。しかし擬音あるいはオノマトペの定義は言語ごとにかなり多様であり、英語のオノマトペの意味合いが日本語の擬音と等価であるかは明解ではない。ふたつとも「もの」を真似るという意味合いであるが、「もの」の音をそのまま音で真似する言語領域と、「もの」を語音でかたどろうとする姿勢が、言語によって異なっているように見える。

日本語の擬音表現は英語では明解な語となっている場合が多い。たとえば「ぺちゃくちゃ喋る」という日本語は英語では chat であるし、「ぐにゃぐにゃした」は limp である。「きらきら光る」は twinkle である。音を重ねてできる日本語の擬音は、英語では別々の語が割り振られている。笑い方の違いにしても、日本語が擬音の副詞で細かなニュアンスを表現するのに対して、英語はそれぞれ独立した語を当てる。たとえば「くすくす笑う」は giggle で、「にやりと笑う」は grin である。また日本語では同じ擬音表現となる「ぶらぶら歩く」を、英語では中身によってそれぞれ独立した語を使って表現している。つまり「ぶらぶら歩く」は stroll の語が相当するが、この語は、「のんびりと当てのない歩き方」の場合のぶらぶら歩きのことである。これよりものんびりした雰囲気でぶらぶら歩く様を言いたい場合には saunter を使う。またそれぞれの意味合いに応じて、plod、trudge、traipse など、かなり細かく使い分ける。日本語が擬音で処理する動作を、英語は意味の違いに応じて語をつくっている。英語が抽象的な語で表現するのに対して、日本語は声で「もの」の様子や状態を語音を使って真似ようとしている。

擬音表現の言葉には、擬音というよりもむしろ声帯によるものの模写である、としたほうがよいものがある。そのような語が日本語には多く、それが一般的な言葉となって辞書に載ることになった。しかし言葉となって辞書に入り込んでいる日本語の擬音は、最初の模写の状況を残しながら、語の段階としては一段抽象化のレベルを上げている。

日本語の擬音表現には、ものの音の「模写」に終わらない要素がある。日本語の擬音は、英語の真似音の擬音とは異なるところがある。子供たちがニワトリの鳴き声の日英の擬音表現をするという状況を想定してみよう。日本語の「コケコッコー」は「クックドゥードゥルドゥー」(cockadoodledo)であるという話をすると、子供たちは大笑いする。そして子供同士、この言い方をし合って喜ぶ。しかしこのようにカタカナ書きにした英語は、日本語のニワトリの擬声音と同じ次元にはない。英語を母国語とする人にニワトリの「擬音」を発音してもらうと、多くの人はニワトリの鳴き声そのものに近い発音をする。つまり彼らはニワトリの「声帯模写」をしてくれるのであって、日本人のように「コケコッコー」というカタカナをそのまま読むようには発音しない。ニワトリだけではない。イヌもネコも、そしてドアの開け閉めの音やドアを叩く音、豆の弾ける音も、英語ではかなり実際の音に近い音を真似て発音する。フランス語でもドイツ語でも事情はほぼ同じで、実音を真似る。ちょうど擬音のところだけ言語とは別の音声世界が繰り広げられるように、彼らは実際の鳴き声さながらの、けたたましいニワトリの鳴き声を披露してくれる。

ところが日本語の擬音は、英語のような鳴き声さながらの模写とは異なる。日本語の擬音は、具体的な音の真似と、抽象化された言語表現との両方の意味合いがある。「コケコッコー」にせよ「カチャリ」にせよ「ゴリゴリ」にせよ「ふわふわ」にせよ、日本語の擬音とは、ものの音を直接模す声帯模写の部分と同時に、辞書に載っている抽象化された言語との間に位置するような、いわば半言語という性格をもっている。(35)

もちろん英語にも直接的にものの音を真似したような擬音の語は少なくない。辞書にもこうした模写音の語が並ぶ。clang＝ガラン、clap＝パチン、snap＝ポキン、ticktack＝チックタック、whine＝（犬の鳴く）クーンクーンなどがそうである。しかしこうした語は大人が子供に対して使う幼児語のようなもので、これらの英語の表現は、日本語の擬音にある物真似から語になったものがもつ、言語としてどこか宙吊りになっている擬音表現とは別のレベルにある。

日本語の擬音は、clang や snap、ticktack などの英語の擬音が音そのものに耳を澄ませてそれを捉え、音自体を真似ようとしているのに対して、声で「もの」を真似し、「もの」そのもの、「もの自体」、その場にあるものの全体性を捉えようとする傾向を強くとどめている。日本語の擬音は自然の外的な情景や風景の音を聞き、人の所作の音を聞き、人の仕草に音を感じ、それを声にして描く。こうした感覚を日本語は音声でなぞっていった。日本人は風の音や波の音、足音、木立の枝の騒ぐ音、戸のきしむ音や機械の動く音、虫の音に、風景や情景を捉えてきた。情景は明快な言葉ではなく、意味の明らかではない雑音である。しかし雑音は情景そのものを表してくれる。

英語をはじめとして、ヨーロッパ諸言語がものごとのもつ情景の様を語の響きに残していないというわけではない。英語の c、p、t などのつく語は擬音に語源をもつと思われるものが多い。ぺちゃくちゃ喋る音、あるいは鳥のさえずりの chat は chatter になった。インターネットでおなじみの「つぶやく」の twitter は鳥のチッチという音を真似た tweet から出来た擬音である。フランス語の dégringoler（デグリンゴレ）という語は「転落する」という意味であるが、その語音の響きはいかにも転んでいく動きがふつふつと目に浮かぶようである。

しかし日本語が行おうとする音によるものの把捉は、英語やフランス語の音の模写以上に、ものの出す音とともにその音のある状況を真似ようとしている。音は何か音を出す「もの」があって出てくるのであり、音には音を立てる「もの」をめぐる何かの状況がある。音は気配を背景にしている。日本人は情景や気配に感じられる音を、人の所作、仕草、人の心の動きに対して感じ取り、それを声で模写しようとした。それが擬態語であった。音の出ないはずのものにも、日本語人は音を感じる。日本語は情景に声を聞く。そうしてできた情景の声は、明解な言葉ではないものの、具体的な「もの」の姿を残しながら語の抽象化へと進む、いわば言葉と「もの」の中途にある語となっている。

「もの」の音の模写である日本語の擬音は、もはや「もの」だけの音というものではなく、その場全体の状況を含んだ情趣の醸し出す音というかぎりでの言語である。日本語の擬音からは、「こと」を汲み取ろうとして「もの」がつくりだす音を声で真似て、それが「ことば」となっていった経緯を見ることができる。雑音の要素をも取り込んでものの姿を捉える日本語の擬音表現には、その場の情景そのものを表わそうとする日本語の言語特性の傾向が透かし見える。そしてそこでつくられていく擬音は、やはり基本的に二、四拍を守っている。別面から見れば、このリズム感を耳が捉えたとき、そこに他の人に伝わる擬音表現が生まれることになった。

日本語の擬音は、「もの」の様態を真似てつくった語であるので、使い方によって隠喩的に働いて、

「もの」の新たな面を発見させることになる。擬音は表現対象を変えることでレトリック効果を生むのである。「サクサクした歯ごたえのクッキー」、「にょろにょろと動くナマズ」など、擬音はたいてい、それを使用してよい範囲を制限している。しかしこの語の許容の枠を超えることで、面白い文体効果をつくり出すことがある。パソコンに対して「サクサク動く」という表現を最初に目にした人たちは、当初かなり驚いた。しかしその使い方は表現のもたらす衝撃と的確性によって次第に承認されて広まり、今やごく普通の言い方になっている。隠喩的な表現に成功する言い回しは、逆の面から見れば、言語として高度に抽象化されているとも言える。

こまやかなものの様態を描く擬音表現は、隠喩や直喩のように、「もの」の別の面を発見し認識させる働きをすることができる。しかし日本語の擬音はなによりも、その「もの」のある場や周辺の情景や気配を反映させようとする。さらに、「もの」を見る人の目を通して「もの」と「もの」のまわりを包む気配に眼を向けさせようとする。「もの」の揺らぎにまとわりついて表現される音は、見る人の感情の揺れの一部と捉えられる。

川端康成の『山の音』の中に次のような一節がある。登場人物の信吾と妻の菊子はなんとなくしっくりしない。しかし表面上は取り繕っている。信吾は菊子から電気剃刀をもらった。そのお返しに信吾は菊子に電気掃除機を買った。その関係を川端は掃除機と電気剃刀の音で表す。

菊子の使う掃除機の音と信吾の電気剃刀のモオタアの音とが、なり合っていると、信吾はなんだか滑稽な気もした。

日本人の目はひたすら対象に向かうのではなく、状況と周りのものごとの響き合う様子を全体として、一体として見ようとしてきた。自然の変化に恵まれた土地柄が、四季の移り変わりに人の関心を向けさせたことがあるのかもしれない。日本人は事件の経過よりも情景への興味が強く働いた。この傾きが日本語をして、情緒的な側面を見るという言語表現の世界をつくっていったとも言える。

対象にだけ目を向けるのではなく、ものごとを全体的に見るという見方は、日本的な感性の文化の型をつくる。ヨーロッパには多くの叙事詩がある。それらは事件の推移を物語る。ところが日本には明確に叙事詩と呼ばれるような作品は見当たらない。ヨーロッパの文学作品は、昔話であれ民話であれ神話であれ、あるいは叙事詩であれ、事件の経緯と主人公の行動というストーリー性に焦点を置いて展開されることが多い。事件の経緯と何がどうなったかという点を明解な言葉にしてゆく。しかし日本人は事件の推移よりも情景や情緒に目を向け、その描写を先立たせようとした。擬音は日本人のこの特徴をよく示している。

擬音の中でも擬態音は、「もの」がつくりだす気配の音をなぞる。しかし擬態語もまた「もの」のつくりだす気配の音そのものをなぞるのでなく、「もの」を見る人の耳に聞こえてくる心の状態を真似ている。擬声音で表わされた「もの」には、それを見る人の目と耳のフィルターが掛けられているのだから、擬音には当然見る目に映る心の情景が映り出される。

再び川端康成の『山の音』から例を拾うことができる。

信吾は犬のうなるような声で目がさめた。
はっきり目がさめると、犬ではなくて、人間のうなり声だった。首を絞められて、舌がもつれている。信吾は寒けがした。誰かが危害を加えられている。

「聞こう、聞こう」と言うように聞こえた。

喉がつまって、苦しいうなり声だった。呂律がまわらない。

「聞こう、聞こう。」

殺されそうになって、相手の言い分か要求を、聞こうというのか。

門の戸に人の倒れる音がした。信吾は肩をすくめて、起き上がるように身構えた。

「菊子ぅ、菊子ぅ。」

菊子を呼ぶ、修一の声だった。


川端康成の『山の音』は「もの」と「音」と人の「心」を繋ぎながら、音を大きな要素として展開してゆく小説である。音はものであり、ものは音となり、音は人の心となって、うねるように展開してゆく。日本語が、「もの・おと（物、音）」の表現に人の心情風景とその人のいる情景とを縫い付けていることを、この小説はくっきりと浮かび上がらせている。

　本書の最初で、接頭語の〈もの〉が状況を醸し出すのに与する語であることに触れた。つまり「もの悲しい」、「もの寂しい」、「もの静かな」などは、その場の気配を取り込むものであったとした。外の景が心に広がりとして「もの〜」に投影された。「もの〜」は形容詞に対して、見る人の情趣という色を刷き、擬情の音を被せるものであった。

　そしてこの同じ働きが、擬音語に、擬態音に表れ出てくるのである。ものの様を描く副詞の擬態表現、たとえば、手からものが「ぽろぽろこぼれる」や、葉が「はらはらと散る」という擬音には、

「はらはら」と散るように感じ取り、「ぽろぽろ」とこぼれるように感じられる、人の目の情意フィルターがかけられている。そしてそれはその場の様態描写に広がっていく。擬音はその広がりを見せる。擬態語は擬情語でもある。もし単に外界の音を文字に映すだけであったのであれば、日本語の擬音はこれほど多くはならなかったろう。日本語は音と心を繋がらせる傾向が強い。このために日本語は擬音表現の種類と数において、他の言語を圧倒することになった。日本語の動詞の種類は少なかった。しかしその代わりに擬音が使われた。日本語は動詞で表すよりも、擬音を使って、その場の状況やそこで人の抱く心の様を描くことの方を選択する言語であった。それに、たとえ擬音そのものは使わなくても、音が聞こえてくるような表現が、擬音のように心模様を表わしてゆく。三島由紀夫の『愛の渇き』の次のくだりはその一例である。

黙っている弥吉と黙って動いている悦子とのあいだに、解かれる帯のあげる絹の軋り音だけが生き物の叫びのようにきかれた。

ここには擬音がないが、表現にはイメージとしての明解な音がある。それが弥吉と悦子の気配を立ち現れさせている。

日本の擬音は言語表現の小説や歌の世界に留まらない。擬音は実際に目に見える形になっていく。

（4）情趣のかたちと音の模写

現在、世界を席捲している日本のマンガは、日本語の擬音を視覚化している。そもそもマンガは、絵のあるデッサン部分と、吹き出し（台詞を線で囲んだ箇所）という、文字体の混合する形式をもつ。ところがマンガでは擬音部分がデザイン化されて、音が図《かたち》として描かれる。擬音の字体は装飾が施され、漫画作家はそこに伝えたい人物の感情を被せて、音を描写して飛び出させる。聞こえるはずのないものの状態や、見えるはずのない心の動き、空気の中に漂うような微妙な情景が、マンガではいわば擬音文字となって読む人の目に訴えかける。擬態語や擬情音がデフォルメされた形として描かれるのである。マンガ家は装飾した文字を絵にすることによって、何に焦点を当てたいのかを強調して見せることができる。

文字はもともと意味伝達のための記号である。それゆえ自身は透明である。ところがマンガの文字は、人のわめき声や動物の鳴き声、屋外の音、さらには戦闘場面の荒々しさや、液体の流れる音の様態を、「擬音文字」と言えるかたちで描きだす。

擬音文字は、丸みを帯びたり、角ばったり、ドット模様がつけられたり、コマから食み出したり、という具合に、様々な姿形に装飾され描出されて、その場のイメージと意味と雰囲気を提供する。かたちとなった音が、マンガの中の絵を描くデッサン部分と同様に、誇張されデフォルメされる。装飾を受けた文字は画像となって読み手の心の舵を直接操り、共感性を高める。鋭く角張った音の画像《え》は強烈で破壊的な感覚をもたらす。あるいは曲線の付け方で文字は激しさや優雅さ、やさしさなどを伝えてくれるであろう。マンガの文字は絵の部分と同様に、音をかたちに変形し、感情をかたちに変えて、周辺の状況や気配を描いてゆく。マンガの絵の中には「もの」の情感が表れ出ている。〈manga〉は、日本の擬音文化を世界に拡散させることになった。マンガは擬音に情緒を仕込んで、擬音を絵画化することによって、日本人が音に対してもっている擬音表現を視覚化した。このようなマンガ文化は、西欧文化が旨としてきた、事件の推移を描く叙事性の優位に対抗して、その場の雰囲気と心象風景を共有しようとする日本的な文化の型を全世界に広げることになった。日本のマンガ文化の拡散と世界化は、日本語の擬音に表れてくる独特の言語感覚なしには、これほどの域には達しなかったろう。マンガは、自然の音をも映し出して言語に参加させるという擬音文化を反映させるとともに、そこには書き手という「ひと」の目のバイアスがかけられているという、日本的な言語感覚を確認させることになった。

この傾向は昨今の日本マンガ界の中でさらに拡大してゆく。マンガの中でもとりわけ少女マンガは、多くの実験を果たしてきた。少女向けという性質上、少女マンガは主人公たちの情緒的な心の動きを文字化するために様々な工夫をしなければならなかった。少女マンガ《コミック》というジャンルは、マンガ史の中では遅れて来た部門である。戦後、少年マンガや四コママンガがまずあり、続いて劇画と言われるような青年マンガが流行り、マンガは大人の読み物になっていった。少女マンガ《コミック》はさらにその後にやってきたジャンルであった。しかしそれゆえもっとも先端に位置することになった。現代の少女マンガの隆盛、とりわけ水野英子、萩尾望都、竹宮恵子、高橋留美子といった優れた女流マンガ家が続々と誕生してマンガの読者層を男性や大人にも拡大していった様相は、平安時代に紫式部や清少納言など多くの女流文学作家が輩出していった状況と似ている。

当初マンガは、一コマの画面の中に吹き出しを設けてそこに台詞を書くという方法をつくり、ほぼそれを踏襲していた。吹き出し部分は人物が声に出して話したりつぶやいたりする言葉を表す。登場人物の心の中での想像やモノローグは、声に出すものと区別するために、文字の囲みの先に大小のドットをつけて表されるという約束事が確立していた。ところが少女マンガは、つぶやき、空想し、夢想し、独りごとを言う部分は囲み台詞の枠内に書くという柵などひらりと乗り超え、吹き出しの領域を絵の部分と混在させて、その描写世界を飛躍的に広げた。

少女マンガではとりわけ、登場人物が心の中で思う心情の言葉が擬態語としてデザイン化されて描かれ、精力的に画の中に入っていく。情緒の文字の方が画面を支配していることさえある。演劇舞台であれば演出家が指示するようなト書きの語句も、直接顔を出して行く。少女マンガのスタイルは、ドットの吹き出しは想像したことを表現する、などという慣例など、遥かに過ぎ去ったことのように自由で開放的である。文字は枠やコマ組みにも束縛されない。

少女マンガは言語と画との境界線が緩やかである。そこでの文字は擬音や擬態、擬情を写すという枷から解き放なたれて、場合によっては感情の副詞さえそのまま吹き出しにして画面に文字画として登場させる。もちろん、「げっそり」、「あたふた」、あるいは「そわそわ」などという語が主人公の様子を表すものとして、吹き出しではなく画面の中に出てくることは、少女マンガに限らずそれまでもしばしばなされてきた。しかし少女マンガの使うデフォルメされた文字擬音の範囲は、さらに多くの擬態語や名詞そのものまでを含んで、はるかに広い。「お巡りさん」とか「諸行無常っ」といった様々な種類の語句が装飾されデザイン化されて、絵の中にはめ込まれて登場人物の心情を語ることになる。少女マンガは、情感によって世界を捉えようという日本語の特性を拡大させて、擬音の果たすひとつのあり方を提示したとも言える。

もっともこうした擬音表現は、多くはないものの小説の中でも使われていたことではあった。三島由紀夫の『愛の渇き』の中には、

謙輔は傲慢な父親の専制をひょうたんなまずに受け流していた。（傍点は引用者）

というくだりがある。「ひょうたんなまずに」は、いかにもひょうひょうとした謙輔の様子を目に浮かばせる。しかしマンガは、とりわけ少女マンガはそれを大量に放出し、日本語の言語の特質を見えるものとしたのである。

もともと日本語は擬音表現が多かった。それらは擬音というよりも、ものの佇まいを真似、ものの気配を真似る言葉だったからである。ものの気配はものがかすかに動くことで生じる。擬音はそうしたもののありさま、つまり「こと」を模写するものであった。それをとりわけ現代の少女マンガは抽出してきていると言える。

擬声音、擬情語、擬態語は、日本語が言葉に求めて来たものが何であったのかを吐露している。「めらめらと燃える」、「はらはらと散る」では、「燃える」こと、「散る」ことよりも、「めらめらと」、「はらはらと」の部分の方が、より意味がある。擬音は情動の声である。日本語は他の言語と比べてそもそも動詞の数が少なかった。擬声語や擬態語、擬情語の数が多いことは状況を表すことで動詞を補う表れであろう。というよりも状況の描写を優先させるなら、動詞を増やすよりも、もののつくり出す音をイメージして、それを真似たものの音としての擬音を増やすことの方が、より適していた。日本語は情動的な音を全身で聞き取り、それを言葉としていったのである。

同じことは色彩の表現方法にも言える。そもそも日本語は色彩を表すのに、「あおあお」、「しらじら」など、自然界のものの様態を表す語を起源としており、色彩をそのまま表す名詞の数は少なかった。

色の表現は、実はもともと擬態語であった。日本語が把握する色彩の数は、『古事記』ではアカ、アオ、シロ、クロの四種に限られているほどで、語として色を認知する力は強い方ではなかった。『万葉集』も右の四種の他に、ニ（丹）、ムラサキ、アカネなどがあるものの、色彩表現を表す語は極めて少なかった。[36]色彩はものの様態に隠され、色は擬態に依存していた。「赤」は太陽が昇って空が明るくなる様の「あかあか」から（あるいは「あかるい」から）、「白」は輪郭のぼやけた「しらじら」から来た。「紫」、「橙」、「茶」、「藤色」などは植物に由来し、「青」は空の青さに由来するか、あるいは藍が音韻変化したものとされていた（ただし諸説ある）。

日本語は色に固有語を与えなかった。色は「もの」を見る者にとって、「もの」から得た情感のひとつだった。今日われわれは、色彩の名前に光学的に割り振った色彩語を当て嵌めて、色名から色の成り立ちの痕跡を消し去っている。しかし本来日本語は、色よりも情景・状況についての感じ方を優先させていた。ものに接して情動が心を通過するとき、感情の言葉が先ず口を衝いた。色の名前よりも先に、心は、かたち・香り・雰囲気を感じることに向かった。気配を模して流れ出る声は、感情のかたどりであった。色彩を表わす語は情感と気配が捉えた、ものの名残りを留める言葉であった。擬情語の響きが虫の声と同様に言語脳で捉えられるものであるとすれば、日本語は色の名前さえ擬音的で、言語脳の領域に置かれていたと言える。色の言葉は擬態語であり、擬情音だった。

ものの様態を声音で似せた擬音は、声からことばに移行する段階にあるという点で、文法的には未だ完全な語となっていない。擬声語や擬態語は文法的には副詞に分類されるのであろうが、語としてどこか不安定な部分がある。(37) 情動を模してつくられた日本語の赤、紫、白という言い方が色彩語になったいきさつを考えると、日本語はソシュールの考えるような言語の恣意性に希薄なところがあると言えるのかもしれない。

擬音は語に至るベクトルの上にある。「もの」をこころから音へ、そして言葉へとつなぐ途上にある。擬音にかすかに残る「もの」の恣意的な痕跡は、「もの」そのものではなく、人の感情のうつろいの反射である。あるいは擬音は、「もの」から情感へそして語音へと向かう回路の狭間に宙づりになっていると言える。

したがって次のように言うことができるであろう。ヨーロッパの近代は模倣を追求し、そのことから、リズムを得た。他方、日本人の心が求めたものは、模倣よりもものの状態や様態の模写であった。そこに出てくるリズム感は、人のこころを介してのリズムであり、そのようにして生まれるリズムは様態を映すものであった。このようにして生まれてくる模写としての擬音は、実は稲作作業が用意したものであった。つまり、稲穂の全体を見やり全体を把握することが、そして、また一歩一歩脚を大地に着実に下ろしてゆっくりと進むような静かな安定感のあるリズムが稲作作業には適していた。この作業のためには、すぐには見えてこない植物の生長の様子を手で触れ、そして肌で静かに感じ取るように見ることが必要であった。そもそも二つの文化の間には、外界に動く「もの」を見るか、あるいは様態としての「こと」を見るかという大きな差異があったように見える。そしてまた「もの」と「こと」の捉え方にも違いがあったように思われる。

第4章　リズムの距離

1　距離か場所か

(1)「もの」、「こと」、「ひと」

日本語の擬音は「もの」を音声で模写してできた語である。しかし擬声語は「もの」の出す音をそのまま真似ているわけではないし、擬態語はものの様子を音で真似ているわけではない。「もの」そのものを声で真似ることはできない。それでも日本語は「もの」の音にこだわって、ものを擬音で表現しようとしてきた。このことの意味は言語のかなり深い部分に起因しているように見える。

日本語の擬音が「もの」の出す音を真似ようとするものであったとして、それは音を出す「もの」のもつ、なんらかの状態を描いている。つまり擬音は「もの」を真似ているように見えて、実際には「こと」を音声で形容している。日本語の擬音表現は、色につけられた名前と同様に、「もの」に即して「こと」を表そうとした語であると言える。

ここに日本語がもつ静かなリズム感の出処のひとつがある。一般的に言うなら、リズム感は「もの」の運動から感じ取られる。しかし「もの」が動いていないところにもリズム感を捉えることはできる。同じものの繰り返しでリズム感をつくり出すデザインは多い。われわれは石を並べた城壁や、行儀よく並べられた歩道の敷石といった動きのない石の表面に不思議なリズムを感じとる。リズム感は運動そのものによってだけでなく、反復によってつくりだされることが多い。同じものが三つ並べられるだけで、われわれはリズムを感じる。日本人の感性は「もの」の運動からではなく、こうした反復や「もの」の配置に対してリズムを感じとっていたところが大きい。とくに日本語の擬音は、言葉の繰り返しによってリズム感をつくり、語となったものが多い。

　繰り返すことを多用して「もの」を表わそうとする日本語の擬音は、実はかなり人工的である。ヨーロッパの人たちがとりわけ動きに対してリズムを捉えるのに対して、日本人は静かな安定したリズム感をもった。それは「もの」の動きに目を向けるよりも、「もの」から「こと」を見てとり、「こと」の中にリズムを感じ取ったからである。そしてひとたび出来上った擬音は、逆に「もの」をかたどり「もの」の見方を決定していった。

　しかしそもそも、日本人にとって「もの」とは何か。「こと」とは何か。

　われわれは日常生活の中で、しばしば「こと」と「もの」を同じ意味合いで用いてきている。とはいえ二者は微妙に区別されており、単純な互換性は与えられていない。「ものおとがする」とは言っても、「こと（の）おとがする」とは言わない。「もの静かな」とは言っても「こと静かな」とは言わない。

　日本の文学研究の系譜上、「もの」と「こと」は同等に扱われてきたわけではなかった。本居宣長が「もののあはれ」を論じて以来、「もの」は、常に重要な概念であり続けた（以下、引用元にモノとある場合はそれに従うなど、表記は場合によって括弧つきの「もの」とカタカナ書きのモノを使い分ける）。「もの」は国語学・国文学、そしてとりわけ民俗学研究者にとっての一大焦点であった。「もの」は、折口信夫によれば、「もともと鬼であり超自然的存在であった」（『古代研究』[1]）。モノ（折口の仮名遣い）は日本人の思考の根源にあるすべての霊的存在であり、霊あるものはすべてモノであった。古代にはモノはカミと対比された。よき霊をもつものをカミと呼ぶのに対して、悪しき霊をもつものはモノ、つまり鬼、邪鬼とされた。モノはカミと同じく超自然的な存在であった。しかし古代も後期になると、カミとヒトと自然の三者が分離されて行き、モノはカミ以外の一般的な「もの」を示すようになる[2]。

他方、「こと」は「もの」と同等の資格で表立って論じられてきたわけではなかった。「こと」は密やかに潜勢的に生きてきた。「こと」は見立てを重んじる日本人にとって、見るための視点を与えてくれる黒子のような語であった。たとえば「こと」は「ごとし」や「ごとく」の形で用いられた。『万葉集』の「梅の花今咲けるごと……」（万葉集 816）や、芭蕉の『奥の細道』にある、「松島は笑ふがごとく、象潟はうらむがごとし」のような例がそれである。「こと」や「ごとし」は日本語の比喩の柱である「見立て」の道具となって、出来事や言葉を際立たせる働きをしながら、自身はひたすら透明であった。「こと」は己れの存在を押し出すことなく、人の注意をすり抜けてきていたのである。

「こと」が論争の舞台に登場して、「もの」中心の研究史に変化を与えるのは、日本が西欧哲学の影響を強く受けるようになってからのことである。当時ヨーロッパの哲学界を席巻していたハイデガーの存在論が、日本語のもつ「こと」を浮き立たせた。ハイデガーと同じ一八八九年生まれの和辻は、ハイデガーが『存在と時間』を出版した一九二七年に、ドイツに赴いている。

ただちにこの著作を手に入れた和辻は大きな影響を受け、後に『風土』を書くことになる。しかし和辻は、ハイデガーのいう「存在」が日本語の空間の考え方をそのまま受け入れるものではないと考えた。和辻はハイデガーの言う「もの」の意味と「存在」のもつ意味を批判しながら、自らの空間論を展開してゆく。

和辻によれば、「こと」は「もの」に属するとともに「もの」を「もの」たらしめる基礎であって、「言（こと）」を意味する。「もの」が空間的、実態的であるのに対して、「こと」は時間的で属性的である。和辻は「こと」と「もの」とを区分しようとして、[3]「こと」を浮上させたのである。

「もの」と「こと」を論じる哲学者のその後の思考の軸は、公約数として和辻の考え方にならっている。たとえば出隆は、「もの」がひとつの概念であるとすれば、「こと」は判断者が隠された判断であって、「もの」が同一的・統一的であるなら、「こと」は分裂的で関係的であるとする点で和辻に対立するのであるが、[4]しかし大筋は和辻から遠く離れるものではなかった。全般的に見れば、「もの」が、対象化される、一回的で具体的な、経験的であるものに対して、「こと」は抽象的で時間的な流れに左右されず、普遍的であるとする点で、哲学者の間に大きな異同はなかった。

もっとも、「もの」と「こと」の内容がちょうどあべこべになる論証が提出されることはしばしばあった。つまり「もの」と「こと」で、どちらが具体的か一般的か、どちらが空間的か時間的か、あるいはどちらが分析的か統合的か、という点でまったく対照的な分類が、ときとしてなされるのである。このこと自体、「もの」概念と「こと」概念の抱える流動的な側面を暴露していたと言える。[5]

一方、哲学的な意味での「こと」が論議として浮上したことで、国語史学、国文学の立場からも「こと」が論じられるようになった。たとえば高木市之助や西下経一郎は「もの」・「こと」の研究を国語や文学の歴史に従って実証的に行った。高木は『源氏物語』の「もののあはれ」を解析し（『源氏物語講座』）、西下は、『源氏物語』で用いられている「もの」の意味を詳細にしようとしている。彼らの詳細な分析研究は、「もの」が実体的な機能をもちながらも「一般化」の機能を兼ねていることを

顕わにしてゆく。(6)

「もの」と「こと」との境界線は容易にはつけにくい。それは日本語がはじめから、「こと」と「ことば」を融合させており、言葉が「もの」と通底していたからである。廣松渉は哲学の立場から「もの」と「こと」を論じる。そこで彼は、『万葉集』や『古事記』に「もの」が母能・慕能・毛乃などと音写されていたこと、あるいは意味の上から「もの」に「鬼」、「魂」などの文字が当てられていたことから、「こと」は事象・事件・事態に近いとしながらも、『もの・こと・ことば』の「跋文に代えて」において、「こと」が「存在」すると記す。(7) 廣松の考えにおいても、「もの」と「こと」は、相違よりは類似の項が勝っていた。

土井忠生は国語史学の立場から、日本語の「こと」が「事」と「言」の両方の意味をもっているとして、日本人は言葉と行為を分離していなかったことを確認している。大野晋も、古代社会においては、口に出したこと(言)はそのままこと(事実)を意味しており、「こと」(出来事、行為)はまた「こと」(言)であった点を強調する。大野は、「こと」と「もの」の分化は、「こと」が「ことのは」とされて、言葉と事とが別のものとされる奈良時代以降のことであり、(8)「こと」と「ことば」が分かれて、現在の「もの」が出来てきた、としている。言葉に発することはすなわち行為であった。言葉にすることは実現されることであり、行為として出てくることであった。行為は具体的であり、言葉は具体的な「もの」に融合していた。これらは時枝誠記の言霊論、つまり日本人は言語にはそれ自身霊力があるので、表現のままに事が実現すると信じていたとする理論を想起させる。

日本語の「もの」・「こと」の意味付けと分化には、訓點《くんてん》資料の漢字をどのように日本語にするかという実際的な作業の経緯もかかわっていた。古代、「者」という字は「ヒト」と訓読されていたが、平安中期には「モノ」と読み下されている。つまり、複層的に解釈されてきていた「もの」と「ひと」であったが、仮名書きが一般的な平安期になると、「もの」は「ひと」から分かたれていった。

さらに時代が下ると、日本語は語の概念の抽象化を求めるようになり、人々の関心は「こと」的認識を如何に表現するかに移る。『新古今和歌集』のような象徴的な和歌が数多く創作された中世は、日本語が言語としての抽象化を前進させた時代であった。この中で言葉の抽象化は「こと」の世界を大きく広げていった。こうして、「もの」と「こと」は繊細に使い分けられるようになる。

とはいえ日本語の抽象化には、言葉を操る「ひと」が、身を潜ませながらつねに介在していた。新古今集の歌のもつ抽象化には詠《うた》う「ひと」の気配がある。日本語の抽象化は抽象化とは言うものの、常にひとのこころを背後に措えるものであった。中世以降も「もの」と「こと」はそれぞれの意味の守備範囲を定め、使い分けの基準と置き換えの制約をつくっていったが、そうした中にあっても、「もの」は「ひと」というこころの影を宿していたし、「こと」には抽象化をうける「ひと」の目があった。

現代の日本においても、日本人の言う「もの」には「こと」の側面があり、「ひと」の要素が介在することを、精神病理学は取り出している。たとえば木村敏は、「こと」が「もの」と対比されて二者を対等に考える経緯を離人症の症例から捉え、それを通して日本人の「もの」「こと」の同時把握性を抽出している。(3) 日本語が「もの」と「こと」を微妙に使い分ける意識の底には、ひとの「こころ」がある。それは、日本語では「もの」を動きにおいてではないところで捉えることによって言葉をつくってきた、という問題に繋がっている。言葉は韻律を伴うもので、リズムをつくる。「もの」と「こと」はそのままリズム感の問題に連なっているのである。

（2）「こと」の中の「もの」

レトリックと「もの・こと」

　そうすると日本語における「もの」と「こと」とは何なのか。現在、日常の語感の「もの」と「こと」は公約数として次のようなところに落ち着くであろう。つまり「もの」が経験的で現実的な、人間が感じる何かしらの空間性を有しているのに対して、「こと」は様々な具体的な事象から抽出されて出てきた「結果物」で、抽象的・概念的で、時間軸にかかわる。「もの」には「物」や「者」の意味がある。一方、「こと」はことがらや事態としての「事」の語があてがわれる。また言葉は事の一部、つまり「〈こと〉の〈は〉（端）」である。ことがらの切れ端が「こと－ば／言葉」である。

　とするとここで、日本語の「もの」と「こと」の定義に、ヨーロッパの古典レトリックにある転義的比喩法（トロープ）の定義、とりわけ換喩と提喩の区分を適用できるように思われてくる。

　ヨーロッパにおいては古代から、換喩（メトニミー）と提喩（シネクドキー）は、隠喩（メタファー）と並んで、人間の認識の仕方に直結する、レトリックの中の重要な転義的比喩法《トロープ》とされてきた。同時に換喩と提喩は、概念と分類をめぐって多くの論議を巻き起こしてきた。そしてこのかなり厄介な二つの転義的比喩法の境界は、日本語の「もの」と「こと」の区別の問題と似たところがあるように見える。

　転義的比喩法の中でもっとも一般的と言えるのは隠喩である。「人間は狼である」（ホッブス）、「彼女はぼくの白鳥だ」（シェイクスピア『ロミオとジュリエット』）などの例がこれで、隠喩の定義はアリストテレス以来、類似性に基づく比喩として、ほぼ確立されている。とりわけヤコブソンが隠喩を類似関係に基づく比喩で、換喩が隣接関係に基づく比喩法であるとする明解な二分法を示して以来、この二つの比喩法は並べて考えられるようになった。

　類似関係に基づく隠喩に対して、換喩はものの隣接関係に基づく比喩法である。今やほぼ定番となっている佐藤信夫の例に準じるなら、[10]「赤いずきん」をかぶっている女の子を「赤ずきんちゃん」と名づけられるのがそれである。「赤ずきんちゃん」は「赤い頭巾」という身に付ける衣服、つまり「もの」の一部分（それも印象的な部分）が少女に触れることで少女と隣接している。赤い頭巾という「もの」の一部が、少女の全体を言い換える。換喩は、現実世界にある部分と全体を、現実に「もの」と「もの」とが接し合うことによって、つまり隣接の関係によって言い換える修辞法であるとして、換喩は隠喩と対比されるのである。

　それでは提喩とは何か。一般的な言い方をすれば、換喩に対して提喩は、ものの概念の包摂関係に基づいて部分と全体の関係を置き換える転義的《トロープ》比喩法である。たとえば日本人は「花」といえば「桜」を思い浮かべる。「花」という大きな概念（＝類）が「桜」という「種」を指すのである。あるいはやはり佐藤のつくった定型を用いれば、雪のように肌の白い少女を「白雪姫」と呼ぶ。ここでは「（雪のような肌の）白さ」という大きな概念が比喩の言葉となって、この少女を言い換えている。提喩は、「花」や「（雪のように）白いこと」という類や概念の「全体」と、「桜」や「白雪姫」という種や下位概念を置き換えるもので、置き換えの根拠は意味や概念の包摂関係に拠っている。

　ただし、換喩の定義となる「隣接」という関係は、それほど自明なものではない。さらに隠喩を類似関係の比喩とし、換喩を隣接関係の比喩であるとするにしても、換喩と提喩の違いとなると、隠喩対換喩のような明解な区分がなされることはあまりない。隠喩、換喩、提喩の三つの転義的《トロープ》比喩法の

隠喩

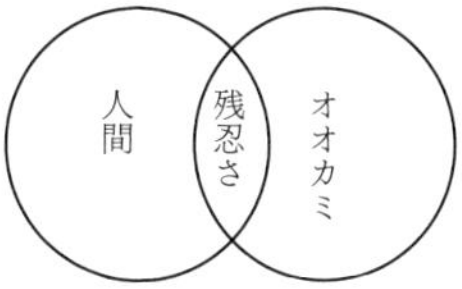

隠喩　類似性に基づく。「人間はオオカミである」は「人間」のもつ「残忍さ」とオオカミのイメージにある「残忍さ」を共通項にして、ふたつが同じカテゴリーにあるとみなす。

換喩

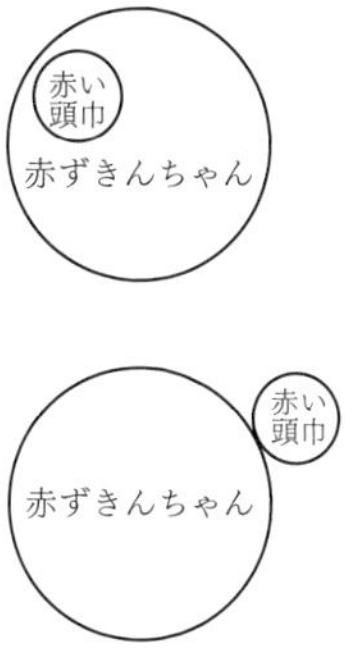

換喩　〈もの〉の部分と全体を置き換える。赤ずきんちゃんの被っている「赤い頭巾」という「部分」がこの少女「全体」を置き換える。「赤い頭巾」は少女が身に付けている〈もの〉であるから、下図のように少女にくっついている（隣接している）ものと考えることもできる。

提喩

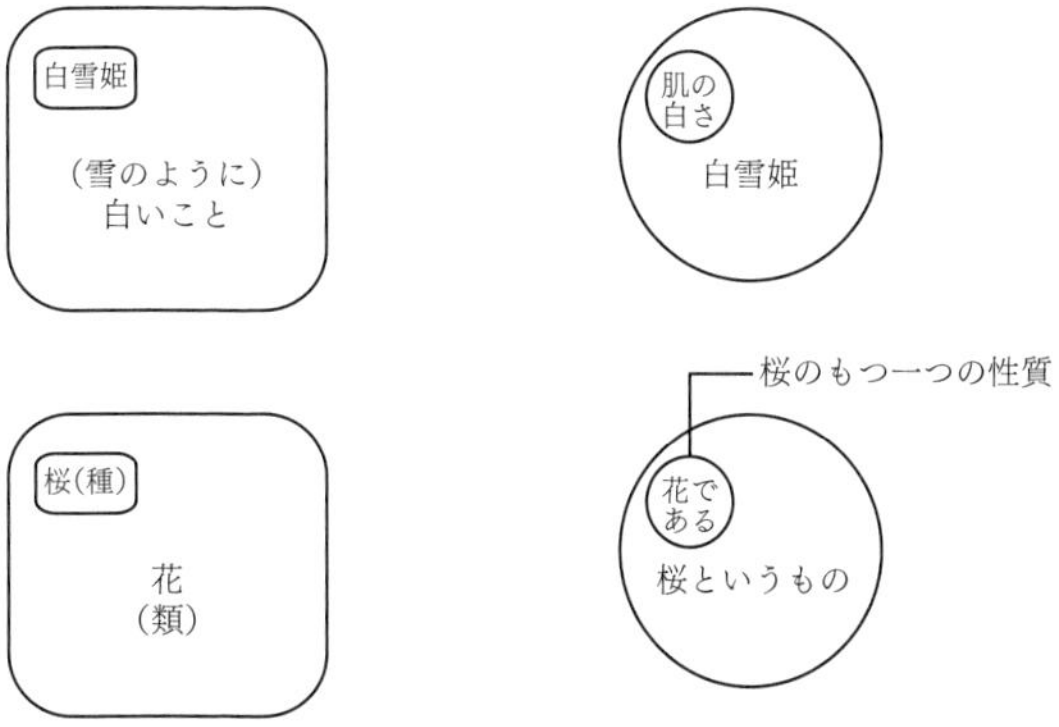

提喩　〈意味〉や〈概念〉つまり〈こと〉で部分と全体を、したがって〈もの〉と〈こと〉を、あるいは〈こと〉と〈もの〉を言い換える。「白雪姫」は少女の「(肌の）白さ」という〈こと〉（概念）でこの少女を言い換える。したがって、白雪姫が一つの〈もの〉であるとするなら「(肌の）白さ」は少女のもつ性質の一部分であるので右図のようになるが、白さという概念からすれば、白雪姫はその概念全体（類）の一部（種）であるので左図のようになる。

下図のように「花」で「桜」を言う場合も、「種」（下位概念）である「桜」が花という「類」(上位概念）を置き換えている。

論議の仕方には偏りがある。

換喩と提喩の分類は歴史的に見てもかなり微妙であった。そもそもアリストテレスは換喩と提喩を一体化しており、基本的に提喩を認めていなかった。ヨーロッパには長い修辞学《レトリック》の伝統があり、中世、ルネサンスを通じて修辞学＝レトリックは神学を学ぶための基礎的な学科となっていたが、その長い歴史が提喩と換喩の分類に明解な線引きをすることに成功したとは言えない。

ところが近代になると、とくにフランスにおいて、転義的比喩法《トロープ》を巡った論議が沸き上がる。なかでも換喩と提喩の境界問題が大きな注目を集めることになる。一八世紀にはデュマルセがその『比喩論』の中で、換喩と提喩のふたつの比喩法の分類に腐心する。しかし分類はそれほど簡単には行かなかった。結局デュマルセの分類は換喩をして、原因を結果で示すもの、結果を原因で示すもの、容器で内容物を言い表すもの、産地の名前で置き換えるものなどであるとする一方、提喩を、類によるもの、種によるもの、数によるものである、などとするような、かなりわずらわしい分類表を提出するのである。一九世紀のフォンタニエも換喩と提喩の定義を試みる。近代の修辞学論争はふたつの転義法の分類の項目を細かくし、分類表をひたすら長くしてはいったものの、両者の違いはますます煩雑で分かりにくいものとなっていった。こうした中でレトリックは再度下火になっていった。

ところが二〇世紀になって、レトリックは認識をつかさどる「型」の問題として復活を遂げることになる。ペレルマンやヤコブソン、そしてオグデンやリチャーズといった人たちによって、レトリックは新しい局面を迎える。グループμは、提喩とは、類似関係によってできた隠喩に、もう一度類似関係を繰り返してできた「隠喩の隠喩」であるとして(11)、換喩と提喩の分類問題の解決法を提示している。「言語の時代」と言われた二〇世紀は、換喩と提喩に認識の型を見出そうとして、それらの分類に対して様々な見解を提出した。しかしごく大局的に言えば、換喩と提喩の違いは、前者が現実の「もの」の部分で言葉の全体を置き換える（あるいはその逆）のに対して、後者は抽象的な「こと」の意味と概念の伸縮を利用して言葉の置き換えを行うという点にある。とはいえどこに伸び縮みする概念の境界線を引くのか、意味の枠をどのように取るのかは常に大きな問題としてあった。

そうすると、ここに上で見てきた日本語の「もの」と「こと」の違いが二重写しになって見えてくる。日本語の「もの」は、ものの切れ端やものの切片あるいは部分をもって全体を言うものであるのだから、「換喩」的である。いや、日本語の「もの」は、換喩そのものである、と言えそうである。これに対して「こと」は「こと」の「は」（端／葉）つまり概念の切片であり、この切片によって抽象的な事象全体を言おうとするのであるから、すぐれて「提喩」的である。日本語の「もの・こと」論争は、西欧の換喩・提喩の境界問題と並行しているように見える。

さらに日本語の「もの」と「こと」は、現実の言語使用の中で相違と反発、あるいは融合と交換可能性を見せてきたのであるから、換喩と提喩を同じ括弧に入れたり別にしたりという、分類の項目による論議を繰り返してきた西欧レトリックの歴史とも並行しているように見える。西欧レトリックが、提喩と換喩を人間の認識の仕方の根本に直結するものと捉えることとなったように、日本語の「もの」と「こと」も、そもそも事物の見方を模索するところから出て、さまざまな問題を提出していったものであった。「もの」と「こと」は西洋修辞学の定義論争を反芻しているように見える。

具体化の力

しかし日本語の「もの」と「こと」の使い分けは、ヨーロッパの人々が試みてきたような定義を受け容れない。日本語の「こと」と「もの」の分化の道程は、ヨーロッパの提喩と換喩の定義論争の歴史とは別の性質のものである。そもそも日本語の「もの」と「こと」は西欧語とは、概念上、大きな差異がある。というよりも、「もの」と「こと」の分け方と、西欧語の「もの」との概念の違いに、日本的な感性の在り処が透けて見えてくる。西欧的な「もの」がまず「存在」を目指したのに対して、日本人は「もの」の中に存在ではなく、「こと」を求めていたのである。

西欧語の「もの」を翻訳していくとき、我々はそれが日本語で「もの」にあたるのか、あるいは「こと」がふさわしいのか、という訳語の選択をしなければならない。そしてこの作業が日本語と西欧語にある「もの」と「こと」の概念の落差の在り処を明らかにしてくれる。

たとえばわれわれは、英語の thing、ドイツ語の Ding、フランス語の chose 等の語が出て来ると、それらを「もの」がよいのか、「こと」が適当か、あるいはその逆か、などとその都度意味を考えて訳し分ける。英語の matter や fact なら、訳語はかなり明解に選択できる。しかし thing, Ding, chose はそうではない。これらの語を訳す場合には原文の概念から、「もの」か「こと」かのどちらかを選ばなければならない。日本語の「もの」・「こと」はお互いに類似し流動しているように見えながら、自分の持ち場をもっているからである。日本語の「もの」と「こと」は、ヨーロッパで提喩と換喩の定義論争が繰り広げてきた換喩と提喩の差異の問題とは異なり、それぞれがそれぞれ独自の成立史をもって、それぞれのもつ用法領域と意味合いを確保しながら、たがいに語を交換し合うことでさらに豊かな語感を蓄えてきた語であった。

判断表現である「〜ものなり」「〜ことなり」の表現に引き比べてこのことを考えてみればよい。「ものなり」「ことなり」の「もの」「こと」は、イエズス会宣教師のロドリゲスが形式名詞として言及して以来、多くの研究者の注目するところとなり[12]、幾多の論考が提出された表現型であって、たとえば秋本守英は、『徒然草』の「〜は〜ものなり」と「〜は〜ことなり」という表現から、「もの」・「こと」の違いを分析している[13]。

ここでは「ものなり」「ことなり」を現代の言いまわしに換えて、「〜は〜ものである」、「〜は〜（する）ことである」という言い方にして見てゆきたい。たとえば、「生きることは苦しいものですよ」という例である。ここで、「生きることは」は、次の「苦しいものですよ」の「苦しい」という語の意味を一般化し、述語の内容を抽象化している。ここでの「もの」という語は「苦しい」というものの抽象的内容である。「もの」が「こと」的な意味内容になっている。ところが「逢うことは別れることですよ」の場合になると、逆に「別れること」の内容は、受け手に誰と別れるのか、という具体的な場面や誰かを想定させることがある。つまり「こと」は場合によって、語の内容を具象化することがある。「〜はことである」、「〜ものである」の「こと」・「もの」は、意味の抽象化のレベルを拡張し、あるいは収縮して、概念の抽象化のレベルを変えるのである。

池上嘉彦は日本語の「こと」が提示する興味深い事項を指摘している。つまり、テレビのドラマなどでよく聞かれる「アナタ　太郎サンノコト好キナノネ」にある「太郎サンノコト」という言い方を英語で訳しようとしても、「太郎サンのコト」の「こと」的要素を入れることはなかなか難しい、と言うのである。日本語の「こと」という語は、当たりをよくする印象を与え、輪郭をぼかす。それは「のコト」が、「チョット」、「ボツボツ」、「ホド」という言い方と同様に、たとえば「三ツ」ではなく「三ツホド」という言い方に変えることでものをぼかして言う、日本語の表現の好みと結びついているものだからである[14]。

しかし「太郎サンガ好キ」と「太郎サンノコトガスキ」ということの違いには、さらに次のような要素がある。確かに、「わたしのこと」、「子供のこと」等々という言い回しは、単に「わたし」、「子供」といった場合とは情景的に異なる。「わたしのことは忘れてください」と、「わたしを忘れてください」という例を比べればよい。「子供のことは頼んだ」と、「子供は頼んだ」とでは、意味をぼかすというだけでなく異なる意味合いが出てくる。「〜のこと」という言い方の中には、たとえば「子供のこと」を例に取るなら、子供の学校のこと、健康のこと、家族旅行の旅先での出来事、子供の匂い、通学路の日差しの中の子供の顔、子供の遊具の手触りなど、具体的なこまごまとした、その人にとってかけがえのない個々の特別な事項《こと》を、言葉の受け手の心に浮かび上がらせる力がある。

この節の冒頭で見たように、哲学上で大きな議論を呼んだ「こと」という概念は、一般的に、全体性を凝縮し、抽象化させるものとしてほぼ落ち着いているはずである。ところが「〜のこと」の「こと」という日本語は逆に、事柄を抽象化する前の、個別的で具体的な様相を連れ戻し、特殊でかけがえのないものごとを思い起こさせるのである。

男女の別れの場面で、「わたしのことは忘れてください」というときの「こと」を入れた言い方は、「こと」を入れない「わたしを忘れてください」とは違う。「わたしのこと」と言われた言葉の受け手は、(わたしの)「こと」の部分に、「わたし」をめぐる様々な具体的な状況を喚起することになる。「わたしのこと」と話の相手がいう「わたし」の語に、受け手は、発言者の「わたし」の現実的な諸相を相手の心に浮かび上がらせ、むしろ「わたし」のもつ具体的なイメージの輪郭を広げてゆく。ものをぼやけさせていう言い方を好む日本人であるが、この場合は逆に、「の‐こと」というごく短い語が、ぼやける前の様々な過去の事物やその人にまつわる出来事を想起させる。輪郭をぼやけさせるのではなく、むしろそれを広げ、想像の領域を拡張してゆく。この短い「の－こと」は、「わたし」にまつわることがらを呼び起こして、「わたし」のもつ「もの」の像を立ち現わす。つまり「こと」という語が「ことがら」という具体物を連れ戻してくる。ここには、接頭詞〈もの〉を付けた「もの悲しい」、「もの苦しい」が、情緒的で経験的な空間とひろがりをもたらしたことと、類似の作用がある。「わたしのことは忘れてください」、あるいは「子供のことは頼んだ」は、「もの悲しい」の接頭語〈もの〉が行うような情感を受け手の心に連れてきて、そこに場とひろがりを構築するのである。

逆の事態もある。つまり使い方によっては、「もの」が「こと」的な抽象化を示す場合がある。情緒的な形容詞の後に付けられた「もの」がそれである。たとえば、「ここで散歩することは悲しいものですよ」、「こんなときにそんなことをいうのはおかしなものですね」、「働くことはつらいものです」などと言う場合である。これらの「もの」、つまり「悲しいもの」、「おかしなもの」、「つらいもの」は、主観的な意味合いの「悲しい」、「おかしい」、「つらい」などを、あたかも「こと」的な、一般化された概念として立ち現れさせる。「やっぱり病院には行ってみるものですね」、「こういうことは一度はやってみるものですよ」、「結局、親の言うことは聞くものです」という場合にも、話し手は主観的な見方を、さながら客観的な結論を言うようにして、「もの」という語を持ち出してくる。ここで「もの」という語は、「こと」の領分であるはずの抽象性と客観性を持とうとしている。しかし「～は悲しいものですよ」の例が示す「一般化」は、それを言う当事者の特殊な場がつくり出す、限られた中での一時的な一般化であり、かりそめの、その場かぎりの抽象化であって、それはこの言葉を口にする状況下でのみ成立する、条件付きの一般化である。主体が主観によってその状況にいる一回かぎりの普遍化を宣言している。ここでは具体的な事項を指示するはずの「もの」が、束の間の抽象的な真実を語り出そうとしている。

「もの」と「こと」の意味を取り換えることが可能であるのは、そもそも日本語の「もの」・「こと」が、たがいに両者の意味を併せ持っているからである。「もの」は、出来事のもっている抽象性を示そうと密かに構えており、他方「こと」は、事態の概念を指し示す現実的な「もの」の顔を再構成しようと企んでいる。

日本語の「もの」と「こと」が具えるこうした特性は、それがその場かぎりでの判断であるという、「場」の重要性を浮かび上がらせる。「場」は、絶対的なものを目指すよりも、限定的で、一時的で、可塑的な、たまさかの情況を優先させる。このような場は、「もの」と「ひと」、「もの」と「もの」とのつながりの強い日本語において、言語の情感性をより強くし、詠嘆的な判断をさらに堅固にしてゆく要《かなめ》であった。

(3)「もの」の場

西田と時枝

日本語における「もの」と「場」の関係は、西田幾多郎の哲学のひとつの焦点であった。西田はその「中期」と称される思想において、文を主語からではなく述語から考えてゆく「述語中心」理論を展開している。そこでまず考察されたのが「場」であった。

その著作『述語的論理主義』の中で西田は、「主語が述語の中に没入する」とする。[15] 述語を中心とする西田の考え方は、『働くものから見るものへ』の「後編」でさらに顕著に表れている。とりわけ

「場所」と題される章に、この問題が細述されている。[16]

西田は一貫して判断を述語に求める。[17] 述語は主語を含んでいる。あるいは主語は述語に限定されており、[18] 述語自身が主語となる。[19] 述語が主語となるということは、述語が自分自身を無にして、単なる場所となる、ということである。[20] 「働くこと」（つまり、「もの」が動くこと）とは「見る」という意識のレベルにあり、見る者が意識する「場」がまずある。西田の考えの中においては、「働くもの」よりも、「場」の方が先にある。つまり「もの」が動くことよりも、まず「場」があるわけである。

西田は論述を展開するにあたって例文をつくっていないので、たとえば「赤鬼が泣いた」という文で、西田の論を紐解いてみよう。一般的な文法書に従って言えば、この文は「赤鬼」が主語で、「泣いた」はその述語である。しかし西田に従うなら、この文はまず「泣いた」という状況の判断を示している。そしてそこで泣いているのが、「赤鬼」である、ということになる。「赤鬼が泣いた」は、その場において「赤鬼が泣いた状態がある」、という状況があることを認める文なのである。

西田は徹底的に述語を主語に優先させる。「赤鬼が泣いた」は、その場において「赤鬼が泣いている」という状況を判断している。つまり、「こと」が「もの」に先行している。もっとも、主語＝述語に関する考え方はヨーロッパ諸言語においてさえ、簡単には一般化することのできないものである。これについては後に詳述することになるが、主語と存在を中心に据える西欧近代の考え方と、西田の思考のベクトルの向きとは逆であることを念頭においておきたい。

「場」を優先させていくという考え方は、西田だけのものではなかった。西田と並行して、国語学者の時枝誠記も、西田に類似する考えを提出した。つまり『国語学原論』（一九四一年）にある「場面の理論」がそれである。

時枝の考える「場面」は単に空間的・位置的なものではない。それは事物や情景に対する「主体」の態度や気分・感情を含んでいる。「場面」は場所のことでもない。言語における具体的な場面は聴き手がつくるもので、時枝のいう「場面」は、聴き手も含めたその周辺の主体の指向的対象となるものを含んだ一切である。時枝は言語の条件として、「場面」の優先性を提示した。[21] つまり、西田においてと同様、時枝においても、日本語文の文法的な主語は重要ではない。「ネコがネズミを食う」というときの「ネコ」と、「私は食事をした」という場合の「私」とは、意味も文の構造も異なる。後者の「私」は「主格」ではあっても「主体」ではない。[22]

さらに時枝は場面と主体の観点から日本語の判断を論じて、日本語文には、ものごとを概念化して客体的に表現する〈詞〉と、主体的な表現でものごとを概念化しない〈辞〉があるとして、日本語に位相の二重性があることを明らかにした。〈詞〉には、「山」や「川」といった名詞や「歩く」、「食べる」などといった動詞に加えて、主観的な感情を客体化し概念化する語、たとえば「嬉しい」、「悲しい」、「喜ぶ」など、事態を客体化できる語が分類される。〈詞〉は客体化できる語であるので、三人称に対しても使うことができる。たとえば「悲しい」は、「あの人は悲しい」というように用いることができる。

他方、見る主体が「もの」に対して行う推量と判断は〈辞〉になる。私の判断を行う〈辞〉は客体化されない主体の直接的な表現であって、先の「悲しい」の例のように三人称の推量を表すことができない。たとえば助動詞の「ず」、「じ」などが〈辞〉であり、推量の「む」や疑問の「や」「か」も、主体の直接表現、主観の推量の〈辞〉である。日本語では推量の〈辞〉が多く、これが言語の中で大きな割合を占める。そしてこのことが日本語を他の言語とは異なった特性をもたせることになった、と時枝は言う。

時枝は、日本語は主体が場面に拘束されており、それと照応するように、文法上の主語の重要性が低くなっていったと指摘する。時枝も言語の本体を述語に置く。文の基本は述語にあり、主語や補語などは、述語に潜在していたものが後から表に出てきたものであるとする。時枝はまた、言語が成り立つためには、「話し手の言うことを受ける聞き手がいる」という「場面」が必要であると言う。ソシュールの構造主義的言語学に対抗して「言語過程説」と呼ばれる時枝誠記の説は、実際の言語表現活動にのみ言語の存在を認めるものであった。

時枝の日本語論と西田の述語主義の理論は、言語にまず場面や場を認めて、その上で主体があるとする。場や場面には情景を見る者の痕跡が何らかの形で残る[23]。時枝の場面の考え方も西田の場の考え方も、日本語における見る人の推量と、情景の痕跡としての気配を重んじ、「場」を先行させる世界観である。

確かに普段の生活の中に、日本語の場の先行性を感じ取らせ、場の変化の方が先に現れてくるように感じられることがある。演劇に「場 scene, scène」という用語があるが、その「場」の変化を実感することが日常の中に多々ある。演劇の「場」とは、舞台上の装置は変わらないが、登場人物が増えたり減ったりするときに一場、二場、三場と数えるものであるが、われわれは日本語を使う日常生活の中で、人が出たり入ったりすることでこのような場の変化の感覚を体験している。ところが場の変化が先にあって、それを無意識に人間の出入りの変化に転化していることがある。

友人とタクシーを探しているとしよう。空車で止まっているタクシーを見つけたほうは思わず、

「ほら、あそこにタクシーがいるよ」

と言うであろう。「タクシーがあるよ」ではなく、タクシーに対して「いる」を用いるのである。それはただタクシーを擬人化して見たからそう言うのではない。タクシーを探している私とあなたの場に、タクシーが入ってきた。人はただタクシーを有情化して見たから「いる」といったのではなく、タクシーはわたしとあなたのいる今までの「場」を更新したのである。そこでタクシーは「場」を変える登場人物としての資格を得てそこに立ち現れてきたのである。

もっとも「場」の考え方は、日本語にだけ当てはまるものではない。確かにヨーロッパの諸言語は主体中心に文が構成される。見る主体の目の判断が、文の論理を構成する。とはいうものの、主体中心の観念は、西欧に「近代」という限定の語を前につけたとき、最大幅に振れたものだった。換言すれば、「近代」が主体の位置を肥大させたのである。

場の諸相

「場所」は古代ギリシアの時代から論議されてきた概念であった。「場所」＝トポスの考え方はヨーロッパにないどころのものではなかった。なるほどヨーロッパ言語は主語を提示し、述語によって主語の様態・動作を表す。とはいうものの、主語－述語という規則に従わず、場所の概念によって構成される言い回しが少なからずある。しかもそれらは言語の基台となるような基本的なもので、日常の中で頻繁に表れている。

たとえば英語の「〜がある」の there is（are）〜である。フランス語にも同じように、Voila 〜, Voice

〜、Il y a 〜のような言い方がある。イタリア語にも Ci sono 〜という使い方がある。またドイツ語には Es gibt 〜という言い回しがある。ここではまず場が示される。場所の提示が主語に取って代わっているのである。

さらに「〜が起こる」という意味の英語の take place やフランス語の avoir lieu という言い方は、まさしく「場所」という意味の place や lieu の語がむき出しになっている。つまり「もの」があることを優先する表現や場所の概念が先立つ言い回しは、西欧諸語においてもかなりの割合を占める、言語にとって優れて根源的な言い方なのである。

とりわけドイツ語の「〜がある」Es gibt の〈es〉（エス）の使い方は興味深い。非人称の語エスを使うドイツ語の表現は、他の西欧諸言語と比べても多いのであるが、この非人称のエスは主語を明確にしないことで、場所を漠然と表している。

しかもこのエスは、「〜がある」という言い回しで用いるだけでなく、使用する範囲がきわめて広い。たとえば「(気分は) まあまあだ」というときに Es geht. という。また、Es ist shon Nacht. は「もう夜だ」であり、Es ist warm. は「暖かい」、Es regnet. は「雨が降っている」などという具合で、ドイツ語ではエス es の語を始終使う。フロイトは『自我とエス』において、彼の理論の中心命題であった無意識の概念を継承するものとして、エスを導入した。エスとは人間の中にある、何か驚くべき力で、人間を支配しているものであると、フロイトは考えたのである。

ドイツ語に限らず、西欧的な言語処理において「どことも言えない場所」を想定して文をつくる比重は、生活の中においてかなり高い。それに、どことも言えない場所で行われる言い方を、行為の言葉に換えて、実質的な敬語表現として使う例は、古くから定着していた。王や法王、皇太子、さらに大使など、身分や階級の高い人の行為に対して、使用人たちは主人を直接指し示す言い方を用いるのをはばかった。彼らは、主人を指す主語を使うことを避けて、その人たちの行為や動作を、その場で展開されている或る事象と捉えて、それを言葉にしたのである（食卓の席で、ボーイがMadame est servie.「奥方様は（料理の）サービス（皿に盛ること）を受けられます」、つまり「奥方様、どうぞ」というような例）。やんごとない人の所作・動作は、場の中に起こった出来事というふうに見なされたわけである。日本のみならずヨーロッパにおいても「場」の観念を用いることは、むしろ当たり前のことであった。

そもそも「主語とは何なのか」は大きな論題である。それにヨーロッパの諸言語において、主語がいつごろから今のような位置を得たのかも問題である。主語とは動作主のことなのか。主語は主格のことなのか。主語の定義はかなり混乱している。[24] 古い印欧語では、行為者は日本語のように文脈によって理解されていたし、日本語と同じように動詞活用も知らなかった。古英語は活用語尾も主語を表わさなかった。[25] 同じヨーロッパの言語にしても、英語とフランス語、スペイン語、ポルトガル語などで、主語や主格の意味合いは異なる。今でもスペイン語は英仏語の「主語」に相当する主格の人称代名詞を必要であれば付け加える。主語を入れるとすれば、そこに強調の意味合いをもたせたいからである。[26] 古い英語にも似たような事情はあって、古英語に主語はなかった。[27] 英語は一〇六六年のいわゆる「ノルマン人の征服」とそれ以降の三〇〇年の間に、文法をすっかり変貌させている。それまでの英語は日本語に似たような文法構造をしていて、動作主は文脈で読み解かれていた。英語に主語が現れたのはノルマン人による歴史的大事件の後であった。つまり英語における主語の登場は、やっと一二世紀になってのことなのである。

なぜ主語が現れたのかはここでの課題ではない。われわれが着目したいのは、ヨーロッパ言語の中でも、かつては「場」の概念が強く働いていたという点である。ところが西欧語では次第に場よりも、主語あるいは動作主が主要な役割を担っていった。

他方、日本人の目は、何が動き、何が動作を行うのか働くのかに対してではなく、「場」の方に向けられた。「もの」は動くとき、何かと接触して音をたてる。ものが動けば空気が動き、わずかではあれ音が出る。ものの音を真似ることはその場の状況を伝える。日本語の擬音は気配をそのまま真似ようとする感性の表れであった。このため日本語では擬音の占める割合が高くなった。日本語の擬音は状況や様態をも音で表してゆき、言語の中の大きな位置を占めていくことになる。

擬音はヨーロッパの諸言語にも多く見られるものであったが、日本語に限らず、擬音は言語を考える要点であった。たとえばすでに『言語起源論』のところで触れたジャン＝ジャック・ルソーは、言語の始まりは擬音であるとしている。[28] ルソーによれば、人間は種を広げるためにたがいに遠ざけ合っていたが、情念と愛がたがいを近づけさせたと言う。近づいた人間同士が最初に発した言葉は、歌うような叫び声や嘆きの声であったろう。情念の言語は単純で、音節がはっきりした発音の単語はほとんどない。[29] ルソーは、言語のはじまりは事物を情念で感じる模倣の音、つまり擬音（オノマトペ）にあるとしている。

ものの動きがつくる物音を感じ取り、それを人が声でそのまま真似ようとすることは、おそらく世界中どこにも見られる。「もの」の動きを模す幼児語は世界共通である。赤子をあやす若い親たちは言葉とも音ともつかない声で擬音を多く使って話す。そうした擬音語は、そこに「赤ん坊がいるという場」を伝え、人々がつくる和やかな場が浮かばせる。声は場をつくり出してくれる。

歌も状況を表そうとしている。民衆歌や民謡は、幼児語と同様に擬音に「もの」の気配を縫い付けている場合が少なくない。歌の中に擬音が練り込まれて、場を伝える役割をするのである。七七頁の譜面例に挙げたクレマン・ジャヌカンは擬音を多用して作曲したし、一七世紀のドイツの作曲家で、素朴な民謡調の曲を多く書いたアダム・クリーガーは、『楽しければ妬みもない』という曲の歌詞に、「ザ、ザ、ザ、ザー」という音を入れた。これは陽気な酒好きたちが酒を酌み交わして喜ぶときの擬態音、あるいは擬情音で、この擬音が酒宴の場を上手く描き出してくれる。フランスのシャンソン歌手エディット・ピアフは、逆らうことのできない運命の足音を「パダン・パダン」という語を使って表した。(30) 人の運命を支配する気配をこの音で模したのである。世界の多くの地域において擬音が「場」を表している。それは、人が音を介して「もの」の場を共有することができるからである。擬音は繰り返しを許す歌の中に入り込み、反復・唱和されることで、人の共有する生の場を受け継いでいった。音は場をつくる。そして音のある場の考え方は人間にとって根深いものであった。したがって問題は、どこで、あるいは何が日本とヨーロッパの場の考え方を隔てたのか、なのである。

2 「もの」を生む距離

日本においてもヨーロッパにおいても、場の意識は古くから遍くあった。しかしヨーロッパでは人の関心は、変化する「もの」の出す音よりも「もの」そのものへと集中していった。「もの」への関心が大きくなると、ヨーロッパの「近代」は「場」のもつ意味合いを薄めて、「もの」の認識の仕方の変化を引き起こした。つまり、西欧の「近代」は「距離」の意識を変え、「もの」と「もの」、「もの」と「ひと」との関係に変革をもたらしたのである。

すなわち、カントに代表される西欧近代の考え方が、人の「目」と「もの」との間に「距離」の意識を生み出した。距離がつくられることで、人は「もの（対象）」を「見る」ことができるとカントは考えた。目とものとの間に距離があるからこそ、人は「もの」を見ることができる。距離概念の誕生が「もの」を客観的に明解に見せると考えられることになる。

あるいは、目が対象を見ようとして、ものと目の間に距離が誕生した。距離は「もの」を露《あら》わにしてくれるものであり、「もの」は「距離」によって生まれた。

距離が外界を客観的に見させる。同時に距離は、人間という「個」を、他から独立させることになった。「個」と「個」の間に距離が見えてきたからである。距離は「個」という主体をつくり出した。しかし同時に距離によって個同士は分断される。距離は「もの」と「もの」とを、「個」と「個」を、「もの」と「個」を分かった。対象を客観的に捉えようとしたとき、目は距離を顕在化させたのである。

他方、同一の「場」の中で「もの」を捉える日本的な感性は、こうした距離の意識をつくり出さなかった。場とは「ひと」と「もの」を同時に受け入れるところである。「もの」はかすかに動いて、音や匂いという空気の動きや気温の変化を生じさせ、それを風のそよぎに乗せて、「ひと」に気配を感じさせる。ひとは「もの」の与える気配を、ものとともに感じる。このような考え方の中に、近代のヨーロッパのような距離意識が生じる余地はなかった。

しかし言い換えれば、ヨーロッパにおいても距離の考え方が顕在化したのは、やっと「近代」においてのことであって、近代以前には、距離概念はそれほど厳然としたものでなかった。自分と他者との距離を意識して捉えるのは、距離によって「もの」が明確に意識される一七世紀以降になってからなのである。

距離意識の確立の経緯を確認するためには、芸術作品の変遷を見るのが良い。たとえば一七世紀フランドルの絵画を例に取ろう。

一般に、初期ルネサンスやそれより前の西洋絵画においては、中心的な人物が画面の手前に置かれ、その後ろに背景風景が描かれることが多かった。部屋の中に人物を配する室内図は多くなく、人物はたいがい屋外に配された。近景に置かれた手前の人物像と遠景との間に強い連続性はなく、まして中景は、たとえ画面に設えられたとしても、現実性のある空間の意味合いは濃くはなかった。合理の目で見れば、中央に置かれている中心人物は、空間を歩いて、近景から中景を通って遠景に辿り着くことはできないであろう。遠・中・近の三つの景の間には、空間を区切る段差がある。中景も遠景も、いわば舞台の書き割りのように描かれていて、背景の遠景は、そこが屋外であるということを伝達する役目に没頭しているようである。中景は遠景や近景と一線を隔し、他景との統一性を拒否しているようにさえ見える。

盛期ルネサンスになってもこの傾向は残る。レオナルド・ダ・ヴィンチの『モナリザ』でも、手前の人物と背景風景との空間的な連続性は希薄である。近景と遠景とが不連続であるだけではない。よく知られているように、人物の背景風景の左右も不統一である。レオナルドはむしろ、人物によって分断される左右それぞれの背景に別々の空間を描き、そこに絵画の遊びを施そうとしているように見える。

遠近法の冒険をしていた時代の画家たちにとって、遠景は主題と直接関係のない要素を知的に組み込む格好の場であった。ファン・アイクの『ロランの聖母子』（ルーヴル美術館）（図10）の遠景には、人物像とは関係のない様々なエピソードがごく小さく、しかし極めて詳細に描かれる。そこには近景とは関係のない、別の世界の様々な物語が紡ぎ出される。たとえば中心右手のマリア近くの柱があるが、キリストの右手の奥に見える川岸の街をよく見ると、極めて小さいながら都市の火事の場面が描かれていることが分かる（図10（部分図））。そこでは人々が小舟を出してこの大火事を見ていることも見て取れる。ファン・アイクは絵の中に絵画の中心テーマとは別のモチーフを、極めて細かに、そしてさりげなく描いた。遠景には複層的なエピソードが密やかにばら撒き散りばめられた。近景から中景に、さらに遠景まで連なる遥かな風景は、遠景の細密描写を可能にした。あるいは、遠景が近景に続いていることが捉えられるなら、同一画面でテーマの統一を図り、テーマの連続性を確保すること

図10　ファン・アイク『ロランの聖母子』（全体）

図10（部分）　丸い囲みの部分に火事が描かれている © 大山富夫

は、必ずしも必要ではなかったのである。

目は対象を分断して捉えない。目はそこに何か意味のあるまとまりのあるかたちを捉えようとする。たとえば「木」の画像があれば、われわれはここまでが幹で、ここまでが枝で、というようには捉えない。目は木を、根から幹を通り枝や葉に分かれてゆく統一体として捉える。視覚のこの特性は、画面に巧妙な捻りの挿入を可能にする。そしてまたこのことを利用して画家たちは表現の遊びを試みた。

一五世紀のニコラ・フロマン（Nicolas Froment）作の、『燃える柴』（出エジプト記三章）（図11）と称されるトリプティック（三面祭壇画）（エクス・アン・プロヴァンス、サン・ソヴール大聖堂、一四七六年）が、この事例として挙げられる。「燃える柴」は旧約聖書の中にあるモーセのエピソードである。彼は羊の群れを連れてホレブ山のふもとを訪れる。祭壇画はそのときの出来事の場面である。

トリプティックでは画面の上部と下部とで、時間的・空間的に異なるふたつのテーマが描かれる。画面上部には燃え尽きない柴に幼子イエスを抱く聖母マリアが座している。画面の下部には燃え続ける柴に驚くモーセがいる。モーセの前に炎に包まれた天使が現れる。そして神の声がして、「この地は聖地である。履物を脱げ」とモーセに告げる。絵の下部に描かれているのはこの場面である。神の声は続けて彼に、イスラエルの民をエジプトから連れ出してカナンへ向かうようにと啓示する。

画面の上下に遠近法的な連続性はない。ところが「木」の連続性が、分断された画面の断絶を繋ぎ、旧約聖書と新約聖書のアレゴリーを保証する。描かれた「木」は、根・幹・枝葉に至るまで連続した一つの樹木であるという事実によって、画面の上と下の別々の場面を、類比的な一幅の絵として統合してゆく。画像要素としての中景の木の幹が根から枝葉へと伸びて、上下の画面を一つのつながりであることを約束する。絵画空間の方が、鑑賞者である受け手に、画像の読解の段階での知覚の転換を強いるのである。見る者は画像の要素を捻らせながら、意味の類比を解釈する。

つまりここで上下の画像にある別個の空間の統一性を保証するのは、中景として描かれる樹木の連続性である。あるいは逆に、近景・中景・遠景は独立し、それぞれ個別的であるが、中景がそれらを繋ぐ媒体となることで、連続性が保証されて画面の類比の働きが全うされる。中景は、近景に対しても遠景に対しても、厳密な遠近法的な意味での連続性をつくらない。中景は上部と下部に別々の、そして二重の読み取りをさせることで、新約と旧約の類比関係を提示する。

『燃える柴』の聖母子像の中間にある樹木の幹という画像は、上下場面のどちらにも解読される共有要素である。中景は近景と遠景を繋ぐ共通項であり、接着材・媒材である。こちらの要素でもあるしあちらの要素としても読み取れるという共有要素を描くことは、錯視の常套手法であり、現在でも至るところで用いられている。二〇世紀のオランダの版画家エッシャーは、階段の連続性による空間

図11　ニコラ・フロマン『燃える柴』

図12　エッシャー『ベルヴェデーレ』

の転換という手法によって、二次元と三次元の交錯する不思議な絵画空間をつくった（図12）。エッシャーの版画にある、上下左右に隣り合う画像要素がつくり出す連続性は、あるとき、見る我々をふと別の空間に連れて行く。錯視のもたらす空間は、階段という共通項を利用して、二次元世界を不可能な三次元世界に転換する。これは一五世紀のフロマンの祭壇画の絵の手法と同じところから出てくるものなのである。

しかし中景の意味はルネサンス以降に大きく変化してゆく。とりわけルネサンス後期とされる時期は、ヨーロッパが近代的な距離の概念を膨らませていったときである。つまり距離をつくることで「もの」を捉えることができる、という思想が展開していったのが、このころであった。距離を画面の上に再現することは、画家にとっても大きな関心事となった。とりわけ近景と遠景をなめらかに繋いで距離を充実させる中景表現は、彼らの想像力を駆り立てるひとつの的となった。フロマンやレオナルドのような、画面を繋ぐためにふたつの次元に共通する要素を使うという、「もの」のもつ連続性による視覚の遊びは、中景にある空間を満たしてゆくという描写への試みへと変わってゆく。中景は近景と遠景の間にあるものではなく、近景と遠景をねばって繋ぎ、距離感を実感させる、空気の濃度のある空間を描くものとなるのである。

ピーテル・ブリューゲル（父）は中景表現の魅力にとり憑かれたひとりである。彼は、たとえば高い位置に視点を置き、地平線を高くして、中景の部分を広く取る。中景あたりには斜めに走る道や、螺旋やS字の形に横断する稜線を入れて、近景と遠景に独特の遠近法を貼りつけていく。中景は遠景と密接につながると同時に、近景と契って絵画的な密度を高める。彼の絵画は空間をつくってゆくものとしての中間が存在意義を充実させていく。

『イカロスの墜落のある風景』（一五五六―一五五八年頃、ブリュッセル王立美術館）（図13）は、太陽の熱で蝋が溶け海へと墜落するギリシア神話のイカロスがテーマである。しかしブリューゲル（とされる）のこの画のイカロスは、画面の奥で下半身だけが帆船の下に、まるで目立つことを厭うように描かれるに過ぎない。ブリューゲルは左手の高い位置に視点を取って画面の高い位置に水平線を配し、その下に左上から右下に緩く斜めに走る丘道を大きく描く。一見すると、歩く農民の方が、テーマであるイカロスよりも強い印象を与える。遠景にごく小さく描かれたイカロスは、絵画の表題によってようやく見る者の関心を引き起こす。しかしこうして抽出された遠景への強い関心は、鑑賞者に近・中・遠景へと至る均等な密度のある空間を意識させる。

図13　ピーテル・ブリューゲル『イカロスの墜落のある風景』

『謝肉祭《カーニバル》と四旬節《レント》の喧嘩』（一五五九年、ウィーン美術史美術館）にもブリューゲルの中景描写の意図が見える。これは四旬節（レント）と謝肉祭（カーニバル）を題材に、利己と愚考を描いた作品で、当時のカトリック（四旬節）とプロテスタント（謝肉祭）の対立を表現すると解釈されている。豚の頭の串焼きを手にして樽にまたがる男は謝肉祭の擬人像であり、鮫を乗せたしゃもじを持つ老婆は四旬節の擬人像である。この画もやはり視点を高く取って画面の中央部分を広く取り、群集のまとまりを緩くカーブした中に配置することによって、多く取った中景部分のスペースに、謝肉祭と四旬節に関連する行事を次々と描いてゆく。

ブリューゲルは、一五―一六世紀の人文主義者が数多く収集し編纂した諺や格言を、画面の中景部分を広げることによって数多く視覚化する試みにも挑戦した。『ネーデルランドの諺』（一五五九年、ベルリン国立美術館）は八〇種類以上の諺を擬人化して描く。ウィーン美術史美術館所蔵の『子供の遊戯』（一五六〇年頃）では、遊戯に興じる二六〇人のひしめき合う子供たちの姿を描く。これほどの人間を細かく描くことができるのは、広く取った中景のおかげである。

寓意の群像だけではない。ブリューゲルは中景に農村とそこに生きる人々の生活を描き込んだ。『牛群の帰り』（一五六五年、ウィーン美術史美術館）は、帰路につく家畜の後ろ姿と農民たちを晩秋の枯れた木立の曲線道に沿って描く。『穀物の収穫』（一五六五年、メトロポリタン美術館）（図14）では、今刈り取られた穀物畑の収穫の軌跡と、揃えて並べられた穀物の束の線を画面に斜めに横断させることで、見る者の視線を手前から奥へと導き、生活空間のひろがりを見せる。地平線を高く取ることが、空間の広がりを具現化してくれる。螺旋形に蛇行して流れる構図は、こちらから向こうへと歩いてゆくことのできる、近景から遠景へと連続する空間をつくり出す。それは、ニコラ・フロマンが『燃える柴』の祭壇画で行った、分断と結合による類比の構図とは、全く別のものである。

距離の意識を確認し、近くと遠くの現実感を結合させるものとして、近代ヨーロッパの絵画ではしばしば階段が着目された。階段は高い場所と低い場所という段差を繋ぎ、充足する距離感を描き出してくれる。バチカン美術館の「ラファエロの間」には、階段を巧みに使ったラファエロの作品が少なくない。アリストテレスとプラトンを中心にギリシアの哲人を配した『アテネの学堂』（図15）をはじめ、『ヘリオドロスの神殿からの追放』、『コンスタンティヌスの寄進状』などである。さらにフランチェスコ・ソリメーナもラファエロと同じテーマの『ヘリオドロスの神殿からの追放』（一七二四

―一二五年頃、ローマ、パラッツォ・コルシーニ国立美術館）で階段を巧みに用いて空間をつくる。『魔術師シモンの墜落』（一六八九―九〇年、ナポリ、サン・パオロ・マッジョーレ聖堂）も同様である。

バロック期の画家たちは、大聖堂の天井画の中に、中景を広く大きく取って空間感を高めようとした。彼らは近景から中景へさらにその遠くへとつながる奥行き感の中に、寓意を如何に創出するかを競った。階段のほかに、橋・道という素材も、景をつなぐ素材として使われた。それらは空間の連続性を表わしてくれる指標であった。絵画表現の中で、距離の意識は中景のつくり出す厚みと、手と手

図 14　ブリューゲル『穀物の収穫』

図 15　ラファエロ『アテネの学堂』

を携えて歩んでいった。

一方で一七世紀は好んで静物画が描かれた時代でもあった。静物画とは静物〈nature morte〉（ナチュール・モルト）、つまり「死《モルト》んだ自然《ナチュール》」を描くジャンルである。このフランス語の意味が示すように——ただしここでの nature（ナチュール）の意味は「自然」というよりはむしろ「博物学的」なというかぎりでの「もの（対象）」であるのだが——、花瓶やガラスの容器、食器、そして文字通り「死んだ」野禽類、食物、果物、花の類が描かれた。「もの」は日常の中にある一切の「もの」（オブジェ）のもつ、拭いきれない重量感と、存在の重さを見せる。「静物」は日常生活の中のそこここにあるが、生きて動くものではない。ところが「死んでいる」静物の画に、ひとは「もの」のもつ存在することの意味を教えられる。静物はわれわれの眼前に自らを提示し、静物が返す視線は、見る者に対して、己れもまた、重さを持ち、触れられる「もの」であることを悟らせてくれるのである。

人間自身のもつ「もの」性を感じさせるために、静物画ほど的確なものはなかった。人物画であればわれわれはともすればその目や顔の表情やそこに潜む情感にたちまち感情移入をしかねない。しかし静物画なら、「見る」という行為は「もの」と「ひと」の間の距離を悟らせる。静物画はこの意識を視覚化した。近代の距離が絵画表現を、ねばりのある中景として表していった。それはものの存在感覚を定着させていくことになった。

こうした空間に対する距離意識や中景に対する認識仕方の変化は、新しい絵画ジャンルを開拓していった。書き割りという意味合いの濃かった中景が独立して、「風景画」が誕生するのである。一六世紀から一七世紀にかけて数多く描かれた風景には、近代の距離意識の変貌の過程が刻み込まれている。なぜ、近代以降の風景画には、画面の中程あたりに、小高い、背丈のある対象の木や塔、そびえ立つ廃墟や山の岩などが描かれることになるのであろう。それは描き手が、見る者の視線をそこで食い止め、そうした上で、観者の視線の動きをさらに遠くへと導くことで、遠近の距離をより一層実感させてくれるからである。こうすることで距離が目測され、画面は現実的な存在感を生むことになる。

視線が動いてゆく中に運動と区切りを与えて現実的な空間を演出するという中景描写の策略は、とりわけ一八世紀にユベール・ロベールの廃墟や港湾の中に採り入れられた。『カプテラローンのファルネーゼ螺旋階段』や、『スフィンクス橋の眺め』は、中景に小径や坂や階段のモチーフを点在させて、目に距離を測らせ「もの」と「もの」との存在感をつくり、独特の廃墟の空間を構築する。ユベール・ロベールが模索したものは、ベラスケスが『ラス・メニナス』(一六五六年、プラド美術館)(図16)の中で用いた手法と同じであった。ベラスケスはそれを室内の空間を表すために用いている。ユベールがとった空間処理は、王という重要な人物を後方の階段の上に描いて距離を演出し、ドラマティックな緊張感と空間の密度を描くベラスケスのやり方と同じものである。

図16　ベラスケス『ラス・メニナス』

西洋風景画は、中景の現実的な距離を描出しようとするところから生まれた。距離は空間を「もの」とし、中景表現は風景画をひとつのジャンルとして誕生させた。西欧の近代において、「距離」意識概念が生まれ定着してゆく経緯と、中景の充実が空間の密度とねばりをつくっていくことを、われわれは近代絵画の中景表現の展開に見ることができるのである。

3 リズムの中景

(1)「空」の中間

近代ヨーロッパで風景画が成立したのは、距離の意識があったからである。この意識が如何に日本の空間観と異なるのかは、風景描写を比較してみればよい。風景を描いた画には空間意識が反映される。

そもそも日本の風景画は、西洋画のランドスケープと等価ではない。西欧の風景画は、距離を描くものであった。とりわけ中景が粘性のある空間を演出して、近景と遠景を繋いだ。あるいは高さのある対象を中景に置き、それを指標にして見る者の視線をそこでいったん堰き止め、視線を連続的に手前から遠方へと運ぶことで、密度のある連続的な距離を充実させていった。

しかし、日本の絵画は距離の描出を目指すわけではない。俵屋宗達の『風神雷神図』(図17)、雪村の『竜虎図』(クリーヴランド美術館) などのように、日本の絵画は真ん中に何も描かないことが珍しくない。宗達の風神と雷神も、雪村の竜と虎も、絵の中心テーマになるものは左と右に分かれた微妙な位置に配置される。横長の六曲一双という画面が、中心を描かない絵を描かせたというところはある。

しかし日本の絵画には中心を外して、いわばツボに入ることを避けて対象を描こうとする感性が働いているように見える。

尾形光琳の『紅白梅図』（図18）も同じである。ここではテーマとなる紅梅と白梅が右端と左端に分かれて描かれている。確かにこの絵の真ん中には、流れる河が描かれている。しかし河は自らが中心であると主張しているのではない。河は斜めに蛇行しながら、むしろ中心をぼかすように曲線的に描かれている。中心は緩やかにずらされ、拡散させられる。日本絵画の構図は中心を不在にしておくことを選ぶ。絵を見る者の視線もまた、透視画法の導きによって奥へと入り込むことはなく、画面を漂い水平方向に動かされる。絵は何も描かれないところにこそ、見えて来ない情報を読ませようとする。

　日本の中景は現実的な距離感を拒否する。長谷川等伯にせよ海北友松にせ

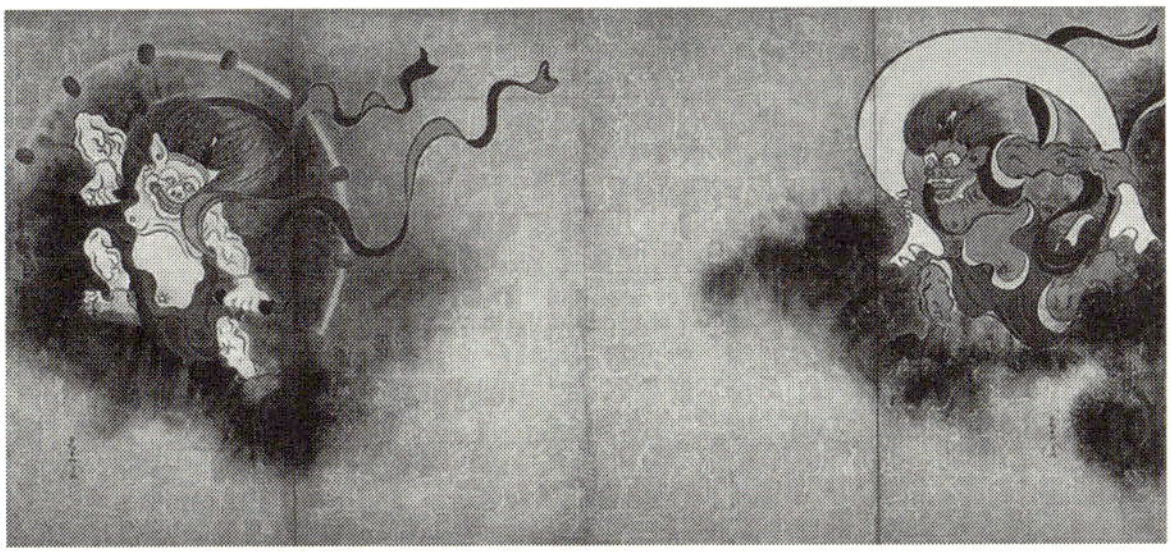

図17　俵屋宗達『風神雷神図』（建仁寺）

図18　尾形光琳『紅白梅図』

よ、あるいは狩野山雪の障壁画にせよ、画は距離感よりも気を描き、ものの醸し出す気品と気分を描くことに充てられる。これは基本的に明治以降も変わらない。菱田春草の『四季山水』（東京芸術大学）の中景に描かれた木々や岩は、透視遠近法による距離の演出を意識的に拒否して、場の気配を凝縮し、あたりにその空気を満たすことに専念しているように見える。

近代西欧の絵画と日本の絵画では、中景が担当する役割に差異がある。それは洋の東西で「中」、「間《あいだ》」あるいは「中間」の意味が大きく異なっているからである。東西の距離感の差異が、絵画の中景に投影されているのである。

近代以降のヨーロッパ絵画は中景に事物を次々と描いて空間の密度を高めていった。しかし日本的感性の中にある「中間」とは、「もの」と「もの」との間である。日本の風景画の「中景」は、「もの」のない場である。日本の絵画において対象と対象との間にある空白は、近代西欧の近景と遠景を繋がない。日本の画には中景は存在しない、とさえ言える。中景には、むしろ〈描かれないかたち〉と〈描かないこと〉が剥き出しになる。中景とは「もの」がない間《あいだ》である。中景は段差をつくり、ものとものを切断するところである。西欧近代が「もの」と「もの」の間の「距離」を対象化して階段や道を用いてこの間を埋めていこうとしたことと、日本の絵画は真逆のベクトルをもっている。

一九三〇年、洋画家・児島虎次郎が海外で収集した絵画を中心に、大原孫三郎は倉敷に美術館を創設した。「大原美術館」である。もちろん西洋絵画展は日本でそれまでも盛んに開かれてはいたが、この新しい美術館にはフランス近代を中心にした絵画コレクションが数多く収められた。展示は人々に様々な驚きと発見をもたらした。そうした驚きのひとつに、「中景」描写の仕方、つまり「中景とは何か」をまとめて見たことがあったろう。たとえば、コローの作品『ラ・フェルテ＝ミロンの風景』（一八五五—六五年）（図19）では、中景あたりに目立った樹木が描かれる。いくつかのセザンヌの風景画の中央にも木が描かれている。またモネの『積わら』（一八八五年、他）も、やはり画面中ほどに積わらの山がある。クールベの『秋の海』（一八七六年）は中景あたりに帆船二隻を配する。シャニックの『オーヴェルシーの風景』（一九〇六年）には風車がある。大原美術館に集められた近代フランス絵画のこれらのコレクションは、中景表現の、あるいは「中間」描写のコレクションでもあった。中景描写のかたまりに、人々は「距離」の意識と表現の差異を改めて間近に感じたことであろう。そこで披露された大量の質の高い近代フランス絵画コレクションは、近代ヨーロッパの中間が密度のある距離であったことを人々に改めて実感させた。

図19　コロー『ラ・フェルテ＝ミロンの風景』

日本絵画が中景にものを描かない無意識は、日本人のものの捉え方に潜んでいる。日本語の「間」（ま／あいだ）とは、何かと何かとの中間である。間そのものはすんなりと自らを見せてくれない。日本の絵画はそのことを視覚化している。しかし間は均衡を保って、ひたすら潜勢的に働いている。そこに力がないわけでは全くない。これを日本絵画の描かれない中間は表現している。

「中間」あるいは、「間」が、「ない」ことによって、むしろ力を発揮することを、河合隼雄は「中空構造」という概念を用いて解説している。つまり河合は、何もしないことで均衡を司るカミの存在を挙げて、日本文化における中間の重要性を説く。

『古事記』には中心となるタカミムスヒ、アメノミナカヌシ、カミムスヒの三神がいる。アメノミナカヌシは、他の二神が大きな働きをするのに対して、ほぼ何もしない。ただそこに居るだけである。ところが、特に力を発動するのでないこのカミは、ひたすら居るということだけで、つまり「何もしない」ことで均衡を保つという大きな力を発揮している、と河合は言う[31]。眠っているだけで重要な役割を果すのが、アメノミナカヌシなのである。このカミは無為という力を発揮するためだけに、そこにいる。

河合は他にも、日本神話にある三貴子、アマテラス、ツクヨミ、スサノヲの中のツクヨミ、日向神話のホデリ、ホスセリ、ホオリの中のホスセリがアメノミナカヌシと同等の意義をもつとした。ツクヨミもホスセリも、ただいるだけで力を示す。彼らは何もしないで他の二人の間にいることで、力の均衡を保つ。河合によれば、日本人の文化の原点は、中心の無為性であって、「日本神話の中心は空であり無である[32]」。

そして中間のもつこの重要な意義を、日本の絵画は敢えて何も配置しないことで示しているのである。光琳は紅梅白梅を屏風の左右に配して、画面の中央には河を斜めに縦断させてはいるが、河は中心ではなかった。その河は、宗達の『風神雷神図』の、風神と雷神の間にあって何も描かれない中央の意図するところと同じものである。明治の横山大観も、中央部分に何も配さず、画面の左右に分けて双龍を描いた。大観は好んで富士の絵を描いたが、やはり中間部に雲を流し、そこを無とすることが少なくなかった。河合玉堂も『夏山雨後』で中間を空白としている。

しかしながら日本絵画の描かれない中間部は、対象を描く以上の神経が払われている。中心的な対象を中心に描かないことは、意味をひとつに限定するのではなく、描かないことで、むしろ隠れた多くを描き、「見せない」ことで多くを語り出そうとする。画家は中景を描こうとしなかったわけではない。それどころか、遠景と近景の結び目である「間」＝中景をいかにして描き出すかは、長い間の画家の大きな関心事であった。

(2) 段差のリズム

一八世紀はじめの享保のころ、日本では「浮絵」という手法が編み出された。「浮絵」は浮世絵の様式のひとつで、遠近感を強調して描こうとして奥行をくぼませ、その結果、絵が浮き上がって見えることで、こう名づけられた。浮絵師たちはそれまでの常套手段である逆遠近法に加えて、当時流入して来た西欧の透視画法を試行して、近くから遠くまでを描き出そうと、画面構成の再編を図っていた。浮絵もそのひとつの手法であった。畳や襖の直線や屋外の街並みは、画面奥に消失点を見据えて奥行きをつくりながら直線的に並べられた。ところがこのようにして案出された浮絵は、現実的な空間を呼び起こすより先に、その一点透視図法によって、お伽噺のような非現実的な絵空間を仕立て上げることになった。この浮絵の手法を葛飾北斎も学んでいる。

図 20　葛飾北斎『江都両国橋夕涼花火之図』

江戸後期は、画家が西洋画の影響のもとで、中景描写に近代的な遠近法を試みていった時代であった。司馬江漢はとりわけ新手法の獲得に熱心だったが、北斎もきわめて積極的に西洋遠近法による空間描写を学んでいる。それはたとえば『諸国名橋奇覧』に表れている。ここで北斎はさまざまな中景表現を試みる。北斎の画によく出て来る、画面を斜めに横切る橋や道は、中景表現の試みであった。春郎時代の大判錦絵『江都両国夕涼花火之図』（図20）や、あるいは『絵本隅田川両岸一覧』はその好例である。北斎もまた中景の描出のために、橋、道、階段を用いて遠景と近景を結びつけようと腐心していたのである。

橋や道や階段を用いて異なる次元である近景と遠景を繋ぐことは、日本でも行われてきてはいた。たとえば京都・聚光院（桃山時代）の狩野永徳筆の襖絵『方丈障壁画』（琴棋書画図）の例がそれである。しかし日本絵画の場合、画面上に描かれる段差や隔たりは、階級や身分の差異を明示するのに利用されはしても、広大な空間を連続して繋いでいくという役割を担わせられることは、多くはなかった。画家たちはこれらのモチーフを、ヨーロッパのように遠近感を編み出す積極的な手段とはしていない。ところが北斎は橋や道を、絵画的な空間演出の素材としたのである。

北斎は西欧の遠近法に熱中し、中景と中景の絵画空間を描き、距離という抽象概念を取り出そうとする。しかし彼の趣意はヨーロッパの近代が求めたものとは異なっていったように思われる。北斎の橋や道の描写は、結局、歩いて進んでいくことのできるリアルな空間を描出することには向かってはゆかない。

北斎は様々な構図を編み出し展開して、一方では中景を広げる方向に、あるいは逆に中景を隠す方向に舵を取り、遠近表現の試行を重ねる。しかし北斎の試みは、ルネサンスの画家たちの中景表現の模索のように、遠近の距離と空間の抽象性を解きほぐし、中間を充実した空間として描く方向へと一直線に進んでは行かないのである。

北斎は、さまざまな遠近法を試すうちに、西洋画の中景と日本の「間」との間に大気の質感と重量感の違いがある、ということを感じたのではないか。中景部分となる人間の生活する場の空間感、つまり日本語でいうところの「浮世」が、日本と西洋とでは違う。そして北斎はその差異を、作品の中に反映させようとしていったように思われる。日本人の感性は遠近の距離感を空気の湿り気の中に埋め込んで、水分のある大気の中に、或る浮遊感さえたたえさせるところがある。

北斎は遠景と近景を繋ぐものとしての中景に憧れるのではなく、ときに中景など「無い」と見なして、「無い」ことを表出しようとしていた。そのため、ときには曖昧な中景という「間」を排除して速やかに遠近の対比の構図を呼び起こそうとする。つまり「近接拡大」という手法である。『富嶽百景』にスケールの違いを無視した構図をいくつも描くのは、遠景と近景を直接対決させるという考えの実現である。それは、西欧の画家たちが透視遠近法によって、イリュー

図 21　葛飾北斎『神奈川沖浪裏』(『富嶽三十六景』)

図 22　葛飾北斎『尾州不二見原』(『富嶽三十六景』)

ジョナルな三次元的空間の創出を目指したことと対照的である。中景を縮め近景を大きく取るとき、遠景と近景は対比の力を強化し、絵画の迫力を増す。この技法は、たとえば一八〇三年の『賀奈川沖本杢之図』(一八〇三年)や、よく知られた『富嶽三十六景』のうちの『神奈川沖浪裏』(図21)に見られる。

あるいは北斎はこうした行き方とは逆に、中間の部分を大きく広げて遠近の対立をぼかすことを試みる。そうすることで絵を見る受け手の目は、中心の主題を画面の中央にではなく、画面上を水平に、つまり横方向に動くように誘導される。あるいは目は円弧を描いて、画面の上をまさぐるように彷徨することになる。

北斎の構図を分析すると、『富嶽三十六景』の『尾州不二見原』(図22)や先に挙げた『神奈川沖浪裏』のように、あたかもコンパスで描いたような、大胆な円弧を見せる作品が少なくない。視線は画面上で幾多の環を描いて巡る。北斎は西欧の遠近法を学びながらも、そこから目線を画面の奥の遠くへと誘って深さのある三次元空間を描こうとするのではない。遠景と近景を切断して並べてその対比を描き、目の動きを回旋する円弧や水平の方向へと特化してゆき、漫然と漂うような幅の広さをもった目の動線をつくり出すような構図をつくる。そしてこのゆったりとした横への目線は、すでに見てきた日本人の動きが基盤とする稲作の求める方向なのである。

北斎は滝を好んで描いている。滝は自然のつくる段差を描く。滝は、遠い近いという遠近感ではなく、上と下とを切断して、そこに水が流れ落ちることで断絶感をつくり出す。水はそこにある段差を示しながら、水の流れによって自然のベクトルを描く。橋や道が人工のものであるのに対して、水はあるがままの落差を示す。先に挙げた『諸国名橋奇覧』と同じような構図の滝図に、『諸国滝廻り』

のシリーズがある。水は上から下へと、重力の方向に落ちてゆく。滝の水は切断されたものの間にある、空いた間《マ》を見せる。

北斎は絵の視点をひとつに絞らせない。たとえば『諸国滝廻り　木曽路ノ奥阿弥陀ケ滝』（図23）では、滝の上に、渦巻くように描かれる川の流れという水平方向の水の動きがある。その下に勢いよく落ちてゆく水がある。上部に描かれる滝に向かう川は鳥瞰的な方向から描かれているが、滝部分は視点を変えて正面から描かれる。視点移動は水が示してくれる自然の流れを表すとともに、滝で落ちる水となって地形の分断を強調する。そこでは西欧風の遠近法と遠近感は排除される。北斎の滝は近景と遠景を結びつけて距離を繋いでいくのではなく、逆に断絶を示す。

北斎は滝を描くとき、しばしば滝の傍らに人物や事物を描いた。そこは坂になった山や林道であり、そこには人間たちの生が描かれる。『東都葵ヶ岡の滝』や先に挙げた阿弥陀ケ滝図には、滝の脇の丘やつづら折りの山道に人影があり、滝とは何も関係ないというように佇んでいる。北斎の絵を見る人の目は、連続した空間の中にいる人物たちと流れ落ちる滝を見比べ、滝がつくる落差と切断をより強く意識する。われわれはこれら左右ふたつの画面を対比して見ることになる。北斎は西欧の遠近法を学びながら、そこにあたかも西と東の遠近の意識を見比べるような距離の意識を描き込んだようにも思われる。

図23　葛飾北斎『諸国滝廻り　木曽路ノ奥阿弥陀ケ滝』

北斎の滝は切断された大地のつくる段差によって、「無いこと」を描いた。その方法はかつて日本人が行ってきたような、中心を描かないことによるのではない。無いことは「間」をつくる。無いことによって、水は下へと向かう動きだけを見せる。無いことの力と、無いことの余韻が、北斎の滝図には描かれている。滝の横の人間像はそこに描かれることによって、無い中間を、つまり中景を示唆している。

北斎の滝は連続した距離のある空間、落差・段差を対比させた。北斎がしばしばテーマにした橋や道や階段は、人が通るために彼岸と此岸を結びつける人工物である。これに対して、滝や川や海と姿を変えて現れる水は、自然そのままにある。北斎はとりわけ滝を選ぶことで、中景を描かないこと、中景の「無い」こと、あるいは「無い」ことがあることの意味を描き出そうとしたように思われる。

西洋人の距離の感覚が、ふたつのものを連続させてその間を埋めてゆこうとするものであったのに対して、日本的な感性は「無い」という「間」の中にこそ情報を読み取って、余韻あるいは余情を得ようとするものであると言えよう。北斎の『葵ヶ岡の滝』は、日本の段差と西洋絵画のこの対比を見せているように思われる。

このような絵画における距離のつくり方、あるいは中間の処理の仕方はリズム感に通底している。西欧近代は「距離」を見出した。距離意識は中景を生み、風景画というジャンルを育て、連続性と密度のある空間意識を明確にして、切れ目なく続いてゆく空間をつくっていった。西欧近代のリズムもまた、動きを保った、途切れなく、同じ密度で循環させてゆくような、粘りのある連続体であった。これが視覚表現にも表れているのである。近景と遠景を途切れさせることを許さずに粘って繋いでゆく中景は、このリズム感の表れであった。西欧のリズムは、上へと伸びて繋がる、身体の中から弾けて外へと向かう、粘って続いてゆく拍動のある運動である。西欧近代のリズム感はこの連続性を空間表現の上に反映して、中景の充足した絵画をつくり上げた。このことは、日本絵画が中景を描かず、むしろ遠近を切断して段差をつけることを基本としていることと対照的である。

翻ってみれば、光琳の『紅白梅図』の中央に位置する河もまた、紅梅と白梅との間を切断することでできる、梅の木の無いことの「間」を埋める余情であったと言える。

日本人は音の世界においても、切断する音の展開と途切れのある音的素材を好んできた。突然音を区切り、そこにできる何もない時間に情感と余韻を感じ取る。切ることでタメをつくる。好んで「間」をつくるのである。しかし西欧の音楽は、残してゆく音の連続の中に余韻を感じ取る。つくりだされる音は残るとともに次の音を予感させていく。そのリズムは、自らの尻尾を食らう蛇の頭で表されるウロボロスのように（図24）、前の拍を先取りした拍の取り方をする。次の拍はすでに用意されてそこにあり、終わった拍は余韻を残して続く。こうして粘着性をもって連続してゆくリズム感が生まれる。余韻は音の粘りを語り出している。残響を好むヨーロッパ人の音感も、こうして形成されていったのであろう。ヨーロッパの音楽は、音の無くなった時間の中にも音の残滓を求める。

図24　ウロボロス

一方、日本の音楽のつくり方は、音を切ることで生まれる、音の無い時間の中に、「無い」ことの「有」を余韻として感じ取ろうとする。無いところに有ることを感じ取るのか、無いところを絶やさないように埋めて「有る」ことの軌跡を見るのかという音への嗜好は、日本と西欧とでは逆向きである。そこには間に余韻を求める方向性と、間を埋めようとする方向性という正反対のリズムのベクトルがある。それが絵画においては、描かれるか、描かれないか、という中景表現に表われていた。この方向性の差異は、ヨーロッパ近代の「距離」の思想が生み出したものである。

この差異は、そもそも人が立つ場から何かの対象を指す言葉の中に、つまり「もの」や「こと」につける指示詞の考え方に中に、より明解なかたちであらわれ出てくるように見える。日本人の感性は断絶する「間」の中にきわめて特殊な推量する力を凝縮させてきた。そしてこの感性は指示詞の中に、さらには指示詞を律する表と裏のとらえ方の中に表れているように思われる。

第5章　「ソ」の裏側

1　ウラ、ウチ、ソ

(1) ウロボロスのリズム

中間《マ》を埋めるのか、あるいはあえて空白をつくるのかという文化間の差異は、リズム表現の上に表れる。つまり粘って埋めて続けてゆくリズムか、それとも流れをいったん切断し次の拍を待ち構えて狙って打つリズムかという違いは、拍の取り方から出てくる。拍の取り方の違いを知るためには、正拍でなく、正拍と正拍の中間を見るのがよい。つまり表面に出てこない裏の拍、いわゆる「ウラ拍」を見るのである。そうすることで日本語の裏と表の関係が見えてくる。そしてこの関係を探ってゆくと、日本語の指示詞がかなり特殊な役割を持っていたことが分かってくる。

「ウラ拍（裏拍）」とは拍と拍との間の拍のことで、たとえば、イチ、ニ、サン、シと拍を刻む場合、その間に「トォ」を入れて数えて、イチトォ、ニィトォとしたときの「トォ」という傍点の部分である。正拍の裏にあるので「裏拍」、「ウラ拍」、あるいは「ウラ」という言い方をする。ところがこの「トォ」を感じ取ることが、大人になって楽器を始める、いわゆるレイトスターターにはそれほど簡単ではない。

拍はメトロノームどおりに、カチカチ音に狙いをすまして、その音に合わせればよいというものではない。音楽教室で新しく楽器を習いたいと思う大人たちが、リズムの取り方につまずき、とくにウラ拍で苦労する理由のひとつは、大人の身体には強拍で始まる日本語のリズム感が染みついてしまっているからである。日本人のリズムは下や内側に向かって打ち下ろす。この稲作のリズムが顔を出してしまうのである。手で拍子を取るにしても、両手をお互いに中に向かって打ち付け合っている。しかも打つ前に軽く無意識裏にリズムを切って打っている。しかしヨーロッパの近代以降の音楽を演奏するためには、上に向かって解放され、伸びて連続してゆくリズムの流れが必要である。そのリズムをつくるためには身体の準備を十分にしておかなければならない。

「さらば　さらば　わが友　しばしの別れぞ　今は……」という歌詞で始まる『別れの歌』という歌がある。もともとドイツ民謡で、弱拍で始まるアウフタクト（弱起）の曲である。この曲は日本語に翻訳されて文部省小学唱歌として取り入れられ、広く歌われることになった。弱拍始まりであるので、「さらば」の「ば」、「わが友」の「が」、が拍の頭となる。「さらば」の「さら」は、呼吸の準備をするための拍である。

しかし「さらば」の「ば」や「わが友」の「が」に強拍がくるといっても、ここに強いアクセントを置いて勢いよく拍を取ればよいわけではない。第一、「さらば」という語は「さらば」なのであるから、「ば」にアクセントを置くと、日本語の言葉として非常に不自然である。

本来西洋音楽の準備の拍は、次の正拍に向かって繋がっていくものであるので、強拍の前でリズムが切断されてはならない。弱起の曲の最初の弱拍部分は、拍を意識させる準備であるのだから、ゴムまりを衝くときのように、あるいはバランスボールに乗って上下にバウンドして動くように感じ取られるものである。お胆《なか》の中に縦方向の大きなバネがあって、それが上下に伸びるように感じ取られるような弾力のあるリズムである。バネが伸びていくためには最初に縮まなければならない。それが弾んで伸び上がり、またもとに戻って縮むと、さらにその戻りによって再びバネは上下に弾む。バネはギクシャクと動くのではなく、滑らかな運動をたたえて粘るように伸縮する。子供が遊ぶおもちゃにびゅんびゅん駒というものがあるが、あのような弾性を感じ取る、良質のゴムのような、力を外に発散する形の粘着性のある連続体が、ヨーロッパの育んできたリズム感である。拍を打つときも、その拍は次の拍を予測できる動きをもっているのでなければならない。いわばウロボロスの頭が尾をくわえているようなイメージをもつのでなければ、循環して続いてゆくリズム感は出来上がらない。拍の終わりは次の拍の頭をすでに予測して動いている。打つ拍の前は、意識の上では次の拍の頭を喰らっているのである。

たとえば『別れの歌』であれば、この準備の拍を感じるために、「さらば」の「さら」の前に「ウん」を感じて、「(ウん) さらば」というようにしてリズムを感じ取る方法もある。すでに「ウん」を明確に感じておくことで、弾性のあるリズムを仮想してつくっておくのである。「(ウん) さらば」の「さら」の部分は「ウん」に対してウラ拍になるが、実際には正拍の前にあるので「前拍」と呼ばれることになる。こうしてできてくる拍を、身体の中心にある大きなバネを弾ませるように、中心から外に向けて力を放出するわけである。新人アナウンサーの教育には、言葉の前に「ん」を入れて発声をするという訓練方法がある。「ん」を入れることが語調に滑らかさを与え、次へと繋がってゆくリズムの流れをつくり出してくれるからである。

われわれのリズム感は日本語のリズムがつくっている。日本語は粘着性のある連続するリズム感を持とうとしない。むしろ拍と拍を区切ろうとする。このため、拍と拍を繋いで円弧の軌跡を循環させるリズムの習得は、日本語のリズム感が染みついた大人には、それほど簡単でないことになる。日本人の身体がつくりあげてきたリズム感は、外に向かう弾性のある連続体とは別の、断絶をつくり、そこに余韻と余白を感じるところから出てきたものであったからである。またそうしたリズム感を得ておくことが日本語を習得してゆくためには必要だったのである。

日本人の感性は稲作作業が培ってきた。下向きの、水平方向を漠然と見て、ときに後退するようにして、切断をしながら拍を繰り返す稲作のリズムが日本人のリズムを育んできた。前章で見てきた、あえて中景を描かないという絵画の表現も、粘って循環して続くリズムとは別の、切断と段差のつくるリズム感の表れであった。言葉を換えれば、日本絵画の中景の処理の仕方、つまり遠景と近景をあえて繋がない空間表現は、日本人の拍感の反映であった。

近代西欧絵画の中景が空間の密度を充実させようとするのに対して、日本画の中景はいわば空疎であった。むしろ中景を満たさず、切断することで、別の大きな力を発揮しようとしたからである。しかし断絶か持続かというリズム感の相違は、中景表現の差異を超えて、さらに深い意識の相を炙り出すものなのである。

（2）遠近法とコソア

絵画の近景・中景・遠景という分け方は、もともと「もの」を指す指示表記で、指示の言語範疇の概念である。近景、中景、遠景という分け方は、対象が自分から近いか、遠いか、あるいはその中間あたりかという、見る者からの距離の指示代名詞の概念をそのまま適用している。

ところが日本語と西欧語とでは、そもそも指示の範囲と意味が異なる。たとえば英語には this と that しかない。つまり「アレ」と「コレ」はあるが、「ソレ」がない。それゆえ日本語のいわゆる「コソアド言葉」の指示の範囲をそのまま英語に訳出することはなかなか難しい。そしてこの指示語の差異、とりわけ「ソ」の有無が、日本語と西欧語の中景あたりに対する意識の隔たりをつくり出していく一因なのであった。指示語は絵画の近・中・遠景に対する意識の違いをつくる前に、指示の範囲や距離と空間の認識の違いをつくるものであった。それが様々な表現ジャンルにおいて大きな隔たりを生んでいった。

それでは日本語の指示詞はどのような特殊な構造をもっているのであろう。

日本語の場合、近・中・遠景を表すのには、いわゆる「コソアド言葉」が用いられる。明治二二年（一八八九年）に大槻文彦が『語法指南』（『言海』第一冊）を発表して以来、「コ」、「ソ」、「ア」といった指示詞は、対象を指す人から見たもの、つまり指示詞は話し手からの距離の遠近で対象を示す、という考え方がほぼ定着する。「コノ」や「コレ」、「ココ」は、自分の近くにある事物や場所を指し、「アノ」や「アレ」、「アソコ」はある程度自分から遠くにある事物や場所を指す。「ドレ」、「ドノ」は場所や事物を指定できない不定景の対象を指す。そして、「ソノ」や「ソレ」はその中間あたりの対象を、つまり中景あたりを指す、というわけである。どこからどこまでが「ココ」でどこからどこまでが「アソコ」で、と数値化して厳密に言う必要はない。「コ」「ソ」「ア」はイメージとして捉えられるので、「ソ」は、近いイメージの「コ」と、遠いイメージの「ア」との〈中間〉・〈間〉という遠近感をイメージ化したものである。

ところがこの分類の仕方は、日本語の「ソ」をかなり曖昧な領域に置くことになった。

大槻の説は「距離区分説」と呼ばれる。これに対して、佐久間鼎は『現代日本語の表現と語法（改訂版）』（一九五一年）の中で、「なわばり（勢力圏）説」を展開した。「コ」が「話し手自身の勢力範囲（「わ」のなわばり）」（つまり私の「ワ」）のものなら、「ソ」は「相手の勢力範囲（「な」のなわばり）」（つまり汝の「ナ」）にある。「コ」と「ソ」以外の範囲は、「ア」の領域である。したがって、「コレ」は私（＝「ワ」）のなわばりにあるものを指すもので、「ソレ」はあなた（＝「ナ」）のなわばりにあるものを指す、とした。[1]

ところが佐久間の論理に従っても、「ソ」の位置づけには問題が残る。「ソ」は必ずしも相手の勢力範囲を表すとは限らない場合があるからである。たとえば、道で出会った知り合いに、

「どちらまで?」
「ちょっとそこまで」

という場合、「ソ」は相手の勢力範囲である、とは必ずしも言えない。「ソ」は相手が知っている場合にも、あるいは相手から距離感を得ておきたい場合にも使う。

「ソ」は日常生活の中で、さほど遠くないもの（＝それ）やところ（＝そこ）を指すが、しかしそこには、自分からも相手からもどこか心理的に離れているとか、あるいは離れたいという意思が透けて見える。あるいはまた、ぼかしたりぐらかしたりしたいときにもわれわれはしばしば「ソ」を使っている。

そうすると、「距離区分説」からしても、「なわばり説」からしても、日本語の指示詞の「ソ」はそれほど明瞭にはならないと言えるように見えてくる。「ソ」は、「コ」と「ア」との間にあるのではなく、そうかといって相手のなわばりの中にあるのでもない。「ソ」は、「ア」と「コ」の分類とは、質的にどこか異なる次元にあるもののように思われる。

金水敏と田窪行則は指示詞に関する研究資料集『指示詞』を編纂しその最後に、指す対象が直接的であるか間接的であるかによって指示詞を分けるという見解を示した。つまりコ系とア系は、話し手が直接的に経験している「直接経験的領域」のものであるのに対して、ソ系の語は、話し手が直接体験していない領域、つまり、聴き手の知識と知覚による「間接体験的領域」に属するものである、とする[2]。こうして「ソ」は、「コ」と「ア」とは別の範疇に括られた[3]（図25）。さらに「ソ」は、目の前に指示するものがある「現場指示」の場合と、目の前にものがない、文章や会話の中の文脈の中で何かを指示する「間接指示」の場合とでは、用い方も意味合いも違うとした[4]。

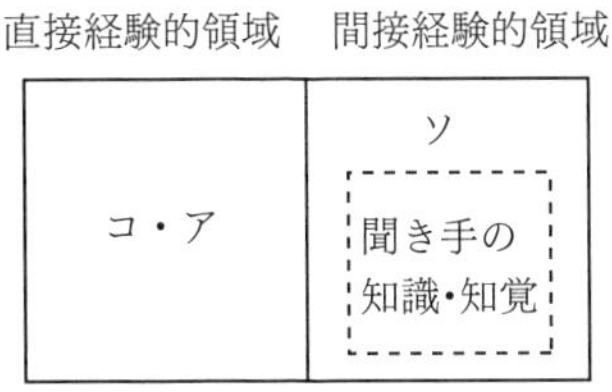

図25　コとアとソの領域（金水・田窪『指示詞』186頁より）

「ソ」は言語学上で様々な捉え方をされてきた厄介なテーマであった。指示とはそもそも、自分の位置から指差しした延長の先にあるものを示す。しかし対象を見る自分と話し相手と「ソ」との関係において見てみると、この指示詞「ソ」は、ひたすら対象を指し示す人の位置を中心にものごとを考えさせるものでない、という部分が浮かび上がってくる。「ア」や「コ」はものを指す自分から近いか遠いかを指示するが、これに対して「ソ」は、「ア」や「コ」のようにものを指す人の位置から確定させるのではない、何か別の働きをするところがあるように見える。「ソ」には対象を客観化する、どこか冷ややかな部分がある。とすれば、それはあるいは「ソ」の方に、対象《もの》と見る者との位置を指定するように働く要素があるからであろう。

「ソ」を使う場合、「私」は対象からもあるいは相手からも少しだけ離れて立っている、という意識をもつ。「ソ」という指示詞には、問題の対象を私や相手から客観化することで、私とあなた、そして対象との間に、ある種の緊張感を変えるところがある。もちろん「ソ」という語自体に能動的な力はないのであるから、この力は対象を見る者の心の傾きがつくる。「ソ」のもつ力はこのような心理的なあるいは主観的な要素をもたらすものである。「なわばり論」の佐久間自身、自らがもっていた心理学の素地のもとに「ソ」を考えていたふしがある。(5) そしてもし「ソ」に心理的な力があるとすれば、その力がどこから来るのかが問題となる。

まず、「ソ」がもつように見える冷ややかさは、「ソ」が「ア」と「コ」の中間にあること、つまり「間」にあることに由来するように思われる。つまり「間」とは、そもそも何も無いところである。「無い」ことが、「ソ」の冷静さと緊張感を生むひとつの要素となっていると言える。「ソ」は指示する自分からの距離で決められないところにある。そのことが「ソ」が、指す自分と対象との距離やあるいは自分と相手との距離を近づけたり離したりするという印象を生み出すことになる、と言えるように思われる。

ソ系の語はコ系やア系の語のように自分からの遠近で決められるのではない。これがソ系の語に対して、対象を見る者の位置を操作する力を持つように感じさせる。「ソ」の方が対象を見る者の心理的な位置を変えることになる。あるいは「ソ」を使うことで、対象と私とあなたの視点が変更される。たとえば次のような場合がある。

「これはこういう問題です。」
「なるほど、これはそういう問題ですか。」

この場合、「ソ」は単に私からの位置関係によって指示対象を決めるのではない。そこにあなたが（も）介在していると認めた上で、「ソ」はあなたと私との間での対象の意味を変えてくる。「ソ」は対象と私、対象とあなたという視点の位置関係を変え、対象のもつ意味を操作する。しかし対象の位置は基本的に変わらないのであるから、そこにある指示と位置関係の変更は、感性的な心理的なレベルにおける変更である。

右に挙げた例では、「こういう問題」が「そういう問題」になったとき、「そういう問題」と答えた受け手の方は、話の話題になっている対象を「ソ」と指示することで、当該の問題を突き放しており、問題を客観化させる。ここで用いられる「ソ」は、近いものと遠いものとの中間を指しているのではない。また間接的に見聞きしたものを指しているのでもない。それよりも、「ソ」と言うことによって、「ソ」は問題の対象を相手からも自分からも離していくベクトルを生み出しているのである。

「ソ」は、私からも相手（あなた）からも、触れ得るようでいて触れられない場所に対象を連れてゆく。確かに「ソ」は「ア」と「コ」の間の漠然とした中間の位置にあるものを指示することが多い。しかし「ソ」は位置の指示というよりも、私からもあなたからも対象を離してゆく、という作用の指示詞であり、それによって何か特別な意味を生み出そうとする「力の指示詞」であるという要素が大きい。「ソ」は対象から私を離しあなたを離そうとすることで、私やあなたの間に緊張感をもたせる。

しかし「ソ」は、ただ単に私からもあなたからも離れた位置に対象を置こうとするのではない。

「ソ」は、私にもあなたにも見えながら、同時に私からもあなたからも近く、処理が可能という位置にあることを意識させることによって、私と相手の間に共有の、中間地帯となるような場にあることの力を発揮するのである。私にもあなたにも直接的であるような共有の場をつくりだすのもまた、「ソ」のもつ力なのである。

一方でこのような「ソ」の力は、「ア」や「コ」といった、自分を中心に対象を指示する語と絡み合うことで、心理的に逆方向の作用をつくり出す。つまり指示詞を「ソ」から「ア」に置き換えると、「ソ」の力が反対向きに働いて、問題の対象は自分に近いところにやってくる。中間地帯にあったものが、自分の領域にある指示詞「ア」と代わることで、「ソ」とされた対象は感情的に自分に近いものになる。たとえば、

「そのころ私は神戸にいました。」
「ああ、あのころは良かったね。」

という例を考えてみればよい。最初の発言者は「そのころ」を自分の中から切り離して対象化して見ていた。これを受けた相手は、最初の発言者の「そのころ」を「あのころ」と転換したことによって、相手のいう「そのころ」は受け手の自分自身の体験として意識されることになった。相手が「ソ」として離して見ていた「そのころ」を、言葉の受け手は「あのころ」とすることによって、自分の中にあった遠い過去の思い出を自分の直接体験として思い起こしたのである。「あのころ」は、話を受けた人の直接的な回想の中にもぐり込んで、意識の中で自分のものとなる。「ソ」を「ア」で受け直す

ことによって、遠い昔のことが受け手の中で感傷的な自分のものとして蘇った。遠いものを指す「ア」は、「ソ」の力によって自分の中のものとなったのである。

「角の通りで交通事故があった。小学生が怪我をしたよ。」

「その子、大丈夫かしら。」

というように、「そ」で小学生を言い換えた場合には、話の受け手は小学生を知らない。しかし、

「あの子、大丈夫だったわよ。」

と受け答えたのであれば、受け手は直接あるいは伝聞で事故に遭った小学生を知っていて、心理的に問題の小学生に近いところにいる。「ア」は「ソ」よりも自分に近い。

テレビの二時間完結の推理ドラマには、次のような場面が出てくる。刑事がホテルの客に

「最上階の宿泊客が犯人だ。その男はどこにいる。」

と訊く。それを受けて泊り客の女は、

「いえ、あの人はそんなことをする人ではありません。」

と答えたとしたなら、この泊り客は犯人とおぼしき人を何かしらの形で知っているか、あるいは犯人の男と特別な関係にあるのではないかということを、ドラマの視聴者に推理させる。少なくともそのような推理を誘導する。しかし泊り客が、「あの人」ではなく、

「その人、黒い服を着ていた方ですか」

などと、「その」を使って聞き返したのであれば、この客は男から客観的な距離をもっており、自分とは関係のない人であるか、あるいはそのように装っている、と視聴者に思わせる。「その人」という場合、話の受け手は、問題の男を遠ざけようとしている。「ソ」は受け手に、対象が話の受け手とは離れたものであると感じさせて、対象を「私」の外へと放り出すのである。

一般的に捉えられるところでは、「ア」は自分から遠いものを指し、「コ」は自分に近いものを指す。「ソ」は「ア」と「コ」の中間にあるなら、「ア」と「ソ」はそれほど離れていない、と言えるようにみえる。しかし「ソ」は「ア」や「コ」とは、対象を置く次元を別にしている。「コ」は自分のそばにあり操作できるものを指す。「ア」は、自分ではもはや操作ができないが、自分が過去に経験した自分のものであったという直接体験に対して用いられる。したがって「ア」は自分から遠くにあるものを指示するとされるが、意識の上では「ア」は「ソ」よりも自分に近い。「ア」を使う場合とは、今は操作ができなくなっていても、もしできればそれを操作したい、触れたい、かかわりたいという自分の感傷と欲望が滲み出て来るときである。昔の恋人を「あの人」という場合がそれで、その語は直接的な感情を閉じ込めている。「ア」は現実の位置としては遠いところにあるとしても、感情の遠

近感としては自分に近い。つまり遠くを指示するはずの「ア」は実は自分に近く、近景の「コ」と同じところにある。これに対して、対象をいったん私とあなたの外に追いやる「ソ」は、「ア」や「コ」とは異なる次元にいるのである。

この「ソ」の力は、現物が目の前にある「現物指示」の場合であろうと、文章や会話の中で用いられる「間接指示」の場合であろうと変わらない。人から対象を離反させる、あるいは対象から離反してゆくときに「ソ」が働く。「ソ」は、私とあなたが対象をおたがいに共有しながら、同時に、それが私からもあなたからも離れているというように、対象からの距離感をいわば心理的に延ばしたり縮めたりする。「ソ」は、近くの「コ」と遠くの「ア」の中間を埋めるもののように見せながら、「コ」や「ア」とは別の場に移動してゆく。

しかし「ソ」はただ間接的なのではない。「ソ」は、私やあなたから一歩引いて対象を客観的に見せようとする力と、しかし相手にも無関心のままにはしておかせないとする力を働かせ、対象を私もあなたも共有していると意識させる生きた力である。「コ」が、私の範囲内にあって私が触れることのできる、「私」の支配領域のものであるのに対して、「ソ」は、ねじれた次元でベクトルを働かせる。私とあなたの近くにいるようでありながら、自身を触れさせない「ソ」は、近いようでいて遠く、遠いようでいて近い「間《マ》」をつくっている。あるいは「ソ」はその間《マ》の中にある。

英語にはthisとthatがあるが、「ソ」のような区分をする指示詞がない。日本語がこのような「ソ」を生み出したのにはわけがある。日本語には、直接的な体験と間接的な体験を交替させるための交点である「ソ」をつくる必然性があったのである。

(3)「ソ」という中景

大野晋はコソアド言葉に「ウチ」と「ソト」の意識を関連づけた。日本語のコ系の指示詞(これ、ここ、この)は、自分の内の「ウチ」にあるものを指し、カ(ア)系の指示詞(あれ、かれ、あの、かの、あそこ)は「ア」の外、つまり自分(ア)の外=「ソト」にあるものごとを指す、とした。つまり大野は「コ」をウチに、「ア」をソトに分ける。

大野は対象を、私とあなたにとって知っているものなのか、あるいはまだ知らないものなのかについて分ける。コ系の語とは私とあなたが話題として取り扱っているものである。コ系は「既知」のものである。ア系の語は大野によれば、私とあなたが知らない「未知」のものとなる。大野によれば、「ソ」を「ア」から分けるのは、私とあなたがすでに知っていることか、あるいは私もあなたも未だ知らないことなのか、である。[6] またソ系の語は、私とあなたが話題としてすでに知っている既出の、「既知」のものであるのだから、私にとってもあなたにとってもウチのものということになる。

ここでは大野の未知か既知かという分け方ではなく、未知・既知の分類から導き出される「ソ」の位置に注目したい。つまり「ソ」は私とあなたにとってウチのものではあっても、その対象からの私の距離と、その対象からのあなたの距離、そして私とあなたのお互いの距離については問題にされていないのである。「ソ」は私もあなたも知っているが、しかし対象からの私の距離と、対象からのあなたの距離は曖昧である。ところが「ソ」の力の源泉は、実はこの曖昧さの中にあるもののように思われる。むしろ私のものからとあなたのものからとの境界が漠然としているがゆえに、「ソ」はその意義を発揮するように思われる。

三島由紀夫の小説『盗賊』の中に、次のような一節がある。

　愛というものは共有物の性質をもっていて所有の限界があいまいなばかりに多くの不幸を、惹《ひ》き起すのであるらしい。

「ソ」は愛と同じように、所有の限界の曖昧さをもつことを特徴としながら、その力を行使してゆくものであるように思われる。境界の、――あるいは三島の言葉から引くなら「限界の曖昧さ」は、ときに多くの作用と力をもたらす。「ソ」は、私もあなたも知っているのであるが、私からもあなたからも距離を保ち、「コ」と「ア」との間のねじれたところに身を置くことで、日本人の意識と感性に大きな作用をもたらしてきた。「ソ」の位置は、間であるようで間ではないところにあり、また、間にいるようで間にいない、というような特徴をもつ。その作用は明確に目に見えてこないので、抽出することが難しい。しかしそのことによって「ソ」は力を発揮してゆくのである。あるいはその曖昧さの中に「ソ」は自らの力を蓄積してゆく。

　前の章で述べてきた日本絵画の中景とは、このような「ソ」が視覚化されたものだったのであろう。日本絵画の中景は日本語の「ソ」が外化された場であって、それゆえ日本の絵画では近景と遠景は直接的で迷いなく描かれるが、中景部分は不確かで、ときに省かれることになったと言うことができるのである。

　すでに述べたように、北斎は風景画を描くに当たって、しばしば「近接拡大」という画法を用いた。近景をことさらに拡大して描き出す北斎の手法は、間近にあって触れることのできる「コ」の存在感を拡大し、触れることのできない曖昧な中景を排除して、近景と遠景とを隣り合わせにして、見る者の心に直接的で強烈な印象を与えようとした。北斎に限らず、日本絵画の中景は、見る者に何があるのかを明解に意識させようとしなかった。山水画は中景あたりの事物の輪郭を淡く描いたし、絢爛豪華な屏風画はしばしば中景を全く描かなかった。

日本の絵画が直接的な、あるいは「直接経験」的な近景や遠景と同じ資格で中景を描くことをしなかったのには、理由があった。中景の「ソ」は、あるようでいて、無い。指すことはできても、触れ、つかむことはできない。「ソ」はベクトルの向きそのものであって、「ソ」は何もしないようにして見えないでいることで自身の役割を果たすものだからである。日本絵画の中景はこの「ソ」を、語り手と受け手、あるいは私とあなたとの関係性に転換して画布に投影した。屏風画にしばしば出てくる描かれない空間は、そこに「無い」のではなく、触れることのできない、別の次元のものであることを暴露しようとしていた。「ソ」は所有の在り処を中空に放り出して、むしろ曖昧であることを乞うている。触れられそうにみえて触れられない「ソ」は、遠景とも契り、近景とも契るように絵画の中を泳ぐ。

このような中景のあり方は絵画だけのものではない。しばしば指摘されるように、日本古典の物語作品の中では、しばしば主語は記されない。あるいは、ひとつの文の中で主語がめまぐるしく交替する。それでも人と人との関係性を示すことで、状況を読み手に伝達した。読み手と受け手がつくるウチなる場（あるいは間）が主語や動作主を捉えさせた。関係性を表す徴《しる》しは、とりわけ身分と立場の関係がつくる敬語が示してくれた。一文の中で主語が交替しても、動作主を明記しなくても成立する言語表現の世界は、私とあなたの関係を築く「ソ」と、そして絵画にあった中景の働きに共通するところがある。というよりも、主語は話し手と受け手の双方の関係性の中で潜勢的にあるので、それを明記することはむしろ冗語であった。

そもそも主語とは何か、主格とは何であるのか、については、別の一巻を用意しなければならない。明治以降、日本は西欧化の道を急いだ。西洋の書物の翻訳作業もまた急速に進められた。この中では主語を詳らかにすることが必要とされた。言語の本質が状況を主体に置き、場を重んじる日本語文においては、ウチの中で繰り広げられるものごとは、詰まるところ、私の見たものもあなたの見たものも同じ資格でそこにあり、そこで起こることは、私もあなたも分かち合うものであった。そこでは主語の明確化はむしろ避けられるものであった。しかし翻訳という事情が日本語の文体を変えて、主語を明記する文章が一般化してゆくことになった。

日本語の「ソ」の世界を、基本的に対象との距離の遠近で判断する英語の this や that に置き換えることは、主語を明記する以上に難しい。「ソ」は the ではない。いや、実際には置き換えが難しいのは「ソ」だけではなく、「コ」も「ア」もそのまま単純に this や that、あるいは the に置換することを許してくれない。英語の指示代名詞は日本語の「コ」「ソ」「ア」の三つの区分とは異なり this と that のみである。服部四郎の言い方を用いれば、this は話し手の手の届く領域、話し手の勢力範囲にあるものを指し、that はそれ以外の範囲にあるものを指す。[7] 私にもあなたにもつかめないこのような日本語の意味合いの「ソ」の場は、this にも that にもないものである。

日本語の「ソ」の場は、日本語の生成に寄り添いながらつくり出され育てられていった。したがって生のスタイルが言語生成に影響を及ぼすとすれば、「ソ」の起源は、「私」と「あなた」を同質化、等質化する稲作作業の行程の中にあったのではないかと考えることができる。

日本人の生活は等質な共同生活を営むところに基盤をおいていた。第2章の「リズムの方向」で論じた稲作のリズムを、ここで思い起こしたい。現代の日本人のリズム感は、稲作の作業がつくってきた身体の癖に根をもつ。弥生時代に端を発し縄文文化と入れ替わりながら日本に広まっていった稲作は、言語を形成しながら、感性や身体のリズム感をつくり出していった。厳しい条件の中で稲作をするため、力を合わせて働き、そのため動作を揃えて、共同して働くためには、それにふさわしいリズムが選ばれていった。同じ動作で稲を植え付け、同じ格好で田を耕し、同じ動きで稲を刈るといった、協調を旨として、行儀よく身振りを揃える労働形態は、私とあなたとを等質化させる。私とあなたとの境界線の曖昧な「ソ」が生まれた背景のひとつには、人の営みが稲作を基としていたことがあった。

（4）「ソ」のつくるリズム

手間のかかる稲作労働では、私もあなたも同じ「とき」を共有しているという意識をもち、場と空気を同じくしていると感じることが好ましい。共同体の中の人は呼吸を合わせて、同じリズムを合わせていくのがよい。というよりも、米をつくるという多くの行程をこなしてゆくためには、皆が同じ拍を共有し、拍の頭で呼吸を合わせて動作を合わせることは、むしろ免れない条件であった。全員がシンクロする形でリズムを共有し、身体の動きを揃えて作業を円滑に進めることは、作業の効率のために欠かせないことであった。稲作を主とする日本人のリズムの感覚は、そのはじまりからして、欧米圏のリズム感とは異なるかたちを取っていた。

英語の Take your time.、あるいはフランス語の Prenez votre temps. という言いまわしには、西欧文化における個の意識が炙り出されている。この表現は字義通りなら、「時間を取ってください」である。しかし time の意味の原型は、英語で time、フランス語で temps、イタリア語で tempo、つまり日本語で言ういわゆる「テンポ」である。「テイク　ユア　タイム」は本来、「あなたご自身のもつテンポ（リズム）を用いてください」の意味である。つまりこの表現は、あなたが本来持っている自分の身体のテンポを取るようにと促すものである。個人個人はそれぞれに最も相応しい身体のテンポや時間やリズムをもっているのであるから、それを取り戻してください、ということである。日本語でしばしば訳される「焦らないで」、「落ち着いて」の語感の中に、「自分自身のテンポを取る」という意味合いは希薄である。英語やフランス語の言い方の底には、主体の個的な時間がそれぞれにあることが、まず想定されている。しかし私とあなたが同じ時間をもって同じリズムを共有することが求められる稲作文化の中に、個々人が別々のリズムをもち込むことは好ましくなかった。個人が Take your time. の time や Prenez votre temps. の temps のような自分のテンポを取ることは、稲作共同体の呼吸には適していなかった。稲をつくる文化は、個人が time や temps のような、他者と区分される時間をもつ方向には向かわなかった。

この文化の差異はたとえば踊りの仕方に現れている。ヨーロッパのダンスの基本形のひとつは男女がペアになるものである。組によって振り付けを変えたり、順にパートナーを変えて踊ったりするが、基本的に対《ペア》の形をとっていく。ところが日本では、男女がペアになって踊る舞踊の形式は一般的ではない。日本の庶民的な踊りの代表格である盆踊りでは、全員が輪になって一斉に同じ振りをし、ともに同じ動作をしながら踊る。何十人も何百人もが同じ仕草で踊る。阿波踊りはときに一〇〇人単位で、人々が振りを揃えて練り歩いてゆく。

歌にも同様な傾向がある。日本では同じメロディーをともにして、皆が同調して歌う斉唱スタイルが好まれる。民謡、音頭、田植え歌などの労働歌がそうである。昨今の日本では四十数人の少女によるアイドルグループが次々と登場して、しかもどのグループも同じように大勢が一斉に、同じ旋律を唱和するケースが多い。楽器の演奏にもこの要素が出てくる例がある。バイオリン教育で知られたある発表会では、一〇〇人・一〇〇〇人の子供たちがユニゾンで曲を演奏する。これに驚く外国人も少なくない。ポリフォニーの国では人が何人か集まり歌を歌うことになると、重なる声は自然と二手に三手に分かれてゆき、旋律の和声を合わせるように歌うことは珍しくない。

稲作共同体の中では、他の人と合わせて一体感のある時間を共有する意識が優先された。私とあなたが同調する濃密な関係性の中では、個々人の距離は縮んで、曖昧に消えてゆく。それが「ソ」の場であり、私とあなたとの境界の曖昧さをつくっていった。

「私」は「あなた」の鏡像である。それに古くは「おのれ」という語は、一人称、二人称に共通して使われる相称構造をもっていた。某（それがし）、我（われ）などの言い方も「私」と同じで二人称に対しても用いられた。「私」と「あなた」の場では、「私」に起こることは「あなた」にも言えることであり、さらにウチ全体に敷衍してゆくことのできるものであった。

そのような場でのリズムは、私とあなたの等質性を保持してくれる方が都合がよかった。またそこでは安定してゆっくりと進むリズムが適していた。稲作文化の身体は、場合によっては、田植えのときの動作がそうであるように、腰を落として、ときには後退して進む動きに適化していった。

この動きに合致したのが、一拍目を揃える四拍子系のリズムであった。さらに、鍬で土を穿ち大地を打ち付けるときがそうであるように、稲作の動きは、身体を内側に「引く」ことで力を溜めて、次いでその力を出すというリズムをつくることになった。皆が一斉にこの同じ動作をするためには、拍の頭を揃えるのがよい。そのため、わずかに息を切って、拍の頭を狙うように勢いをつけて拍に向かうことになる。強拍の前でほんの少し呼吸を止めてリズムを切断することは、タメをつくって次の正拍に勢いをつけるのに都合がよい。こうしてリズムは断絶のあるかたちを定着させていった。断絶、あるいは段差のあるリズムは、西欧的な、弾むゴム毬のような、身体に潜ませた筋肉バネを伸縮させるというような、あるいは地面に反発して脚を蹴りあげ、伸び上がって前へと進んでゆくものである必要はなかった。稲作の作業では、粘りをもった均質のエネルギーを連続的に放出することなど、しなくてもよかったのである。

このリズムが欲したのは、大地の下に沈み込み、浸みこみ、奥へと染み込んで行く、皆が揃えられる拍をもつことであった。前方向へと同時に、ときに後ろにも、横方向にも注意を払うように、全体的に、そしてどこに焦点を合わすとも言えないようなふうにして、漠然と、満遍なく注意をめぐらすリズムが適していた。小津安二郎の映画の低いカメラ・アングルは、地面近くに目を落して周りを見渡し、舐めるように水平方向にゆったりと映してゆく点で、日本的なリズム感覚を投影していたと言える。

(5) J‐ポップのBメロ

指と手の作業による稲作は、「もの」とのコミュニケーション度が高い。そこで用いられる言語は、自然と「もの」の様相を見、「もの」と語り合うことに傾く。「形容する」という言葉が「もの」の様相を手で捉えるように見ることであるなら、「もの」の様相を見る日本語は、「形容すること」を動詞にまで手を伸ばしていった言語であると言える。

一般的に形容詞の表現は、おおよそふたつに大別できる。(8) 第一の型は、属性を形容する表現の属性形容詞型であって、「砂糖は甘い」、「イチョウの木は太い」などというように、「もの」のもつ客観的な性質を述べ、ものの属性の一般的な判断をする。第二の型は、話者の感情を表現する、感情形容詞の型であり、「私は悲しい」、「私はうれしい」というようにして自分の感情や心の状態を語る。

ところが現実にそこに対象物がある場合、この区分法は微妙である。目の前にある菓子を口にして「この菓子は美味しい」という場合の形容詞は、「この菓子」を味わう判断者「私」の感情である。つまり「この菓子は美味しい」という表現は、「この菓子は美味しい」と、「私は思う(感じる)」の和であり、二つの命題の間には、「私」が介在してくる。「この菓子」や「あのテーブル」のような現物を指示するコソアド言葉は、現実指示の場面においては、属性形容詞をして、「私」を仲介した感情形容詞とする。現物に指示語をつけた場合には、その形容詞は、ものごとを判断しているのは「私」である、と念を押している。

事物を形容することに傾く日本語は、使い方によって、動詞もこのような感情形容詞の色合いを帯びることになる。本来動詞は、ものの動作を抽象化することによってでき上がる。「歩く」は、人や動物が脚で移動する多くの行為を観察して得られる、動く形態の共通要素を引き出した結果できた語である。「食べる」とは、人や動物がものを口に入れて咀嚼し飲み下す動作や行為の共通項を抽出していった結果物である。ところが、「もの」の様態に惹かれる日本語は、動詞にひとつの特別な型をつくることになった。

金田一春彦は日本語の動詞を四種類に分類している。つまり、「状態動詞」、「継続動詞」、「瞬間動詞」、そして「第四種の動詞」[9]である。それぞれの種類は順に、

①状態を表す動詞（ある、いる、など）
②「〜（し）ている」のかたちになり、動作の進行中であることを表す動詞（読む、書く、笑う、など）
③瞬間に終わってしまう動作（死ぬ、消える、点く、決まる、など）
④作用を表す動詞（優れる、そびえる、似る、など）

という特徴をもつ。④の第四種の動詞カテゴリーは、時間の観念を含まず、ある状態を帯びる。「優れる」、「（山が）そびえる」、「似る」、（眼鏡を）「かける」の例にあるように、常に「〜（し）ている」の形で用いられる。「（山が）そびえる」の「そびえる」は、今、急に山が大きくなってきた、という意味ではないし、「似る」は、だれかがあるとき突然似た、というふうに使われることはなく、ほぼ常に「似ている」という形で使われる。「眼鏡をかける」は一連の動作を表すが、「眼鏡をかけている」は状態を表している。第四種の動詞として分けられるものは、瞬時の動作や変化を述べているのではなく、常時、「〜（し）ている」という形で用いられる。意味も形容詞のように「もの」の様態と属性を表す。英語ならば形容詞で表すところを、日本語は動詞を用いるのである。第四種の動詞の型は日本語の言語的特性をよく表している。

日本語が第四種の動詞のみならず、動詞の形を進行形の「〜（て）いる」にして形容詞的に使うことは日常的である。日本語は様々な動詞をこの「〜（て）いる」形にして、現実の状況を語ることを

かなり頻繁に行っている。そして動詞を「〜(て)いる」にすると、そこには第四種の動詞や、現物を指してものを形容する場合のように、そこにものを見ている判断者「私」の存在が炙り出されることになる。たとえば「彼は歩く」を、「彼は歩いている」や、あるいは過去形にして「彼は歩いていた」というように状態を形容するかたちにすると、物語的な場面の情景描写が表れると同時に、「歩いていた(る)」彼を俯瞰的に見る人の目が浮かび出てくる。

つまり、「〜(し)ている」は、物語の傍観者となっている「私」の存在を暴くのである。「私」という語は文の表面に出てこないが、その場に密かに参加している「私」の目を、「〜(し)ている」は暴露する。感情の形容詞を頻用し、第四の型の動詞をもち、多くの動詞を第四種のように使う日本語は、現実にそこには関与しないが、とはいえそこから遠くかけ離れているわけでもない、人の介在と目のある場を炙り出す。それはつまり、「ソ」の場である。

言語の全体を形容詞化していく日本語は、描かれる対象と私の位置関係を、離すとともに接近させる場をつくり上げていった。すでに述べたように、「ソ」の場は、見る人の目の位置を伸ばしたり縮ませたりする力をもつものであった。日本語文がしばしばひとつの文の中で主語を目まぐるしく交代させることができたのは、ひとつに日本語の中にこのような「ソ」の構造があったからであろう。

ことばの歴史は詩歌の歴史である。日本語は万葉の時代から中世・近世を経て、「ソ」の力による視点移動の技法を駆使して優れた詩歌を創作してきた。日本の文学は出来事をつぶさに描く叙事詩のような分野を広げては行かなかった。日本の詩歌は、変化を情景化して「もの」の微かな揺らぎを情緒の影において、断片で見ることに重心を据えた。事物の変化はいくら壮大なものであったとしても、語るべきものの表層とみなされたのである。

万葉人は事物を愛した。彼らの事物の愛おしみ方は、「もの」と直接接触して感じ取るものであった。古代の日本人の感性は触れることのできる現実体験の「コ」に執着した。ところが私が接触する「コ」は「うた」となって人々の中で共有されると、「ソ」の場に置かれることになる。歌にうたうことは、「私」の体験を、私にもあなたにも近く、同時に私からもあなたからも遠い「ソ」の世界に置くことである。

私とあなたが場を共有し属性を共有する日本語の歌は、「コ」を「ソ」へと転換する。私のものではなく、そうかといって、あなたのものでもない「ソ」の場は、直接体験的な「コ」からは離れて、しかし「ア」とは別の次元にある、私にもあなたにも属さないところにあるものとなる。歌を共有する者にとって、歌われる「ソ」のものは、自分のこととして追体験されるものとなる。日本語の歌はこの「ソ」の力によってつくられていった部分が大きい。

私からもあなたからも遠く、同時に私にもあなたにもかぎりなく近いところにある「ソ」の力は、現代の若者たちが歌う歌の中にも見ることができる。たとえば日本語で歌うポップス・ミュージック、つまりJ－ポップが好例である。このJ－ポップと称されるジャンルには「ソ」が満ちている。そこには「コ」と「ア」を橋渡しする「ソ」が大いに利用されている。

J－ポップの構造には、アメリカや韓国のポップスとは違った特徴がある。つまり日本のポップス・ミュージックには、まず導入となる「Aメロ」と言われる部分がある。ここで自分の今にまつわることや自分の状況など、つまり「コ」の世界を歌う。次に曲想は少し転調し、歌詞もまたAメロの雰囲気を残しつつ思い出を語るなど、今はないものや自分の周辺のことがらへと移ってゆく。この部分が「Bメロ」である。そしてその後に「サビ」という、最も重要な、歌い上げる部分が来る。BメロはAメロとサビの橋渡しをしながら、聴き手を歌の世界に引き込み、彼らに歌の世界を自分のものとさせる。

こうした歌のつくり方はJ・ポップに特有で、他の国のポップスにはほぼない。アメリカン・ポップスはverse（ヴァース）とchorus（コーラス）のふたつしかない。そもそもJ－ポップは洋楽から離れたところで、日本独自の言語世界を背景に発生していったものだった。それは、英語に「ソ」のような指示詞がなく、あるのはthisとthatのふたつであることと並行するところがある。実はJ－ポップのBメロは、歌謡曲にもある。このことは英語に「ソ」のような指示詞がなく、あるのはthisとthatであることと重なり合うところがある。

J－ポップの歌詞に出て来る「語り」の世界は、日本語の私－あなたの構造が映し出されている。「私」はとりわけ言語学者のバンヴェニストが問題にしたものであった。彼によると、語り手の「私」は、語りの中で「私」と言うときには、語る内容の主体となる。[10] J－ポップは純粋な洋楽から離れていった日本のポピュラー音楽がつくりだしていったジャンルで、J－ポップという言い方自体、日本人が案出した和声英語である。そしてその歌詞の内容も形式も実際には日本語の言語特性を上手く使っている。つまりバンヴェニストの言う「語り」の中の「語る主体」である「私」の世界を、J－ポップの歌詞は聴き手の「私」の世界にうまく投影させる構造を編み出した。日本語の「私」は行為する「私」を語るが、またただちにそれを聞く聞き手に対して、この「私」を聴き手のものにさせる。「あなた」は聴き手であると同時に、聴き手にとっての特別な、つまり恋人関係にあるような「あなた」となる。歌詞の内容が男であっても女であっても、同じ場の中で「私」と「あなた」は、歌詞を共有する領域においては関係は等質である。日本語はただちに主体の位置をあちらへとこちらへと、あるいはその間へと動かして理解することができる。そこには「ソ」の力が働いているからである。最も斬新で古い世代を断ち切っているはずの現代の若者の歌の中にさえ、「ソ」の世界が入り込んでいることは、日本人の「ソ」の感性の根深さを裏打ちしている。あるいはJ－ポップの構造は、日本語の底辺にある「ソ」のもつ作用と強さを教えてくれている。そして新しい音楽が用いるこの力は、次に見るように、古くから受け継がれてきているものなのである。

(6)「ソ」と推量

日本には視点を操作して情景を浮かび上がらせることに長けた歌が多かった。視点の移動によって外界と心象世界が二重映しになり、イメージが絵画化される。そこでもまた、私とあなたの共有部分の橋渡しをする「ソ」の役割が大きく働いていたのである。

とりわけ「本歌取り」はこの力を用いて日本独自の詩歌の形式をつくり上げた。本歌取りとは、本歌を引用しながら自分の視点を意識的にずらすことによって歌を続けてゆくジャンルである。『万葉集』の長忌寸意吉麻呂《ながのいみきおきまろ》の歌に、

苦しくも降り来る雨か三輪の崎狭野《さの》のわたりに家もあらなくに　(万葉集、巻第三　雑歌265・新267)

がある。三輪崎の佐野の渡し場には雨をしのげる家もないのに、困ったことに雨が降ってくる、というのが歌の内容である。これを本歌として、藤原定家は、

駒とめて袖うち払うかげもなし佐野のわたりの雪の夕暮れ　（新古今集、巻第六　冬歌 671）

と詠じた。夕暮れ時に、佐野の渡し場の情景が浮かぶ。受け手のわれわれは、この情景とともに、袖に積もった雪というきわめて近いものを捉えて、自分にはその雪を振り払う物陰もないとつぶやいている詠み手の「私」をイメージする。袖の雪という自分のすぐ手前のものが、渡し場の雪と夕暮れという遠景と隣り合って見えてくる。

作者の定家はこの歌において、ただ単に近くのものと遠くのものを対比させているのではない。歌は自然の風景から人間の世界へと素早く変化する目の運動を呼び起す。このムーヴメントは本歌が支えている。出来上った歌には、対照的な世界と運動感が出て来る。その効果は本歌と定家の歌を繋ぐ「ソ」の力に負うところが大きい。

同じ歌を本歌として源実朝は次のように詠む。

涙こそゆくへも知らぬ三輪の崎佐野のわたりの雨の夕暮れ　（金槐和歌集　恋 499）

この実朝の歌には溢れる涙と渡し場の雨という濃淡の画の世界がある。ここにもやはり、本歌と重なり合った情景世界が浮かび出て情感的な世界をつくる。それもまた、隠れながら支配している「ソ」が、自らの置かれた状況を諦観する実朝の心の陰影を受けとめて繋ぎ、情景描写の中に運動のベクトルをつくり出しているからである。

しかし、もし単に過去の詩歌を重ねる情趣の遠近法を求めるだけなら、われわれは本歌取りを俟《ま》つ必要はない。たとえば『古今和歌集』をはじめとした、勅撰和歌集の中に一七六首を入集する女流歌人、伊勢の歌を見てみればよい。伊勢は漢詩文の知識が豊かであった。古今集の三一番に、

春がすみ立つを見すててゆく雁は花なき里にすみやならへる

がある。春霞が立ち、間もなく花が咲き始める春を見捨てて北へと飛んでゆく雁は、花の咲かない里に慣れているのだろうかと、彼女は問うている。問いかけながら、春を知らぬ土地に住み慣れる雁に、寒々とした自らの心情を重ねている。

「雁の名残」や「雁の別れ」は俳句の季語として知られているが、もともと「帰る雁」、「帰雁」、「去る雁」は漢詩の主要なテーマであった。伊勢のこの歌は、李白の「五月天山の雪、花無くしてただ寒さのみあり」に拠っているのであろう。漢詩の素養に溢れていた伊勢は、歌に背景の漢詩を映し出して気を吐いた。全体に平安時代とは、知と縁語の豊かさと機知に富む修辞の歌に満ちた時代であった。伊勢はそうした時代を代表する歌人のひとりで、多くの漢詩の素養を歌の背景に置いて歌をうたった。

しかし本歌取りはこのような手法を、ひとつの詩歌のジャンルとして確立した。本歌取りは明確な本歌の提示をすることで成り立つ歌の一分野をつくりあげた。伊勢のうたも、もととなる漢詩を透かしているのではあるが、本歌取りは、本歌に拠るというかたちを定式化したのである。

そしてこのとき本歌取りは「ソ」の力を徐々に引き出していった。あるいは本歌取りは「ソ」の場を見据えることによって、詩歌の一形式を生み出したと言える。新しいジャンルは、日本語の「ソ」

の力を表層に引き出した。現実の、目の前にある「コ」に親しみ、それに接触したいと強く望む古代に対して、本歌取りは中世の日本語の抽象化に方し、これを進行させた。接触性の「コ」に満ちていた歌世界は、中世になると「コ」から一歩離れて「ソ」の領域を広げることになる。中世は言語の抽象化を進めた時代であったが、それは日本語の「ソ」の力の顕在化という別の面を暴露したときでもあった。

もっとも「ソ」が育っていくための下地は、古代末期の日本社会において、すでに着々と準備されてはいた。万葉のころ、歌人たちには韓国語の堪能な帰化人が多かった。彼らは二か国語を操り言語に長けていた。『万葉集』には非略体歌、略体歌の二つが存在している。非略体歌とは、助詞の「乃」(の)・「之」(が)などが書き記されたもので、これら助詞などの漢字を書き添えていないものが略体歌である。中国の文化が盛んに導入された時期、正式な行事では中国式の略体歌が用いられ、文字としては漢字が使われたが、内輪のものには和式が採用されていた。このすみ分けは文字だけのことではなかった。

平安の世になっても、公式の清涼殿の障子絵や屏風絵では、大和絵ではなく唐式が正式なものとして採用されていた。[11] 絵画表現の中でも、内輪のことには和式を用い、正式で公的なものにはソトの唐様を用いるという約束事が守られていた。文化と慣習はウチとソトで使い分けられていた。『万葉集』の後、和歌という歌の形式はいったん衰退していたので、和歌は私的な、ウチの場で細々と続けられるものとなっていた。表の、つまりソトの社会では漢詩が支配的であった。

ところが仮名文字が普及することで和歌が復活した。ウチであったはずのものが平安になって表に顔を出すようになってきたのである。日本独自の文化が開花し独自の展開を遂げる平安の世になると、人々の関心はソトよりもウチへと向かうこととなった。ウチへの指向は自分の内的世界への興味を拡大させ、内側のもの、奥のものの世界を拡張していった。ウチがソトと同等の、対等のものとなって行くことになった。

　古代の万葉の人々は「もの」を愛し、眼前のものを愛し、「コ」を愛した。しかしただ眼前の「もの」にのみ惹きつけられていたわけではない。そもそも眼前の「もの」は変化を必定とする。日本人の時間に対する観念は次第に移り行くものの姿を眺めることに傾斜していった。時間は「うつる」ものである。この意識はすでに古語に現れている。古語の「やがて」には、「すぐに」と「そのまま」の意味がある。「やがて」は、もともと或る状態があり、引き続いて別の状態が起こることを表す語である。このふたつの意味が同じ「やがて」の語で表されることは、日本人の時間の観念が、そこにあるものは何もしなくとも徐々に変化してゆき、遂には朽ちてゆくとするものであったからであろう。

　大野晋は、状態が変化して別の状態になることを、溶ける（トク）、崩壊していくという意味で捉え、そこから、「とき」の意識が生まれたと考えた。(12) 眼前の「もの」はいくら執着しても、変化し、逃げて行く。むしろ、「もの」は変化してゆくものである。万葉人はゆるやかな変化の状態にあるからこそ、眼前の「もの」を強く慈しんだとも言える。「コ」はすでにそこに、その先にある「ソ」の場と「ソ」の力の種を宿していた。

　指示する現実物は移り行くものである、という意識がより強く働くようになると、「コ」はここにある「もの」への想いを、現在だけにではなく、過去に、あるいは未来に想いを馳せるものとしての、推量という要素を露わにしていく。ここに日本語における推測の力、推量の役割が培われてゆく。現在の日本語の言い回しにおいても、われわれが未来形と考えているものは、実は主観の推量・推測で代用されている場合が多い。「明日は晴れるだろう」の「だろう」は、推量形を未来形に適用している。日本語には推測形はあっても、未来形はないとも言える。

日本的な感性の目は、「もの」が変化し別の「もの」に変わってゆくところに注がれることになる。こうして平安のころには、現物の「コ」を超えて、ものの本来の姿である「心」に向かう。さらにウチの中のさらにその下にある、ものの「裏」側を見ることへと人々の重心は移っていく。裏の原義は「心」と同じところにある。裏を見ることは、心の底にある真の姿のあるものを見ようとすることである。表を見ながら裏を見る。表層を見ながらその心の奥底に向かう。意識のベクトルはねじれた次元に置かれている。裏へと向かう視線は裏へと向かうと同時に、静的な情景を好む傾向と融合して、日本人の感性をかたどっていった。

3　ウラに向かう身体と声

(1)「裏」vs「対」

「もの」は変化する。無くなることもある。ところが歌の言葉は、変化して今はそこにない「もの」を再び立ち現わす。「見渡せば花も紅葉もなかりけり　浦のとまやの秋の夕暮れ」(藤原定家・新古今集)の歌がまず目に浮かばせるものは、そこに無い「花」と「紅葉」のイメージである。そこに無いもの、無くなったものを歌は強く立ち現わしてくれる。歌が「有る」ものを愛でるよりも、「無い」ものを推量させる力に、人は大いに引き寄せられた。それにそもそも、表層を見るのではなく、その裏へ、心の内側へ、そして下へと向かう意識の方向は、日本人が稲作の中で身体の動きとして蓄えてきたものであった。

何度も言及しているように表面にではなく、隠された裏面へと向かう日本人の意識の性向は、稲作作業のリズムの中で培われてきたもので、そのリズム感は身体と言語に宿っていった。つまり、みなが動作を合わせて作業を滞りなく果たすために、最初の一拍目の拍の頭を目指し、次にそれを反復するように、交替するようにして拍を打つリズムである。表と裏が交替する餅つきのタイミングの拍取りがその一例である。

こうした一拍目、二拍目に強いアクセントを置くリズム感は、拍子と拍子の間を断ち切ることになる。この章の冒頭で述べたように、『別れの歌』の日本語の歌詞は、「さらば　さらば　わが友　しばしの　別れぞ　今は」である。日本語の意味からすれば、それぞれの語は「さらば　さらば　わが友」というように、傍点の部分にアクセントを置いて発音するのが自然である。ところがこの弱拍始まりの曲を、日本では強拍を「さらば」の「ば」に置いて歌う。「さらば　さらば　わが友」という具合に、「ば」や「が」にアクセントをつけるのでそこが強調されることになる。

しかしこれは日本語の語句としてはおかしい。「ば」にアクセントをつけて歌うと、「さらば」の「さら」と「ば」が切り離されて、「ば」に勢いがついてしまう。いや、西洋音楽のアクセントは本来、次へと続いていく拍感を印象づけて繋いでゆくものであるから、勢いをつけることはアクセントをつけることとも意味合いが異なる。ヨーロッパの拍は持続的で、丸い軌跡を描く。拍は粘っており、次の拍を予測させて続いてゆく。拍は瞬間の点のようなものではない。ところが日本語の拍はむしろ個で、一つひとつ切り離される。

金田一春彦によれば、日本語のアクセントは、音の強調というよりも句読点の「、」[13]の意味合いが強い。つまりそこで相手に意味を分かりやすく捉えさせるために、語の前に区切りの間をおく。日本語の拍は元来非常に少なく、それゆえ、ともすれば次の語音と重なって別の意味を生むことがある。金田一が池田弥三郎の談として挙げる例がある。ある地区で美人コンテストがあった。賞には「地区賞」であるので、優勝者は「ミス地区賞」となるのであるが、これが「ミス畜生」に聞こえてしまうというエピソードである。[14]この類の例は少なくなく、「安藤なつ」というタレントが自分の控室のドアに「アンドーナツ様」という紙が貼られていて驚いたという話もある。伝言ゲームの笑いはしばしばこのような日本語の語音の区切りとアクセントに発している。

日本語の拍は同音異義を防ぐために、語の或る部分を強調する必要から出て来たところがある。語の意味は、たいがい声の高低のアクセントが区別してくれるが、実際の会話の場では、同音異義の語が出てくると、無意識に音を切って意味を明確化していることが多い。つまり日本語の拍は、語の意味を誤りなく伝えるために、息を切って段差をつけるためのものであった。このため日本語は句読点式に息を切って勢いをつける、ぶつかり合う強拍をつくることになった。

息を切ることで語の区切りをつけることは、日本語のリズム感を考える上で注目すべき点である。語彙の明瞭化のために語を区切り、そのために語音に勢いがつけられることは、西洋音楽の強拍やアクセントが果たす役割と同じではない。そして日本語が求めるこの強拍が、日本人のリズム感を西洋音楽とは異なるものにしている。日本語の強拍は語を区切ることの結果物であるが、それは西洋音楽のアクセントのもつ、ねばって続いてゆくリズムとは、別のところにある。

先に述べた「さらば、さらば、わが友……」の『別れの歌』は、一昔前ドイツ語を学ぶ学生たちに、『ムシデン』という名で大いに歌われた。ドイツ語の歌詞、

Muß i denn, muß i denn, Zum Städtele hinaus,……（私は街を離れねばならない……）

ムシデン、ムシデン、ツム　シュッテッテレ、ヒナウス……

の最初の部分 Muß i denn（ム　シ　デン）がそのまま曲のタイトルとなった。この曲は、もともとドイツのシュヴァーベン地方の民謡である。原テクスト「ムシデン、ムシデン、……」の、「ムシデン」の「イ」は ich（私）の省略形で、「シ」は muß（ムス）（「～しなければならない）の意味の三人称形）の約まった語である。アウフタクトのこの曲を日本の大学生たちは、「ムシデン、ムシデン……」と「デン」に強いアクセントをつけて、最初の「ムシ」を切り離すようにして調子を取って歌った。ドイツ民謡のアウフタクトの曲は日本風のリズム感を被せられて、ちょうど『黒田節』を「さ～けはぁ～の～め～の～め～　のむならば～」と歌うのと似た調子で、「デン」に勢いをつけて歌われたのである。

日本で歌われるアウフタクトのドイツの民謡には、原曲とリズム感の上でズレがあった。原語のドイツ語で歌っても、リズム感にズレができた。日本的な、なだれ込むように勢いをつける、前の語と区切ったアクセントのある拍子は、もはや次の拍へと滑らかな連続性を保つ粘着性のリズムにはならない。拍はドシドシ（あるいはドシン・ドシン）と打ちつけるようにして数えられるからである。そこには、なめらかな弾性をもって持続する、弧の軌跡を描くような粘るリズムではなく、表と裏が交代す

る、切断された、段差のつけられたリズムがある。

『黒田節』に手拍子を入れて歌うとき、多くの人は、「さ～けはぁ～　の～め～の～め～　の～む～な～ら～ば～、っと」という具合に、最初の拍に勢いをつけ、そこで手を打つ。つまり勢いをつけて、語と語を切る。右のように「っと」という言葉を入れて終わりをしっかりと切る人さえいる。手拍子の仕方も、右と左の掌を内側に打ちつけ合うように打つので、リズムはいちいち切断される。ウラとオモテはぶつかり合っている。ドイツ民謡の『別れの歌』、つまり『ムシデン』もまたそのような調子で歌われたのだった。

日本的なリズム、つまりウラとオモテに切断するリズムをさらに見るために、日本民謡の中から具体例を拾い出すのがよい。宮城県の大漁歌の『斎太郎節《さいたらぶし》』はエンヤードット、エンヤードットの掛け声のあとに弱起で始まる民謡で、昔から広く知られている。『斎太郎節』はドイツの多くの民謡のようにアウフタクト、つまり弱起で始まる。ところが日本の民謡歌手がこれを歌うときには、「松島のサーヨー　瑞巌寺ほどの寺もない……」の、最初の「マッシマ」の「マッシ」のところは弱く、次の「マ」に大きなアクセントをつけている。最初の出だしの「マッシマ」の「マッシ」の部分は、終わりの「マ」に勢いをつけるためであるかのように、「マッシ」のところでいったんタメをつくるように、区切って歌っている。次の「マ」の拍を狙うように構えて、あるいはこの「マ」を強く鋭く目立たせるようにして歌う。

日本の民謡は、テンポ感においても興味深い取り方をする。つまり日本の拍は、ちょうど餅つきのリズムがそうであるように、杵の打ち手と手水をつける返し手の調子によっては、お互いにタイミングを合わせて、速度がだんだん速くなることがある。阿波踊りもそうである。速くなりもすれば、またゆっくりになったりもする。リズムの速度は必ずしも常に一定ではない。日本のリズムは同じ長さの時間を刻むものではなく、感情の入れ方によって変化をつける。ちょうどフラメンコのリズムが踊り手の感情によって速度に緩急をつけ、踊る速度を変えていくのに似ている。

伝統的な日本の古典音楽、たとえば雅楽には序破急という構成単位がある。「序」の部分には拍と拍の間に「間」、つまりリズムに断差をつけるわずかな要素がある。さらに、「破」では拍は等間隔に交互に繰り返され、「急」の部分になると表と裏の拍は次第に速くなっていく。実は序破急のウラの拍とオモテの拍は、区別されて打たれることが根幹にあった。本来、日本の音楽の拍は表と裏の拍を交替させることにあり、西洋音楽のリズムのように滑らかな弧を描くように連続していこうとするものではなかった。日本人のウラ拍は滑らかな弾力のあるリズムをつくるように意識されてはいなかったのである。

人は自分の言語から得たリズム感を、耳に聞こえてくる音に無意識に当て嵌めている。強拍始まりが当たり前の日本人は、自然と高い音を強拍と捉えて、それを一拍目に数える。それゆえ先にも例に挙げたように救急車の音を「ピーポー、ピーポー」と感じ取る。しかし英語圏の人々には同じ音が「ポーピー、ポーピー」と聞こえるという。「ポーピー、ポーピー」の言語リズムの中にいる人たちにとって、ウラ拍は自然と身についてしまうもので、そもそも拍の裏や表に悩むことなどないのかもしれない。

欧米の曲のウラ拍の感覚は日本の拍感覚とは異なるところに発している。拍感は言語のつくるリズム感に負うところが大きい。英語圏のポピュラー音楽はウラ拍を取らないとリズムに乗れない。ビートルズの『ドライヴ・マイ・カー』は、うっかりしていると曲の導入部を間違えてうろたえさせられる。彼らの音楽は徹頭徹尾、英語というウラ拍を基盤とした言語の上につくられた。英語は最初に準備のための弱拍で始まるという言語のリズムをもっている。このリズムを感じないと英語はうまく発音できない。日本語の発声と英語の発音・発声は、拍とリズムの在り処において真逆である。

実のところ、「ウラ」拍という言い方自体、かなり日本的であると言える。ヨーロッパの、とりわけクラシックの音楽教育では「拍と拍の間」という語は使っても、「ウラ拍」という語や「ウラ」という言う方をそれほどするわけではない。確かに、たとえばフランス語には entretemps（アントルタン）という語があり、これがウラ拍を意味する、と言える。しかし「アントルタン」とは、「間」（＝アントル entre）の時間（タン temps。英語の time、イタリア語の tempo）である。「タン」とは「テンポ」＝「拍」のことでもあるから、アントルタンは、拍（temps）と拍（temps）の間（entre）というほどの意味である。拍と拍との間であるから、間（あいだ）の拍、裏の拍ということになる。このアントルタンという言い方は日本人のウラ拍のように、それほどしばしば使われるものではない。フランス人がウラ拍など意識しなくても難なくこなしていけるのは、使う言語のリズム感が、すでにアウフタクトの感覚と、循環するリズム感に支えられた拍意識を基としているからであろう。ヨーロッパ言語を母語にする人々にはウラ拍など、ことさら意識して学ぶものではないのである。

ただし彼らは「アントルタン」ではなくて、「コントルタン contretemps」という言い方ならしばしば使う。「コントルタン」とは、「コントル（対立する）＋タン（拍）」で、正拍 temps（タン、テンポ）に〈対〉する、対立する（＝コントル）という意味の音楽用語である。フランス語での「コントルタン」は、もともと、予期しない不都合とか、不意の出来事という意味である。イタリア語ではコントラッテンポ conrattempo ともいうコントルタンは、われわれに馴染みの深い言い方をすれば、「シンコペーション」である。つまりコントラッテンポはフランス語のコントルタンのイタリア語読みで、「コントル」を「コントラ」に、「タン」を「テンポ」と読み方を換えたものである。イタリア語の sincope（シンコーペ）は、音楽用語のシンコペーションで、われわれはこの語をそのまま導入している。「コントルタン」、つまり「シンコペーション」は、タンタンタンタンと強拍の位置をずらすリズムの取り方で、アクセントは弱拍に来る。日本人がリズムにおいて「裏」と捉えようとするのに対して、ヨーロッパ人はリズムにおいても、contre（コントル）という感覚、つまり「対」の感覚に馴染んでいたのである。

日本語に「裏」を使った言い方が多いように、西欧語には「対」の意味の「コントル contre」を付けた語が多い。フランス語で例を挙げるなら、contredire（反論する）、contrevenir（違反する）などがある。日本人が「表」に対して「裏」を思い浮かべるように、ヨーロッパの人々にとって、「表」に対して出てくるのは「対」の概念のように見える。日本人が表と裏と分けた拍を意識するように、ヨーロッパ人はどこかで自然に、「対峙」する拍、あるいは敵対する拍、つまり「コントル」を聞きとっているようにみえる。そしてこの、「裏」と意識するか、あるいは「対」と意識するかの違いが、リズム感の差異に表れてくる。

すでに見たように、フランスのバロック・ダンスのひとつの基本形は、一組になった男女が長く並んで順にパートナーを変えていく「対《コントル》」のダンス、つまり「コントル・ダンス」であった。男女のペアがひとつの単位となって踊るこのダンス形式は、宮廷において王侯貴族たちだけが楽しんでいたわけではなく、庶民にも親しまれてゆき、いたるところで男女が組んで踊った。今でも欧米系のダンスは男女のペアが基本スタイルのひとつとして定着している。

「対」の概念はとりわけルネサンス以降のヨーロッパにおいて、ひとつの基本であった。そもそもヨーロッパ的なリズム感は自分に「対」する大地を蹴る働きから出てきた。蹴るためには身体の中心から力を外へと向けて発散させなければならない。地面に対して蹴るので、身体全体は自然に上へと、そして前へと向かう。下に落ちてくる身体は再び大きなバネのように大地を蹴る。作用と反作用がバランスをつくっていくことで循環するリズムをつくる。こうして身体の動きは、段差をつくらないで、次へと、滑らかに、持続的に、そして円環のような軌跡をつくって進むものとなった。拍とはバネのようなこの連続してゆく運動の軌道の上にあるものであった。

近代ヨーロッパ音楽のリズムは粘りながら続く運動であるため、点的に取り出せる瞬間をつくらせない。正拍の前の「前拍」も、連続していくリズムのための準備の呼吸である。だからこそ、拍と拍との間に突然出て来る「不意打ち（コントルタン）」のアクセントは、シンコペーションとして効果的に働いた。

一方、日本の拍は、息を合せようと一拍目の瞬間を狙うものである。人が動作をそろえて稲作作業に臨むためには、拍の前で身体をいったん沈めて息を止め、拍の頭を狙うことが適していたからである。日本人の手拍子の取り方は、稲作の動作を残して、表の一拍目を狙おうと構えて、一拍目の前に軽く呼吸を止め、居合抜きのように瞬間を狙って、手のひら同士を内側に打ちつけ合う。次の一拍目の前でまた軽く息を止めてリズムを切断して続きの拍を待ち構えるのであるから、拍と拍の間に必ずしも均等な時間の割り振りの感覚はなくてもよかった。

しかしヨーロッパ近代音楽の演奏は、音の出る前からリズムは粘りのある循環を開始している。演奏の終わりまで均質で粘るリズムが支配する。音のない休符のときにも、循環するリズムは絶えず巡っている。ところが、拍の前で呼吸を止める日本式のリズム感覚は、リズムのスパイラルをつくらない。リズムに段差が出来ることは当たり前のことである。むしろ切断する音が好まれた。日本に西洋音楽が流入し、西洋の「絶対音楽」といわれるものを取り入れようとしていた明治の初期、人々は西欧近代の、上向きのリズム、跳ねて粘って伸縮しながら循環してゆくリズムをうまく捉えることができなかった。ここに昔から日本にあった「ウラ（裏）拍」が組み替えて用いられた。

日本人のウラ拍という概念は、西洋音楽が大量に導入されたときまで無かったわけではない。日本の音楽は伝統的に二拍子（あるいはそれの反復の四拍子）系であった。それゆえ表と裏というようにして拍を偶数に区切ることはごく自然なものであった。

歌舞伎では急を告げるとき、拍子木や太鼓を使って合いの手を裏の拍子で取る。次第に速くなるような形で拍子木を鳴らすことが多い。また歌に三味線あるいは口三味線で合いの手を入れるときなど、裏拍で拍子を取ることは珍しくなかった。しかし日本人のこの裏拍は、循環するリズムを基本とするヨーロッパのものとは異なっていた。裏と表という、切断されたもの同士を交替し合うことの中で培われてきた日本人のリズム感の中にある裏拍は、西洋音楽のリズムの、粘って続いてゆくウラ拍とは、認識上の大きなズレがあった。

もっとも、いわゆる西洋音楽のウラ拍は基本的に西欧の近代音楽のものであって、同じようにウラ拍と言っても、黒人音楽やロック、ポップスなど、それぞれのジャンルでリズムの取り方やウラ拍の取り方は微妙に違っている。クラシック音楽の中においてさえ、同じ三拍子でもワルツ、メヌエット、マズルカなどがあって、ウラ拍の取り方は異なる。ワルツにはウィンナー・ワルツのような、二拍目を前のめりに取るものもあるし、ポーランドのマズルカの三拍子は二拍目にアクセントをおくので、二拍目ウラの位置は動いてくる。

それにジャズやロックはアウフタクトというよりもアップビートの曲が多いが、ジャズのアップビートはドイツ民謡にあるアウフタクトの拍の取り方と同じではない。大人になって楽器を学ぶレイトスターターが「ウラ拍で苦労する」といっても、音楽のジャンルによって、苦労の仕方は違ってくる。

それぞれの音楽が培ってきた基盤は、ウラ拍やリズムについての単純な一般化を受け容れない。ウラ拍の違いは言語の構造や言葉を発音するときの呼吸の仕方によって、それぞれ異なっているからである。呼吸の仕方は人の潜在的な言語内意識を表面化しており、それは生理的な側面に及ぶ身体のリズムがつくり出している。

(2) 演歌のリズム

日本人の「裏」への意識が、下へと向かうリズム感をつくった。また、腰を落として重心を低く構えて、水平方向に注意を払う身体の姿勢が、安定感のあるリズム感をつくった。これがよく表されているのは、同じ側の手と足を同時に出し、ときに後ずさりしながら、一斉に同じ手振りで踊る盆踊りであった。さらにこのリズム感は現代に受け継がれて、庶民的な歌のジャンルを産み落とすことになる。つまり戦後の一九六〇年代後半から流行った「演歌」と呼ばれる歌のジャンルである。

演歌は、はじめから「演歌」と呼ばれていたわけではない。大正時代には「はやりうた」と呼ばれていた。その後は、「歌謡曲」あるいは「流行歌」と呼ばれた。大衆向けのこれらの曲は、小唄や浪曲の裏打ちの調子を下地にしたものが多かった。したがって、音階も四番目の音（ドを基音にしてファに当たる音）と七番目の音（シに当たる音）を抜いた形を基調とした、いわゆるヨナ抜き（四《ヨ》・七《ナ》抜き）の曲調のものも少なくなかった。ヨナ抜きはアイルランド民謡の『庭の千草』にあるように哀愁を帯びた曲調をつくるが、歌謡曲やはやりうたはしばしばこのヨナ抜きの手法を用いた。

大正時代の「はやりうた」は昭和になると「大衆歌曲」となる。そもそも「歌謡曲」という言い方は昭和の初期にラジオで便宜的に使われたことに始まる。[15] 藤山一郎のようなクラシック音楽の基礎をもつ歌手たちがこの大衆歌曲を美声で歌った。こうした種類の曲の一方では、ヨナ抜き短音階に「ユリ」（つまり揺り）と呼ばれる、[16] 音符と音符の間に装飾的なコブシを入れた伝統的な日本的な奏法の歌が流行っていた。これらは流行歌とも言われた。

第二次世界大戦が終わると、新しい時代は歌謡曲／流行歌にジャズなどの新しい要素を吹き込んで、明るい調子の歌をつくっていった。たとえば『青い山脈』、『丘は花ざかり』、『長崎の鐘』などで、これらの曲は、後にいわゆる「演歌」と称されるものとは、いささか趣を異にしていた。歌謡曲の歌詞は健康的で家族的で、曲調も明るい未来を志向するような朗らかなものが多かった。軍歌の影響を残した曲や、浅草オペラの残像を留めるにぎやかな曲や、戦後のジャズの影響を受けた曲などと、歌謡曲のジャンルは多岐にわたったが、歌謡曲の歌手たちは概ね背筋を伸ばして直立して、喉を開いて歌った。アマチュアたちもそれを真似て歌った。ＮＨＫのラジオ番組の「素人のど自慢」の初期には「第一部・歌曲の部」という分野があって、一般の人たちもクラシックの歌曲やオペラのアリアを歌った。このころの歌謡曲はいわゆる洋楽の影響が強かったのである。

ところがその後、経済の成長に合わせるかのように、次第に「演歌」と呼ばれるジャンルが流行し定着していくことになる。「演歌」は、歌詞の傾向も歌手の発声・発音の方法も歌う音域も、また歌うときの姿も、終戦後に流行った流行歌とは隔たりがあった。演歌は、停留する懐古的な節回しの中に、男女間の思慕や許されない恋愛や未練の情を集めて、ぼんやりした暗いイメージをつくり、息の成分を積極的に使う発声法で歌った。

下向きに傾斜するリズム感や停留するような懐古的な歌詞への愛好は、この時期に突如現れたものではない。先に述べてきたように、演歌にあるリズム感は長い間にわたって培われてきたものであったし、懐古的な歌詞の内容もまた、たとえば物語文学のジャンルの中で育まれてきたものであった。演歌はこの嗜好を現代の庶民文化の中で花咲かせた。とりわけ七〇年代になると、カラオケの普及とともにますます勢いづいていく。演歌が独特の世界観を歌詞とリズムに合体させて成功を収めることができたのは、日本の歌の基本姿勢を踏襲していたからである。つまり「演歌」は日本的な「裏」をそこここに盛っていた。

とりわけ歌詞の内容と旋律の流れには巧みに「裏」が仕込まれた。演歌の歌詞は一人称の私が二人称のあなたに呼びかける語句を好む。言葉は少な目に設定され、どこかに具体的な、過去を想起させるのに適当な語が置かれる。聴き手は必ずしも作詞家の考えたものと同じ光景や事物を思い浮かべなくてよい。歌う人・聴く人はそれぞれが語に抱く「もの」のイメージを浮かび上げてくる。特定のものや特定の場所の名が挙げられると、聴き手はそれを拠りどころに、断片的な自己の回想のストーリーを展開する。そうしたものの名は自分の回想とどこかでダブる。語は聴き手に自らの体験を蘇らせるための核となる。歌詞の中の回想の語に、私もあなたも知っているようで知らない事物が使われるのは、それらが、私にもあなたにも馴染みがあるものの、私からもあなたからも適度に近くて遠くにあるものだからである。

要するに、演歌の歌詞には、具体的な言葉の切れ端の「ソ」の部分が巧みに取り入れられたのである。私にもあるかもしれない、あなたにもあるかもしれないこと、私にもあなたにもあるかもしれないものという語句の挿入は「ソ」の世界をつくる。それは歌の聴き手（あるいはカラオケの歌い手）に、それらを自分の個人的な直接体験である「コ」の世界へと転換させてくれる。

演歌の歌詞にある「私」や「あなた」が展開する状況は、受け取る人それぞれが、それぞれに想像できるようなものが仕組まれていることが多い。日本語の三人称の「彼」や「彼女」という語は、歌詞の中で二人称的な世界を映し出すことで、「彼」は直ちに聴き手＝「私」にとっての恋の相手を指示することになる。演歌の歌詞の人称や、そこで描かれる状況もまた、日本語の「ソ」が呼び起こすものである。「彼」や「彼女」という語がもつ日本語のニュアンスを、演歌は巧みに利用した。若者が好むJ－ポップのBメロもまた、日本語がもつ「ソ」の仕組みの上にできていた。J－ポップが日本の外ではなかなか大きなヒットとならないのは、日本語の「ソ」という特性によるところがあるのかもしれない。

演歌は弱拍始まりの曲が多い。本来アウフタクトの曲は、西欧的な、循環し粘るリズム感を醸し出すはずである。ところが日本の演歌は、弱拍で始まることによって、むしろ日本的な情感を増幅して、緩い情緒の世界をつくりだす。日本の演歌がよく使う導入部の弱拍は、強拍を強調するためである。つまり演歌の弱起は、歌い手に軽く息を止めさせて、次の強拍の音を強調し、そこに勢いをつけるためのものである。歌いはじめに歌手たちは一度身体を下に沈み込ませている。いったん軽く息を止めてリズムの流れを区切り、声もまた、開放するように出すのではなく下向きに唸って出すことが多い。裏と表の拍は、ウロボロスのように後ろの拍がその向こうの前にある拍をあらかじめ予感させるような、循環する円弧の軌跡となるリズムをつくるのではない。裏と表は、杵で餅をつくときのように、拍と拍とを潔く切断させながら、裏と表を交替し拍の間を往復する段差のあるリズムをつくろうとしている。

演歌の歌手たちは独特の発声をするが、それもまた日本語の発声を下地にしたものである。つまり演歌歌手たちは、浪曲調の発声で、沈み込んで絞り出す、野太い、ダミ声のような声で歌うことが多い。声帯の使い方によっては、息の音を駆使して独特の倍音をつくり出す。また一音を引き延ばすとともに、声幅の広いビブラートや、コブシやユリを使う。同じ音を引き延ばしながら音程を微妙に上へ下へと、じわりじわりと揺り動かすのである。演歌の声域はそれほど広くはなく、女性歌手の歌の場合も低い音域で歌うものが少なくない。ところが、裏声で突然高音域へと飛んでゆき、しかも裏返る声を使い分ける場合も多い。そこで突然ひっくりかえるように変化する声は、西洋音楽のリズムがもつ、粘って循環する連続とは別のものである。それに同じように粘るように見えても、演歌の声はなめらかな密度を保つのではなく、一音の中に粗密をもっている。強くなったり弱くなったりという揺らぎを入れたコブシやユリやビブラートは、西洋の歌に比べると、揺らす幅を広く取り、またゆっくりと揺らす。音程の許容の幅も広い。長唄や小唄そして語り物が長い間使ってきたものを譲り受けた演歌の発声や表現の仕方は、西洋音楽のリズムが求める、均質的で外に向かって開放してゆくものとは別のところにあった。

独自の歌詞と世界観とリズム感、それに声質が相まって、演歌は育っていった。戦後の復興と成長を目指す日本では、表に輝いて出てくる高度経済成長の下において、強い光の影となった裏への思いはさらに強くなっていたのであろう。演歌における言葉とリズムの幸福な出会いは、本来裏の世界であるはずのものを、幅広く世の中の人に流行させることになった。裏や影のある社会とは縁のなさそうな人たちが、カラオケで裏の社会や影の世界を歌った。表が華やかな時代であればあるほど、虚栄の下でくすぶりながら育つ感情があったのであろう。もちろんフランスのシャンソンにもイタリアのカンツォーネやアメリカのポップスにも、恋人との別れの切なさを歌うものは少なくない。しかしそれらは場の設定を酒場や港や港町ばかりに求めることはない。

裏は表に対して生まれる。それを表であると意識したとき、裏が生まれる。裏は直感的で、真意に近い。出発からして、ウラは「心」と同じ意味であった。そこになにかが隠されていると思う感覚は、見えていないものを想像させ、無いものを推量させる。裏にはある種の虚無感が漂う。裏は、かつてあったかもしれないが、今はそこに「無い」、見えない、という空虚な気持ちを人に抱かせ、それが、今は見えないが、あるいは本当に無いのかもしれないというある種のやるせなさを与える。かつてあった何かを手繰り寄せたいという欲求と、それが遂には叶えられないかもしれない、という失望感に繋がる。裏への偏愛は、失ったものやそこに無いもの、とりわけ過去にあったものと強く結びつくことになった。このような中で演歌は、日本人の後ろ向きで下に向かうリズム感と、裏へと過去へと向かう意識を捉えることに成功し、過去に戻り、回想する、ウチに向かう静かなリズムを好む日本人の情意の的を射とめたのである。

(3) うなずかせる身体

発声は呼吸の仕方にかかわっている。日本語に特徴的な呼吸法と身体が獲得した呼吸のリズムを、演歌は利用した。あるいは日本語の発声の特性が演歌の歌い方にうまく適用されて、そこに演歌独特の世界が生まれた。しかしその一方で、日本語のリズム感は、大人になって西欧音楽の楽器を始めようとするレイトスターターに支障を与えることになった。知らず知らずのうちに身に付いた日本語は西欧音楽が基とする言語の発声方法とは違っている。そこに生まれるリズム感の差異がリズム感を得にくいものにする。日本的な段差のあるリズム感に慣れた身体は、西欧音楽の楽器を弾くのには都合のよいものではないのである。

楽器を弾くときの身体の基本形は、身体を解放していくようにすることである。楽器から出る音が外に向かい、上方へと伸びてゆくように弾くわけである。身体の中心である丹田から音が発せられるように、腹筋と背筋を十分に使って、お胆《なか》からリズムが発せられるように、身体の空間を大きく広げていくように弾く。子音を発音するときに口唇まわりの筋肉を構えて声を出すように、身体の準備を意識して音を出す。すべて、ヨーロッパの言語を発声するときのやり方である。

しかしこれがなかなか難しい。「おなかから声を出す」のは、演歌や日本の民謡も同じことであるから、それほど違いはないはずである。しかしレイトスターターの多くがこれに手こずることになる。それは、日本語を使う中で身体が身につけていったリズムの方向が下向きだからである。日本の民謡や地唄、長唄、義太夫などの声を出すときにおなかから出す声は、下につまり地面の方向に向かう。しかし西欧音楽の楽器を弾くのであれば、身体の動きは外側に向かうのでなければならない。日本語の発音・発声の方向や邦楽器を弾くときの身体の方向と真逆である。三味線は下向きにつま弾き、和琴も弦を弾くと指を弦の上で止める。鼓は下に擦り込むように浸み込ませるように打つ。管楽器も同じで、尺八は下に息を出す。近代ヨーロッパ音楽の音の出し方の基本が上へと向かうものであるのに対して、日本の音は基本的に身体の内側にあるいは地の下へと向かってゆく。ときには音はその場に立ち止まるように、切って発せられる。

和楽器と洋楽器では、音の持続の感覚もまた異なる。音階の感覚も違う。和楽器はピアノのような音階を一定にする鍵盤楽器をつくらなかった。例外はあるにせよ、和の弦楽器もギターやリュートのネック（棹《さお》）にフレットをつくらなかった。つくらなかったというより、日本の楽器は音程を固定させるよりも、むしろ積極的に曖昧でしかも微妙にずれる音で音楽をつくろうとしていたのである。

ピアノの調律に限らず、西洋音楽はドレミの音階をつくるとき、ドの音域、レの音域、ミの音域、といった音程をはっきりさせてきた。ただし音程はひとつに決定することは難しく、それゆえ平均律をめぐってはベルクマイスター、キルンベルガーなどが様々な音階を提案することになった。

他方日本の音楽は、ひとつの音程の中での微妙な変化を利用して中間の音域を積極的に取り入れるものであった。正確な音程の音をつくらず、五線譜に入らない音を出し、あるいは音程をわざと外して、「音のツボ」に入ることをむしろ避けるような音楽づくりさえしてきた。[17] 民謡や演歌に顕著なシャクリ（音程を低めに取っておいてしゃくり上げる）、ひとつの持続音の中でコブシを利かせることや、音の揺れの幅を大きめに取って揺れの回数を少なくする独特なビブラートの取り方は、そのまま楽器の音の出し方に対して言えることである。呼吸と声の出し方は楽器を演奏することとともに、音楽のありかた全体を枠づけている。

音程を定めるかズラすかの違いだけではない。日本の民謡や歌謡曲を歌う人と、欧米系の歌を歌う人では、発音・発声の方法が違う。それは声の切り替え方が違うからである。

日本では発声を地声と裏声とに分ける。ところがヨーロッパの多くの国では、発声は胸声区、中声区、頭声区の三つに分けられている。アメリカでは重い声区、軽い声区の二つの声区に分類する。[18]「声区」とは、会話段階の低い音から次第に高い音に発声させてゆくとき、声の出し方を変えないと音が出てこないところである。この声の出し方の変わる部分を境にして、日本では地声と裏声というように声区を分ける。しかしとくに近代の西洋音楽では下から声を上げて行くとき、あるいは上から声を下げて行くとき、声に段差ができて音色や音質が急に変わることを嫌う。声の変換や声区の変換はできるだけ分からないようにスムーズに行うことを理想とする。この声区の変換は日本の歌とヨーロッパの音楽における音程と音階の意識の差異を見せてくれる。

米山文明によれば、西洋のクラシック音楽では歌手は声区の変換を声帯のみで行い、しかもできるだけ目立たなくさせる。ところが日本の民謡、たとえば津軽のホーハイ節では歌手は、「ホーハイ」のところで喉頭蓋の起伏を激しく変化させる。「ホー」（裏声）では喉頭蓋では起き、「ハイ」（地声）では倒れるというパターンを繰り返している。[19]スイスやオーストリアのヨーデルも裏声と地声を転換して歌うので、ホーハイ節と同じように声を激しく切り替えているように見えるが、しかしヨーロッパの声の出し方に中間の声区があるように、ヨーデルの場合も声の変え方は地声から突然裏声になるのではなく、少しの間、中声区への移行にアクセントを置いている。「ヨーレイヒー」の「ヒー」はむしろ付加的な発声処理である、と米山は言う。[20]

ヨーロッパの歌唱法は、段階的に声を裏返すと思われているヨーデルでさえ、声区の中間体を使って段差をつくらないようにしている。しかし日本の歌唱法は地声と裏声というふたつの声区を、切って歌う。つまりヨーロッパの歌唱法が頭声区と胸声区とを繋いでゆき、声をスムーズに出して、声区の変化が分からないようにして歌うのに対して、日本の歌い方は、勢いをつけて裏声と表の声を切断して際立たせ、むしろ急激な声の交替を進んで用いようとする。声区変換の技法を究めようとすることが、日本語で歌う歌に独特の節回しをもたすことにもなった。

音色は声道の形できまる。日本語は声道を駆使する発音をする。これはおそらく日本語が母音中心の言語だからである。英語やドイツ語の子音が口唇周りの筋肉を駆使してはっきりと発音するのに対して、日本語の子音は、舌、歯、咽頭から出て来る音を母音の中に混ぜるようにして発する。口の筋肉をそれほど使わない日本語は、自然と喉を閉じてしまう。こうして裏声をひっくり返すようにして、表の声と切り離すようにして歌う技法が編み出される。ウラ声の交替を愉しむ日本人の歌唱法は、西洋の音楽のように、声区の変化を押さえて音と音の間になめらかな持続をさせるものとは、はなから異なっていた。

発声はそのまま身体の動き方の基本形を見せてくれる。声を出すとき、お胆《なか》の中心である丹田から声を上に向けて、身体を開放していくように心がけると、首まわりの緊張がほぐれて気道が広がり、背筋が伸びる。こうすると喉は自然とまっすぐに開き、口の中の容積が喉の奥まで増えて、背筋を使って丹田から音声を開放して出すことができる。背筋を使うと、自然と喉が開く。英語やフランス語などのヨーロッパ言語は口の中の容積を大きくして喉の奥を開くようにして発音する。そしてそうすると前かがみにならない。日本人に下向きのうなずく動作が多いことと、西欧語を使う人にうなずきの動作や相槌が少なく、またうなずく方向が下ではなく跳ね上げるように上に向かう人が少なくないことは、「はじめに」のところでも述べた。翻ってみれば、日本人にうなずく動作が多いのは、日本語の発音は口の容積を少なくして口唇をあまり動かさず、喉をそれほど開かなくても支障がなかったからでもあろう。喉の奥を開いて上向きに発声すると、下向きにうなずくことは自然と身体的にしづらくなる。うなずく動作は言語の発声仕方と隣り合わせのものだったのであり、声を出す身体の動きに連携していたのである。

そしてこうして身についていた言語の発声仕方が、楽器を弾く身体の動きをも司ることになる。身体の動きは発声と発音仕方を反映している。西洋の楽器を演奏する場合には、言葉を発声するときと同じように、お胆《なか》の中心から声を外に上に向けるように心掛ければよいということになる。

とはいうものの、身体の動きは無意識的であるから、なかなか変えることはできない。予期しないところで思わず身についていた動きが顔を覗かせる。昨今、日本食ブームが世界を席捲している。そのためだろうか、フランスでは日本式の大ぶりの料理用包丁を家庭でも使うことがちょっとした流行である。普段彼らは切ったり刻んだりの下ごしらえに料理用の器具やハサミを使うことが多い。ナイフも使うが小さなサイズのものが多い。日本の家庭のように常にまな板を使うということもあまりない。食卓でナイフとフォークを使うので、あらかじめ小さく切っておく必要がないからであろう。ところが日本料理の流行とともに日本式の包丁と日本式のまな板を買う人が増えてきた。日本包丁を使って、日本式のまな板の上で食材を切っていくのである。

しかし彼らの包丁使いに、私は軽い衝撃を受けた。彼らは魚や野菜といった食材を切るのに、まな板の上で包丁を、身体の向こうに向けて身体を開いていくような具合にして切っていたのである。この方向はのこぎりの使い方で見知ってはいたが、いざ、包丁を大きく外側に向けて切る様を目にしたことは、かなり新鮮であった。この切り方をするのはひとりやふたりではなかったし、テレビの料理番組を見ると、講師はわざわざ、和包丁で魚を切るときには「手前に引くように」と何度も教えている。そうすると生徒たちは実にやりにくそうに包丁を手前に向けて引いていた。私はそこに開放していくという、彼らの身体が蓄積しているリズムの方向を見る思いがした。

第6章 「なつかしさ」のリズム

1 発声と「なつかし」

身に着いたリズム感は静止している身体の姿勢にも刻み込まれている。われわれ日本人は子供のころから、よい姿勢を取る＝あごを引いて背筋を伸ばす、というように教えられてきている。ところがあごを引いてしまうと喉は開かない。逆に閉まってしまう。そうすると声はどうしても詰まったものになる。また喉を締めると、頭はうなじから動くようになり、下に向かってうなずくことになる。「よい姿勢」もまた、言語の差異に直結しているに見える。あごを引くとき、同時に頭頂もまた上に向かって伸びるようにするとよい。そうすると自然に気道が伸び、喉が開く。往年の欧米の女優のブロマイドは、たいていこの姿勢を取っている。あごを引くだけではこの姿勢はできず、下向きの姿勢になってしまう。いわゆる「ドヤ顔」をする姿勢を取るわけである。

下に向かい、水平方向へと注意を傾け、ときに後退するような日本的リズム感は、楽器を弾くときや包丁を使うときや声の出し方など、直接身体の動きにかかわるだけではない。リズムの型は意識の底に入り込んで、言葉の意味を変え新しい語彙をつくりあげる。

日本語においてその典型となるのが、「なつかしい」である。そもそも「なつかしい」の意味自体、過去へと回帰し、心の中へと向かい、奥を、下を、内を、底を目指す語である。同時にこの語は、日本語のリズム感の変化と手と手を携えながら、時代の状況を映し出して、日本的な感性のありかたや日本人のものの認識仕方そのものを刻み込んでいった特別な語である。

日本語の「なつかしい」は、英語やドイツ語で合致する語を見つけるのがかなり厄介なことばのようである。ドイツ人の日本文学研究家のクラウス・フッシャーは訳語に苦労する語として、「やるせない」「しつこい」「なじみ」などを言う前に、なによりもまず「なつかしい」を挙げた。この翻訳が難しいのは、それが歴史の変遷を映し出し、それぞれの時代の意味を付加ながら、多層な意味をまといつけていったからである。

何かを推量し、回想し、懐古の情をもつとき、日本人は「なつかしい」という語を使う。漢字で書けば「懐かしい」である。「なつかしい」は、自分のかかわった昔のできごとに限られる、と了解されている。なにかのものの刺激で、現在の私が過去に味わった、私の接触的な強い感情に、もう一度近づきたいという想いを抱くことが「なつかしい」であり、今の私が昔の私に邂逅しようとするこころの傾きが「なつかしい」である。ものを見て、昔を思い出し、それを自分のごく近くに感じながら、同時に遠くにあったことを思うときに、この「なつかしい」を使う。

ところが「なつかしい」という語で思い出される遠い昔には、鏡の中の自分のように、すぐそこにいながら、決して手が届くものではないという虚無の感覚がまとわりついている。「なつかしい」はしばしば、「ノスタルジー」と訳される。しかし「なつかしい」は日本人の切断のリズム感と「ソ」と間《マ》の構造を込めた、かなり複層的な意味をもった語なのである。

「なつかしい」は古語では「なつかし（「懐かし」）」であって、動詞「なつく」を語源としている。「なつく」は、本来、「なる（馴る、慣れる）」に「つく」がついてできた語である。「なる」と「つく」、つまり「なる＋つく」が「なつく」になったとされる。

「なる＋つく」の「なる」は、もともと「馴る」「慣る」であった。つまり、ものに「なれる」、つまり「馴れる」ことであって、たびたび事物に接してそのものやことに熟練することや、あるいはそれと親しむことが「なれる」であった。また「なれる」は「均らす」のナラと同根であって、絶えずものに触れることによって、それが平常だと感じられるようになるという意味をもっていた。

「なる＋つく」の「つく」には、「付く」、「着く」、「就く」等々の漢字が充てられる。ここにはおよそ三つの原義がある。第一に、二つのものが離れずに同化し、一体化する意味（しみつく、身につく、とりつく）がある。第二に、対象のそばを離れずに一体化する意味（つきしたがう、味方になる、なじむ）がある。第三に、しっかりとある場所を占める、という意味（席につく、位につく）の意味がある。

こうした意味をもつ動詞「なる」と「つく」が合体して動詞「なつく」ができた。さらにその形容詞として「なつかし」が生まれた。つまり、「なつく」のはじまりは、「心を引きつける、離れがたい気持ちにさせる」の心情であり、そこにもともとあったものは、対象に強くひかれる情意であった。魅力を感じて離れがたく、そば近くにいたいと思う気持ち、「慣れ」て、「くっつき」たい、もののそばにいたい、付きたい、その場に席をおきたいという感情が「なれる」であり、その形容詞形が「なつかし」であった。

『万葉集』の「なつかし」の歌には、くっつきたい、そばに居たいという、愛慕・親愛の情意が込められている。古代の人々は人に対して慕わしい、親密になりたいというこの愛着の情を詠じて「なつかし」を使った。たとえば大伴家持の長歌に、

妹もあれも　こころは同じたづへれど　いやなつかしい　いやなつかしく　相見みれば　常初花に　心しもなしに　はしけやし　我がおくづま　……

（万葉集、巻第一七　3978）

がある。「いといしい妻もわたしも同じ気持ちです。一緒にいても、ますます慕わしく思うし、顔を合わせていると、いつも初花のように初々しく、つらいことも苦しくもなく、いとしいばかりのわたしの大切な妻よ……」と、愛する人をうたうのである。「なつかし」はものに対しても用いた。柿本人麻呂は、

佐保山を　おほに見しかど　今みれば　山なつかしも　風吹くなゆめ

（万葉集、巻第七　1333）

とうたった。かつて佐保山をぼんやりとしか見ていなかったが、今改めてみれば　心ひかれて離れがたい。このまま平穏であってくれ、風よ、立たないでくださいと、荒れる山に心惹かれる自分の親愛の情を描くのである。

『万葉集』の「なつかし」には、現在の語感にあるような懐旧の意味合いは希薄であった。それゆえ初対面の人にも「なつかし」ということができた。人にせよものにせよ、目の前にある具体的な対象物に惹かれ、それに近づきたい、接触したいという感情が「なつかし」であった。「なつかし」はなによりもまず「もの」に即した感情で、愛するものへと近づきそれと身体的に寄り添いたいという、接触性の想いを強くもつ語であった。

ところが、眼前の対象に密着したいという身体的な感情の「なつかし」は、中世以降、次第に懐古

の感情へと変化していくのである。そして過去の思い出に心が惹かれるという、現代的な意味合いの懐旧的な意味をもつことになっていった。

もっとも、現代の作例に、古代語の「なつかし」の、心がひかれ離れがたい、魅力的であるという意味で使われるものがないわけではない。たとえば石川啄木は、しばしば『一握の砂』の中で、心が惹かれるという意味で「なつかし」を用いる。非常によく知られた例が次である。

ふるさとの訛なつかし／停車場の人ごみの中に／そを聴きにゆく

つまりここには、停車場で聞いた言葉の響きに心が惹かれた、という意味合いがある。この他にも、

父のごと秋はいかめし／母のごと秋はなつかし／家持たぬ児に

誰が見ても／われをなつかしくなるごとき／長き手紙を書きたき夕

など、啄木の歌は「なつかし」の頻出度がかなり高い。啄木の使う「なつかし」という語の多くは、具体的なものに即した使い方であって、万葉の「なつかし」の感情と重なり合う。啄木の描く心象風景は触覚的で接触的で、物質的で或る点で、『万葉集』と通い合っている。

しかし啄木が使ったような「なつかし」には、どこか虚ろな現実感が強く漂う。接触したいものがそこに無いという空虚感を、何かで埋めようとする情感の比重が、『万葉集』の「なつかし」よりもはるかに強い。若山牧水が長野県小諸に逗留したときにつくり、後に『路上』に収められた歌、

かたはらに秋ぐさの花かたるらしほころびしものはなつかしきかな

にも、同様の感覚が込められている。

他方、啄木や牧水の「なつかし」に古代の意味合いが残留しているのと同じように、現代風の意味での「なつかし」が『万葉集』において皆無だったわけではない（『万葉のことば辞典』）。眼前の事物を機縁として、ある記憶が呼び覚まされて、その記憶の対象に心がひかれる場合に、この語が用いられることはあった。たとえば『万葉集』の、

麻衣着ればなつかし紀伊の国の妹背の山に麻蒔く我妹　（万葉集、巻第七　1195、傍点引用者）

という歌である。麻の衣を着ると紀の国の妹背の山で麻を蒔いていた愛しいあなたがなつかしく思い出される、という内容であるが、ここでの「なつかし」は、かなり現代的な意味合いを帯びている。これは、眼前の対象である麻衣を通して、ある記憶（麻を蒔くあなた）を呼び起こす最も早い作例と認められている。懐古の情をうたう「なつかし」は『万葉集』では未だまれだったとはいえ、古代の歌に「なつかし」が微かながらも虚無感を混ぜて使われていたことを示す点で、この歌は注目される。

「なつかし」は眼前の対象と密着したいという強い感情であったが、次第に意味合いの変化が起こり、中世以後に少しずつ「過去の思い出に心惹かれる」という意味を刻み込んでいったとされる。しかし「麻衣着れば……」の歌を見ると、「なつかし」は語の始まりからすでに変化を開始していたとも言える。

確実な変化は詩歌ではなく散文から始まった。「なれる」が「人との間柄が親密である、気がおけない」様子という意味合いで用いられる事例が、とくに平安期に散見される。たとえば『源氏物語』には、親しみの感じられるような、気がおけない程度の親しみに対して、つまり恋焦がれるものとしてではなく、もう少し淡いゆるやかな感情に対して、「なつかし」が用いられている。

あらためていとくちをしうおぼさるれば、なつかしきものから、いとようのたまひのがれて、今宵も明け行く　（賢木）

（（藤壺の君は源氏の君との誤ちを）ひどく残念に思われなさるので、（源氏は藤壺を）いとおしくお感じになるけれども、（藤壺は）うまく言い逃れをおっしゃって、今宵も明けてゆく）

「なつかし」は、付きたい、肌を合わせたいという「もの」に対する強い欲望に対してではなく、触覚的な肌ざわりのよいことの意味で用いられる。つまり「なつかし」は、肌に接触する衣服に対して用いることで、格式ばっていなくて親しみを感じさせる、という意味合いを表すようになってきている。

なつかしきほどの御衣どもに、直衣《なほし》ばかりき給ひて、琵琶をひきゐ給へり　（宿木）

（匂宮は、なじむほどに着なれた下着を重ね、直衣だけをお召しになって、琵琶を弾いておられる）

このころ、「なつかし」のもつ「触れる」ことの感覚は、「触れたい」という強い欲望の意味から変わりつつあった。「なつかし」は衣服のさまに用いられて、優美さや優雅さの中にある、情がこもった、打ち解けて親しみ深いという意味を含ませていったのである。

御容貌も、院にいとよう似たてまつりて、いますこしなまめかしき気添ひて、なつかしうなごやかにぞおはします。（賢木）

（帝のお顔立ちも故院に実によく似てあそばして、もう少し優美なところが加わり、やさしく柔和であらせられる）

ただしこうした意味合いの「なつかし」の用法は散文の中に見られることであって、詩歌においては事情は同じだったわけではない。懐旧の意味合いで「なつかし」が用いられる和歌は、一〇世紀初頭の『古今和歌集』には未だ無い。鎌倉時代初期に編まれた『新古今和歌集』も同様である。『新古今和歌集』には昔を偲ぶ歌が多く、「ふるさと」、「恋ふ」、「しのぶ」などの語が頻出するが、「なつかし」はほぼ出て来ない。『梁塵秘抄』、『山家集』、『金槐和歌集』にも登場しない。「なつかし」を代替するかのように、『新古今和歌集』では「形見」と「恋し」の語が用いられた。たとえば亡くなった人を偲んで形見として草花を見る心境をうたった藤原重家の歌、

形見とて見れば歎きの深見草なになかなかのにほひなるらむ　（新古今和歌集0768）

や、前中納言匡房の、恋しい妻を、鹿のいない情景に募ってゆく寂しさを歌った、

妻恋ふる鹿のたちどを尋ぬればさやまが裾に秋風ぞ吹く　（同0441）

などの例がある。「形見」とは文字通り物、ものの「形」を「見る」のであるから、「もの」そのものである。また、「恋し」は「なつかし」を通り越して、ひたすら対象にのめり込む。『新古今和歌集』のころの詩歌は、ある距離感をもって対象を見るという意味合いでの「なつかし」を用いなかった。懐旧としての「なつかしい」の意味は、このころは未だ十分に醸造されていなかったからである。それに、強い接触性の意味合いで「なつかし」を用いることは、すでに時代遅れになっていた。この時代においては、たとえ「もの」そのものに惹きつけられる心情が如何に強いものであったとしても、万葉のもつ、接触を強く望み離れがたいという意味合いの「なつかし」を詩歌の中で用いるには、斬新な語感を尊ぶ詩人にとって、あまりに古臭く感じられたのであろう(1)。

「なつかし」の変化の速度は散文と詩歌では異なっていた。散文と韻文とは読解の構造において大きな違いがあるからである。まず、ふたつは書き手の位置が違う。「散文」は自らの感情を直接的に投げかけない。ところが「詩歌」はそもそも直截的で、うたう私がどこかに顔を出す。散文なら持つことのできる書き手と対象との距離を、詩歌はつねに演出できるとは言えなかった。

しかし言葉の成熟は、言語の抽象化のレベルを上げる。中世になると、個々の「もの」は、昇華された「こと」の側面から見られることになる。言葉は、対象を具体的で直接的な接触感という側面で捉えるよりも、過去にあったことや失われて今はそこにない対象の見えない触れられない面を操るものとなる。

散文はその構造上、距離をもった位置から物事を「こと」の次元で語ることができる。このため散文は平安の時代においても一足先に「なつかし」を新しい意味合いで使うことができた。語り手・「私」の位置を隠して語ることのできる小説や物語で、書き手は「なつかし」を、のめり込む対象としてではなく用いる。それが先に挙げた『源氏物語』の例であった。

もっとも、平安のころの「なつかし」はまだ変貌の中途にあった。源氏物語は「なつかし」を距離感を積極的に演出するために使った。これが「なつかし」の意味変化を助長したと言えるところはあろう。源氏物語には主人公の源氏が「なつかし」とする人物がしばしば登場してくる。たとえば花散里である。彼女は源氏を取り巻く数多くの女性の中では断片的な、片隅の一輪の花のように物語の脇を飾る位置にある。彼女は源氏にとって熱情の対象ではなく、穏やかな、そして距離を隔てて偲ばれるという役回りを担っていた。それゆえ彼女は「なつかし」の語で表わされる。

橘の香をなつかしみほととぎす花散る里をたづねてぞとふ　（花散里）

（橘の香がなつかしいので、ほととぎす（＝源氏）は橘の花の散るこのお邸をさがしてやってまいりました）

「なつかし」は平安のころに散文の中で用いられて、「気のおけない」、「打ち解けた」、「親しみのある」という、微妙な距離感をもつ意味合いを蓄えていった。日記や小説という形の文学の隆盛は、「なつかし」の変貌の脚を速めた。「なつかし」は、淡く、温かく、親しく、心惹かれる人やものに即して使われることが多くなる。こうして恋というような激しいものに用いるのではなく、触れたいと思う感情だけで充足するような語になってゆく。「なつかし」は、「ゆかし」に近い、柔軟な、したがってどこか曖昧なところをたたえた語として使われてゆき、その人を知りたいという強烈な願望を少しずつ薄れさせていった。

「なつかし」の語源の一説に「昵」(漢字音の一つである呉音の「ニチ」)がある。「昵」は「熱」のことである。そばに近づいて慣れ親しむさまであるが、熱を帯びて心がかっかとほてって夢中になり熱くなることである。「昵」はもともと、一緒にいてもますます慕わしく思う、強く熱い、激しい感情の意味であった。『万葉集』の、「副《たぐ》へれど　いやなつかしく」などはこの「なつかし」の熱さを示している。しかし「なつかし」の接触性が放っていた情熱的な側面は中世以降、さらに変化していった。この背景には文学上の問題だけではなく、社会的な要因が与していた。

2　懐旧の中世

「なつかし」の意味合いは中世に着実に変わる。それはひとつに、この時期に社会体制が変わったからである。この社会の構造変化に合わせて、多くの民衆の前で声を出して「語る」というスタイルが生まれた。これが「なつかし」の語義を変えていった。

「なつかし」だけではない。中世の語り物の流行は日本語の語義とかたちを大きく変えた。「語る」ことはその発声と語るリズムによって、日本語の中にあった、裏へと、下へと、心の底へと向かう日本人の意識の方向を表面に出し、それを明確化することになる。これが「なつかし」の意味に反映していったのである。

中世は貴族的なものから庶民的なところへと文学の対象が移っていった時代《とき》である。武家と公家の並立の中で、民衆という新しい文学の受け手が誕生した。閉じられた宮廷の空間で読む文学とは異なる、民衆の前で「語る」という文学の世界が繰られた。とりわけ盲目の僧が語る『平家物語』が日本語の変化に寄与することになった。

おそらく一三世紀の後半には成立していたと思われる『平家物語』は、一二巻のあとに、建礼門院の物語を描く「灌頂《かんじょう》の巻」を加えた、全一三巻から成る軍記物語である。「灌頂の巻」とは、平清盛の息女で安徳帝の生母でもあった建礼門院徳子の波瀾の人生を語るもので、『平家物語』全巻の幕を閉じる役割を果たす。

盲目の法師たちは平家の栄華と盛衰を描くこの長い物語を、民衆の前で琵琶を手に声に出して語った。『源氏物語』が女性たちによって一室の中でひとり静かに文字を目で追って読まれるものであったのに対して、『平家物語』は、開かれた場で民衆の前で声を出し、ときに激しく語られる語り物であった。聴く人々もまた、盲目の法師の奏でる調べに涙し、語る声を耳にして声を上げて泣いた。この「語り」という形式が「なつかし」を変えるのに一役買っている。『平家物語』には、「なつかし」という語が一一回ほど出て来る(2)。

転換期の「なつかし」は、古代の意味と新しい懐旧の想いの両方の意味に用いられていた。つまり、『平家物語』の「なつかし」には、王朝のころの「なつかし」と回顧的な「なつかし」の両方の使い方が出てくる。たとえば『平家物語』の巻の四(3)、「若宮出家」には、古代のような「親しみ」の意味での「なつかし」が用いられる。

この中納言は、(……中略……)常は参り通はれければ、日ごろはなつかしうこそ思し召しつるに、この宮の御事申しに参られたれば、いつしかうとましうぞ思し召されける。

謀反に失敗した以仁王には七歳の若宮がいた。清盛は頼盛を通じて、八条女院にその子を差し出すように言う。女の子ならよい。しかし男の子は生かしておくわけにはいかない。ところが頼盛の申し出に対して、女院はなかなか応じようとしない。頼盛は八条女院とは日ごろから親しく思っていたのだが、若宮を差し出すようにとの申し出があると、それ以来、女院は頼盛のことをうとましく思うようになった。

ところが『平家物語』の灌頂巻にある「女院出家」の下りでは、「なつかし」は懐旧的な、つまり現代風の意味合いで用いられている。灌頂の巻とは右で述べたように、壇ノ浦で救命され、髪を下ろして大原で年を送ることになった建礼門院がその波乱の人生を、白河法皇に語ることで構成される。

昔をしのぶつまとなれとてや元の主の移し植ゑ置きたりけん花立花の風懐かしく軒近く香りけるに山時鳥の二声三声音信れて通りければ女院古き事なれども思し召し出でて……

(昔をしのぶきっかけにでもなればと、前の家主が移し植えた花橘の香りが、風に漂って懐かしく軒の近くで薫り、ほととぎすが二声三声鳴きながら飛んでいくと、建礼門院は昔のことを思い出して……)

女帝の寵愛を独占した美貌の建礼門院であったが、今は荒れ放題の庭を目に寂しく暮らしている。女院の鼻腔に、花橘の香が懐かしく流れこむ。ここで用いられる「なつかし」は、栄華の日々を思い出させる懐旧の想いのものである。

『平家物語』は語り物の文学である。感情を直接的に「うたう」のではなく、「かたる」のである。『平家物語』はヨーロッパにしばしばあるような、韻文でひとりの英雄の生涯を追う「叙事詩」ではない。しかし声に出して出来事を語り伝える、或る意味で日本におけるひとつの叙事文学であった。

盲目の法師たちは琵琶に合わせて『平家物語』を語った。そこには怨霊を鎮める仏教的な意味と目的があった。僧たちは各地を移動しながら弔いのために戦士した死者の話を語った。中世の人々にとって「語る」こととは死霊を解放することであり、法師たちは語ることによって、過去に命を失って恨み迷う死者たちの霊を祈り、霊魂の住むべき世界へと導いたのである。

ここでは「もの」は「霊」であった。語られることで「もの」としての霊は言葉、「ことの葉(端)」となる。人々は語りによって、怨霊はこの世とは異なる別の次元へと旅立ち、解き放たれることができると信じたのであった。聴衆は目の見えない、現世から閉ざされた法師による死者の体験譚を聞き、法師たちは聞く人の心をえぐるように音曲に合わせて語り、戦死者たちの霊魂を怨念から解き放って霊魂を慰めようとした。

盲目の法師たちにとって、語る内容は、自分の目で見たことでもなければ聞いたことでもない。彼らは物語を直接体験として得たのではない。しかし彼らは平家の人々の行いや戦いの有様を、あたかもその目で見てきたように生き生きと、そしてありありと語った。盲目であるからこそ、彼らは人には見えない過去の事象が見え、魂の世界へと導くことができると信じられた。そこには、遠く古代ギリシアの盲目の吟遊詩人ホメロスの歌った『イリアス』や『オデュッセウス』と通じるものがある。中世の日本においてもギリシアにおいてと同様に、目の見えないことで、語り手はかえって人の見えない「もの」の真相が見えると信じられたのである。

琵琶法師たちは日本の各地をまわって平曲を語った。そしてそれが文学の受け手の層を厚くしていった。語り物を聞くという文学の受容形態は受け手の質を変化させ、さらなる需要を生んだ。文学の世界は、古代の閉鎖的な室内で静かに楽しむことから、聴衆の前に出された声を「聞く」という形態に合わせて展開されてゆくことになった。

このため、いかに語を発音し発声するかということが重要になった。平曲だけではない。語り物の流行は、日本語の言語全体の変化に与することになった。声に出して語るとき、その声は感性をふるわせ、想像力を高める。文学の受け手としての庶民の心を動かすためには、情緒に訴えかけることが必須であった。語り方もまた、言葉を繰り返し、語を畳みかけ、次第に音量を高め、速度とリズムを変えながら気分を高揚させ、祈るような奏法を練るなどして、聴衆に強烈な印象を与える効果的なレトリックを編み出していった。

語りの声質も、聴衆の心に響くと同時に、心の奥底に染み入り浸透してゆくものでなければならない。こうして特別の発声法が用いられることになる。声はその場に集まってくる聴衆の耳に十分に届くものでなければならない。せり師のような、あるいは物売りの出すような、いわゆるダミ声に近いものが選ばれることになる。それは近代ヨーロッパの人々が目指すような、遠くへと届けられる、いわゆる「美しい声」ではなかった。日本の語りの声は、遠方へと響く美しい声である前に、聞く人の心に、そして心の裏側にまで入り込んでいくような、人の心の奥底を意識するものであった。

そもそも日本語の「裏」と「心」は原義が同じところにある。「語る」声は裏に向かうような、地の底に向かう、奥へと向うものでなければならなかった。こうして、聞き入る人々の場に伝わる質感の声が、語りにふさわしいものとして残っていくことになる。

声を心へと響かせようとするには、地面の下から息を吸い、地の底に向かって浸透させていく呼吸法が適している。モンゴル地方には、低い音と高い音のふたつの声を同時に出すホーミーという伝統的な発声方法がある。声を出すとき、同時に高い音と低い音を表わす唱法である。最初に声をかなり低いところから出して、喉をしぼり、気管の奥から下に向かって息を吐いて出すことで特殊な声がつくり出される。このホーミーの発声は喉を使う発声法であるが、日本の語り物の声もまた似たような方法を編み出していったのである。

「稲のリズム」の章で見たように、日本語は母音を中心としていた。母音も子音と同じ資格で言語の分節に参加することがあった。ここに日本語の発音は喉や内臓を緊張させる、息の果たす役割の大きい、自然音に近いものとなった。母音の発音は音声を発生する時の声道の形で決まる。気道を使う発声は、どちらかというと自然の雑音に近い。平曲はそのような自然の雑音的な要素を、もともと母音を中心とする日本語の発声法の中に取り入れながら、聞く人の心に響き、その底へと染み入ってゆく声をつくり上げていった。この発声法は日本語の発声方法のひとつの基本的なかたちとなり、後へと引き継がれることになる。

一般に言葉は子音によって分節されることで、語をひとつひとつ分け、それぞれの音節に意味を蓄えさせる。しかし日本語は雑音的要素の多い発声方法によって、自然音のような気道を通る音にも、言語としての役割を担わせたのである。自然界の音は分節されていないので、明解な意味概念を示さない。しかし日本語は母音を語の分節に参加させることで、息のようなざわつきのある音にも何かのイメージを貼りつけ、そこに言語化されない情報を多く取りまぜていくことになった。あるいは雑音的な要素にも意味を捉えさせるものとなっていった。

日本語は音の出処をものの同士の接触にあると捉える傾向があるので、聞く方も自然界の物音や触感的な動きにも言語的な意味を得ようとすることになる。たとえば息の音や蕎麦やうどんをすするときのすすり方ひとつにさえ、何かの意味合いを感じ取ってしまう。「なつかし」の語源が「なつく」であったことを思い起こそう。「なつく」は「なる」と「つく」、つまり、「馴る」、「慣る」の「なる」と、「くっつく」意味の「つく」が合わさった動詞で、これが形容詞化されたものが「なつかし」であった。つまり「なつく」の「つく」は、ものの材質と接する接触の感覚を息の音の中に取り込んで、そこに意味を汲み取らせる要素を宿していたのである。

現代でも、日本人はかすれたような発声や息の多い声に、自然界の音に感じるのと同じような、なんらかの意味を感じ取る。あるいは息の声に何かの意味を付着させて声を出す場合がある。そこに付けられる意味は論理的な意味での言語というよりも、何かの状況や心の様を気道から出る音で模倣し、あるいは心に届けようとする意識の表れというかぎりでの情意の声である。平曲の語り部たちは日本人が自然と蓄えてきたこの能力を積極的に引き出して、語る物語を人の心の奥底にまで浸透させようとしたのである。

3 切断された聴き手

「なつかし」とは、何かの対象によって自分の過去の体験が引き出され、その過去につながる何かを想像するところに生じる感情である。「なつかし」には、今はそこにないものを心穏やかにじっと見遣り、しかし今の自分は過去に対して何もしようがないことを確認させるという、特殊な距離関係の構図がある。この仕組が日本語の「なつかし」を、翻訳の難しい語とさせてきたものでもあった。先のドイツ人のフィッシャーだけでなく、『菊と刀』の作者のR・ベネディクトも、英語に置き換えるのが難しい語の代表例に、なによりもまず「なつかし」を挙げた。

この語の翻訳が難しい理由のひとつは、「なつかし」が日本の中世という風土の、とりわけ「語り」という形式の中で醸造していった、話し手と聞き手の位置関係にある。「なつかし」を感じさせる原点には、過去の事件を語る語り手と受け手である聴き手の配置の仕掛けがある。

琵琶を伴奏に人々の前で平曲を語る法師たちは、声の出し方と同時に、自分の過去ではないものを語るという語り方そのものに工夫を施さなければならなかった。語りにおいては、如何にして過去を表現するかが重要であった。彼らは自分では見たことのない物語を、まるで見たことを実況するように語って人々の共感を得なければならなかった。そのとき、話の内容が真実であることの証しを示す助けとなったのが、日本語のもつ過去形の使い方であった。

ここで古文の過去形「き」「けり」の区別を確認しておこう。古文では、起こったことが主人公自身の直接体験であるのか、あるいは間接的に体験したことであるのかを、「き」が出てくるか「けり」が出てくるかで、ほぼ区別している。読み手もまた過去の形が何であるかで直接的か間接的かを確認する。「き」の語尾変化の「せ・〇・き・し・しか・〇」がある場合には、起こったことは直接見たり聞いたりした体験であると分かり、また間接的な体験や伝聞である場合には、「けり」の変化形「(けら)・〇・けり・ける・けれ・〇」があるのでそれと判断する。

たとえば『土佐日記』の「死にし子、顔よかりき」では、「死にし子」の「し」が「き」の連体形であるので、この文は自分の直接体験であると分かる。これに対して、「今は昔、竹取の翁といふものありけり」(『竹取物語』)には「けり」という語があるので、この文の内容は伝聞、つまり間接体験である、と解釈するわけである。

日本語文における体験の区別、つまり自分が見聞きした直接体験の「き」と、伝聞による間接体験の「けり」の区別は、古文を学ぶ受験生にとってだけでなく、日本語の根幹にかかわる重大な問題である。物語文学の作者たちは、実際に見聞きした体験か、あるいは聞いて知った話かを分け、それを明示してくれる動詞を使い分けることによって、迫力ある表現を巧みに演出していったのである。

自分の直接的な体験か、見聞きした間接的な体験かという区分は、すでに論じてきた指示詞、「コ」・「ソ」・「ア」の問題を想起させるであろう。つまり指示詞は、話し手にとって近い遠いというよりも、その体験が直接か間接か、つまり自分の内のものだったのか自分の外のものだったのかという違いにかかわっていた。自分に近く受け手にも近く、しかし同時に自分からも相手からも離れているという、自分と相手の関係から指示詞を使い分ける日本人の認識は、過去が自分のものか、自分のものではないのかという「き」「けり」の区分と並行している。すなわち過去が直接体験か間接体験なのかの区別は、主観的なものなのか、そうでないものなのかを使い分ける「コ」・「ア」・「ソ」の指示意識と同じところにある。

もっとも「き」「けり」は、指示詞の「ソ」のような明解なかたちをもたない。したがって過去形としての「ソ」は文の表面には現れてこない。「ソ」の作用による交替ができない。とはいえ「ソ」は全く無いわけではない。『平家物語』を語るとき、琵琶法師たちは当然、直接的な自分の体験を語るのではないのであるから、直接体験の「き」や「し」を用いることはできなかった。しかしそうかといって、間接体験の「けり」「ける」をそのまま用いる方法も取らなかった。僧たちは物語る構造と語りの過去形の使い方によって、聴き手に過去を生々しく追体験させてくれるような仕組みを編み出したのである。

『平家物語』の成立については明らかになっていないが、法師たちが民衆に語り伝承していった「語り本」は本来語られるものであって、文字で記されたものではない。現在、語り本系の中で一般的に用いられている「覚一本」に従うなら、琵琶法師たちは語りにあたって、「〜と聞こゆ」、「〜と聞こえし」、「〜と伝う給ふる」、「とかや」などという言い方を用いている。つまり彼らは、「〜という話でした」「〜と伝わっています」「〜だったそうです」という形を語尾に用いて物語を語った。文の終わりを間接体験の「けり」で括るのではなく、「〜けると（ぞ）聞こえし」と、二重の括り方を編み出した(4)。つまり、「〜けるとぞ聞こえし」、「〜けると（ぞ）聞こえし」あるいは「聞こえしかば」を使って、「このような噂があった」という世間の噂を、私が伝える、という言い方でさまざまな出来事を語った。過去の出来事があり、それを間接体験の「けり」や「ける」に「聞こえし」（＝という噂を私は聞きました）を付け加えて、それを自分が直接、体験したこととして括った。この形式は話に客観的な事実という位相を与えながら、同時に聴き手が語りの中に感情移入できるような情感を仕込むことができた。

阿佐里の与一はもとより勢兵の手ききなり。二町をはしる鹿をば、はづさずゐけるとぞきこえし。
（巻11　遠矢）

「阿佐里与一は二町先を走る鹿を射ても外さなかったという話です」、と僧は語る。ここで引用した文の前には次のような場面がある。——義経の舟に矢が刺さる。浅利与一は十五束の強烈な矢を弓につがえてひきしぼり矢を放つと、その矢は平家の大船の舳に立つ新居紀四郎親清を突き刺し、その身体を船底へと真っ逆さまに射落とした。上に引用した箇所はこの後の描写である。語り手は、「与一が二町先を走る鹿を射ても外さなかったという話です」というようにして、彼が如何に優れた弓の名手であるかを語る。そしてそのとき、話の終わりに「けるとぞ聞こえし」を使って、それは私が聞いた話であるとする。「〜という話です」は、それが「私が〈聞いた（という点で直接体験した）話〉である」ということを明示する。

「けるとぞ聞こえし」は伝聞表現である。「〜という話でした」として事件の内容を括ることで、語る人は聴き手に対して、事件そのものからは遠くにありながら、それが近くで起こることと思わせるような緊迫感をもたせることができる。自らを前面に出さないで、最後に「〜と聞こえし」という言い方をすることで、それは過去の出来事であるが、私はそれを聞いたのだ、ということを暴露する。物語を聞く人は、語られる出来事は本当にあったこととして、生々しく想像することになる。日下力は、この伝聞表現の仕方を、「過去の出来事を過去の中に定着させようとする表現、つまり、過去との間に時間的距離を設定しようとする」表現であるとしている。[5]

『平家物語』の「けるとぞ聞こえし」という表現は、過去の出来事を「伝聞である」とすることで、過去の実際の出来事と、現在それを語っている法師と、聴き手たちとの間に、断絶があることをはっきりと表すことになる。「けるとぞ聞こえし」、つまり「こういうことがあった、と、（私は）聞きました」というようにして「し」を用いることによって、聞いたということ（伝聞）は自分の直接的な体験である、と確定する。実在の過去の世界は、物語を聞く受け手の中で再構成される。民衆は聞いたという法師の過去を現在とは別の次元において、しかし自分の目で見ることになる。(6) ここにわれわれは日本語の物語のつくり方にある段差を見ることになる。

日本語は過去形の「けり」と「し」によって、過去が自分の直接体験か間接体験かという明確な区別をしていたからこそ、この物語構造を設えることができた。間接的に聞いた平家の悲惨な出来事の数々は、語る僧自身からは遠い話であるが、「けるとぞ聞こえし」の形によって、(私は)「こういうふうに聞きました」というように、出来事は客観化して提示される。直接体験の「し」は僧の語りを、僧の直接体験ではないものとして観客から全く引き離してしまうのでなく、しかし観客の側に身を預けてしまうのでもない、ひねりのある位置に身を置かせる。語りの出来事は、聴衆にとって遠いことであるが、過去形の語の選択は出来事を彼らから全く遠いこととも しない。さらにこの形を使うことによって、語り手はそこに物語の緊迫感を持続させる。盲目の琵琶法師たちは語の選択によって、平家の物語の一つひとつの出来事を、はるか過去の触れることのできないものではなく、過去と現在を感情的に接近したものとして、過去の世界を自分の中で追体験させる、いわば「ソ」の場をつくり出していたのである。

谷崎潤一郎の『盲目物語』もまた、盲目の語り手が体験を語る形式を取る。(7) この小説は、お市の方に仕えた語り手が一人称の視点で物語を語って展開されてゆく。外界を見ることのできない盲目の語り手の語ることを受け手が聞く。受け手が得る物語とそれを語る語り手との間の配置関係には、琵琶法師の語りに並行するようなひねりのある語りの構造が組み込まれ、それによって、見えない者が見たことが、目の見える受け手=読み手の感性の奥底に切々と迫り、物語の内容を受け手に近いものと感じさせて、それを語り手との共有物とする。

中世の終末期は平曲に限らず、さまざまな語り物の芸能が行われていた。たとえば「説教節」がある。説教節もまた琵琶の音曲にのせて、情念のこもる語る言葉を重ねて、仏教の教えを民衆に訴える語りであった。抑圧された生活を送っていた民衆は、来世での救済と再生を信じて、説経節を聴きに集まった。

説経節などの語り物の起源は詳らかではないが、およそ鎌倉・南北朝の時代にさかのぼる。こうした語り物は民衆の底辺にいた人々による、いわば乞食芸能であった。最下層の民によって演じられる語り物はほとんど記録が残されていない。そこには、それまでの宮廷文学の担い手の貴族の指向には沿わなかった陰惨な異界の生き物や龍神、鬼畜などが登場してきた。女性もまた大きな新しい意味を与えられ、ときに果敢な勇者として、ときにグロテスクな生き物に変身して登場してきた。こうした登場人物たちは民衆の中にすでに日常的で身近にあった。しかし彼らは、鏡像の中の我が姿のように、人の世界にすぐさま入り込むことのできない位置にあった。とはいえ中世の民衆の心は、そうした遠いようで近く、近くにあるようで遠いものの出て来る語り物の世界にスムーズに入っていく下地を育て上げていた。異界の生き物は、民衆の心の中において、語る物の中に登場して、あちらとこちらを結びつけるようで結びつかないような、あるいはその逆を受け容れる特殊な場を確保していた。

語り物の語り手たちは琵琶などの伴奏で音曲を奏で、工夫した声で民衆の情感に訴えかけ、神仏にすがる人の心を支えていった。不安な世の中にあって、民衆は救われることを強く願っていた。語り手たちは各地を語り歩き、民衆の信仰心に支えられながら、語りの中に土着の慣習を忍ばせていった。語りあるいは僧同士盛んに交流し合しながら、語り手と聴衆との濃密な関係性をつくりあげて日本語の感性世界を方向づけ、日本語の発声仕方を固めていった。

声に出して語ることと、それを聞く人の心に浸透させていくことは、日本語の発声の間合いやリズムを形成していった。「語り」は感情を直接的に表す歌とは異なり、そもそも出来事を聞かせることを目的としていたので、拍子にとらわれず、リズムもテンポも不確定で、不規則に変えてもよかった。それが日本語の発音やリズム感を確実に変化させていった。語りは語り手と受け手の構造をこしらえるとともに、今に直結する日本語の発声とリズムの感覚をつくり出していったのである。

4　ねじれた時間のリズム

さらに室町時代の謡曲が日本語の語感を決定してゆく。「なつかし」の意味もまた、現代のような懐旧の意味合いに向けて進むことになる。

「なつかし」は、謡曲の中でもとりわけ幽玄能のジャンルという、過去と現在を隣り合わせに見せる形式にしばしば用いられた。世阿弥作と言われる名作に「野宮《ののみや》」がある。「野宮」には二か所に「なつかし」が用いられている。以下は最初に「なつかし」が出てくるくだりである。

末枯れの　草葉に荒るる野宮の　草葉に荒るる野宮の　跡なつかしきここにも　その長月の　七日の日も今日にめぐり来にけり　裳野はかなしや小柴垣　いとかりそめの　御住ひ　今も　火焼屋の　かすかなる光や　わが思ひ　うちにある色や　外に見えつらん

（草葉がうら枯れてゆき　荒れ果ててゆく野宮の、昔なつかしいこの旧跡に、あの九月七日が、また今日めぐってきた。はかない小柴垣を巡らしただけの全くの仮のお住まいに、今も火焚き屋のかすかな火が　昔のように燃えている。このかすかな光は、昔をしのぶ私の心の炎がおもてにあらわれて見えているものなのかもしれない。ああなんというさびしい宮であろうか）

旧暦の九月七日、諸国を旅する僧が野宮の旧跡を訪れた。それはかつて光源氏が、嵯峨野の荒れ果てたこの神域にこもる六条御息所を訪ねて行った日に当たっていた。

旅僧の前に里女が現れる。彼女は、今日は重要な神事の日なので立ち去って欲しいと訴える。里女は仮の姿で、女は僧の前から姿を消すと、今度は本来の御息所の姿になって現れる。そして僧に、源氏に対する思慕の情を断ち切ることのできない苦悩と、かつて葵の上から受けた屈辱について語りはじめる。御息所は再びその場を去ると、さらに再び屈辱の象徴である牛車に乗って現れる。そして情念のもたらす輪廻の苦しみから救ってほしいと訴えると、旅僧の前から消えてゆく。

六条御息所は美貌と教養に恵まれた東宮妃であった。しかし東宮の死によって次第に没落していった。そこに源氏が現れると、彼女はたちまち激しい恋に落ちる。しかし源氏にとって御息所は所詮ひとりの恋の相手に過ぎなかった。源氏の足はいつともなく彼女から遠のいてしまう。

そのような折、賀茂の祭の車争いの事件が起きる。最初に着いていた御息所の車は源氏の正妻の葵の上の車に押しのけられてしまう。気位の高い御息所は大きな屈辱と強烈な敗北感を味わい、強い嫉妬から生霊となって葵の上に憑りつき、ついには葵の上を呪い殺してしまう。御息所は制御できない自分の本性を知り、伊勢に行く心を固め、身を清めるために野宮に引きこもっていた。

御息所から心が離れていた源氏であったが、御息所が旅立つと知ると、別れの挨拶をするため、久々に彼女を訪ねる。それが先の「末枯れの草葉に荒るる野宮の跡なつかしき」の「なつかし」の場面である。源氏は野宮を訪れ屋敷のまわりの小柴垣を見ると、御息所との昔を思い出して、「なつかしい」という懐旧の感情を抱く。

ところが源氏は禁忌の野宮で、すでに別れたはずの御息所と再び一夜の契りを結んでしまう。御息所は、結局は源氏を受け入れてしまう自分の業深い情念に、さらに悶え苦しむことになる。妄執と理性の葛藤の中で御息所の魂は、死してときを経てもなお、癒されることはなかった。

この箇所の「なつかし」は、われわれが『源氏物語』の原作において御息所と源氏のその後のストーリーを知っているだけに、源氏が抱いた単なる懐旧の思いを超えて、ますます切なく心に迫ってくる。御息所は源氏にとっては、ただかつて関係のあった一女性であるが、御息所には消すことのできない強い想いと執念がある。われわれには御息所の心にある、源氏との関係を冷静に判断しようとする自尊心と理性の葛藤が見える。「野宮」のこの「なつかし」は、源氏の感情と御息所の妄執と理性の相反するふたつの面を観客に想像させることによって、絡み合った想いを映し出す。激しく愛し睦み合った過去の出来事を「なつかしく」思う源氏の姿を想像することは、近くて遠いものの間にある深い断絶を浮かび上がらせる。ここでの「なつかし」は源氏が昔を思い出して抱いた感情であるが、謡曲の受け手はそこに異なる次元の断層を一層鮮明に見るのである。

「野宮」の終わりに、ふたたび「なつかし」の語が出てくる。御息所は車に乗って火宅の門から出て行くのであるが、その前に彼女は次のように嘆息する。彼女の心を炙り出すかのように、野宮の情景を地謡がうたうのである。

露うちはらひ訪はれし我も其人も　唯夢の　世とふりゆく跡なるに　誰松虫の音は　りんりんとして、風茫々たる　野宮の夜すがらなつかしや

（露を払って訪問を受けた私も、訪問してくださったその方も、みな昔の夢と時は過ぎゆき、空しい跡をとどめているだけなのに、誰を待つのか、松虫はりんりんと鳴き、風は音をたてて吹いている。この野宮の夜の趣きはなんともなつかしいことか）

御息所は荒れ果てた野宮の夜の景色を見て昔をなつかしいと思う。遠い昔はもはや自分ではどうしようもできない。生死の道をさまよう自分もどうしようもできない。彼女にできることは、同じ場所にいながら、昔のことは決して接触することができないという想いを吐露することだけである。ここでの「なつかし」には諦観の色が濃い。同時に、諦観と情念は、遠く離れていると同時に、隣り合って見えるものであることを教えているようにも思われる。

謡曲「野宮」は、六条御息所の魂が僧の祈りによって救われ、迷いの世界から抜け出したのかを定かにしない。この最後の場面で用いられる「なつかし」は懐旧の感情であるが、過去の激しい情念は、今はどうすることもできないことを念押ししている。

謡曲の「なつかし」は、「もの」への接触をもとにする古代の「なつかし」から遠く離れるものではなかった。やはり名曲として知られる「松風」にある「なつかし」がその例で、そこには「もの」に接触することのもつ意味が強く表わされている。

謡曲「松風」は、宮廷歌人在原行平が須磨に流されたときに出会った姉妹の海士女、松風・村雨と

の切ない恋慕を描く曲で、物語はやはり『源氏物語』の「須磨」の巻を下敷きにしている。

あはれ古へを。思ひ出づれば懐かしや。行平の中納言三年《みとせ》は此處に須磨の浦。都へ上り給ひしが。この程の形見とて。御立て烏帽子《ゑぼし》狩衣を。残し置き給へども。……

昔を思い出すとなつかしい。行平様はこの須磨にいらしたが形見の品を置いて都に行っておしまいになった……。海女の姉妹は昔を思ってさめざめと涙する。姉の松風は行平の形見の狩衣と烏帽子を身にまとう。形見に接触し密着させることでさらに恋の思い出が溢れてくる。そして松風は松の立ち木を行平と思って舞い狂う。

ここでも「なつかし」は昔を想う意味で用いられている。しかも「もの」に接触することによっていよいよ高まる慕情と懊悩の思いが色濃く描かれる。「松風」には「野宮」の六条御息所のような強烈な妄執はない。とはいえこの曲で姉の松風がなつかしさを募らせて踊る恋心は、御息所と同じように激しく強い。それは、形見を身につけるという、「もの」との直接的な接触が生み出している。

やはり名曲として名高い「井筒」にも「なつかし」の語が出て来る。曲の最後の場面の地謡の中にある「われながらなつかしや」である。「井筒」は伊勢物語の「筒井筒」を軸とした世阿弥の作で、女が業平の形見を着て井戸に身を映して昔を回想すると、そこに業平の姿が映っていたという幻想的な能である。ここには実際の「もの」はないが、この「なつかし」の内容は「もの」に即して出てくる感情で、現代に近い懐旧の意味を見せている。

「夢幻能」と呼ばれる分野の謡曲は、舞台の設定そのものが「なつかし」の心情を際立たせる。夢幻能では旅の僧として現われたワキが名所旧跡を訪れるという設定で始まることが多い。旅の僧はその場を確認する目撃者の役割を果たす。次に旅僧の前に前シテが登場して、その名所旧跡にまつわる物語を淡々と語る。後半になるとシテは本来の姿となって登場して、昔を回想し、懐旧の想いを謡い、舞い、回顧的な意味合いの「なつかし」をうたう。

中世は死も異界も人々の身近にあった。過去もまた人に近いものであった。しかし「近い」ということは、結局はその中に入り込めるということではない。隣接とはむしろ、ものが如何に遠く離れているかという断絶性を露呈する。謡曲の「なつかし」は、今ここにある場所や「もの」が、どうしようもなく遠くにあり、どうすることもできないものであるという、「とき」がつくる隔たりの感情を熟成させていった。旅の僧はそのために必要であった。

謡曲は名所旧跡などの場所やゆかりのある「もの」、形見の品などを設定している。特別な場所は、同じ場所であることのもつ持続性（つまりそれは隣接性であるが）を示すとともに、ときの紡ぎ出す隔絶を暴露する。旅の僧はこのことを確認する役割を担って登場する。演劇上のこの設定が、昔を振り返りながらも過去に遡ることのできない、過去と現在の落差がつくる感情を練り上げていった。すなわち、今と過去を結びつけるものに対して、人は振り返るだけで何もできないという、「なつかし」が孕む現代に続く意味合いを育てていったのである。

日本語のもつ「なつかし」の意味合いは、過去と現在との果てしない断絶と隣接を、そして触れられるようでいて触れられない、螺旋階段の上からその下の段を見るような構図の上にできている。謡曲には旅僧だけでなく老人が登場し過去を回顧するものも少なくない。老人は過去を振り返り、胎内へと回帰するかのように過去へと漸近する。過去を想い過去へと逆走してゆくベクトルは、歳を取ればむしろ強まる。近くの場所に戻って昔を思うことで、かえって絶望的な境界が見えてくる。老人、旅の僧、名所旧跡、形見などによる謡曲の設定は、演じる者とそれを観る者という構造の中で、過去と現在の切断された中に生まれてくる「なつかし」の感情をつくりあげていった。

中世は言語が抽象化を遂げた時代であった。それは貴族的な社会から武家社会に時代が移って行く不安な世相の中で、言語の世界が新しい読み手として、武家と、そして広い意味での庶民を対象とすることの中に果たされたことである。庶民層は具体的な現実を見るが、現実を見据えながら、現実の彼方を眺めていた。こうした中で「なつかし」は、『万葉集』のころのような具体性の強い接触的な感情を留めつつも、触れることのできないもののもつ、どうしようもないもどかしさをすくい出していったのである。

「なつかし」はおだやかに、しかし着実に浸透していた。「なつかしい」という日本語にある、近くにありながらどうにもしようのない感情、やるせないという感覚は、深く言語の中に宿り、現代の歌謡曲やJ-ポップのBメロとなって顔を出してくる。そこには段差があると同時に、ふたつの切断された世界を乗り越えようとする場が設営されている。

すでに見たように、段差は日本語の声の出し方を変えて、裏声と地声を交替させる歌い方をつくっていった。発声の段差は、アクセントのある直前で息を切るリズム感をつくりだした。リズム感は切断された音を、少しの間をおきながら繋いでいく。それは、一息の声の中においても音がゆらゆらとゆらぎ途切れるような発声であった。段差の感情は「なつかし」の中に日本語独自の意味をもたせるとともに、発声の中に独自のリズム感となって定着して、後の時代へと引き継がれていった。

一六世紀初頭に編まれた、俗謡のアンソロジーに『閑吟集』がある。この歌謡集に謡曲「野宮」の一部が組み込まれている。『閑吟集』とは『梁塵秘抄』の少し後の時代に、風雅な往時を偲んだ隠者が編んだもので、現代のポピュラー曲や歌謡曲と同じようなかたちで人々の間に広がり、歌われた。この一五八番に、先に引用した「野宮」の「末枯れの……」の部分が入っている。つまり室町のころには、回顧的な意味合いでの「なつかし」はすでに世間に定着しており、現代の意味合いに近い、慕わしく思い出されるという感覚で用いられることになっていた。

「なつかし」が人々の間で使われていた状況は、たとえば『日葡辞典』に窺うことができる。一六世紀に来日したイエズス会の宣教師たちは、布教のために日本語を習った。このとき彼らが日本語の辞書として用いたのが、ポルトガル人のジョアン・ロドリゲスが書いた『日葡辞典』であるが、この中に「なつかし」の語がある。ここで「なつかし」は、「一所に居合わせない人と人との間で恋しく思うこと」という現代語の意味合いで、しかも人々の間で普段用いられる語として収録されている。懐旧の「なつかし」の語は、少なくとも一七世紀初頭には一般的に現代の意味合いで定着していたのである。

「もの」や人への接触を求める感情であった『万葉集』の「なつかし」は、近世には確実に、対象と距離を置いた意味になっていった。しかも静かな情感の語となっていた。「なつかし」の基になった語「なつく」の「つく」がもつ、「もの」に接着する意味合いは薄れている。「なつかし」は、主観的で直接的な接触の感情から、私からもあなたからも離れた、対象化される「ことがら」に対する感情へと変化している。つまり「もの」から「こと」へと移行している。「なつかし」は近づきたくても近づけない「私」の感覚と情感の側面を磨きあげていった。あるいは「なつかし」は、「なる」＋「つく」の中の、「つきたい」私の、「ナ」の感情の底辺を広げてゆき、私の中へと、私の心の底へと向かっていったと言えるのかもしれない。

したがってあるいは次のように考えられるかもしれない。「なれ」と「つく」からできる「なれる」が形容詞化されてできたのが「なつかし」である。当然「な・つく」の「ナ」は、語源的には「私」である「ナ」であったわけではない。しかし「なつかし」の語義の展開には、どこやら「ナ」に「つく」、つまり、「ナ」＝「私」が、昔の「私」につこうとする「つく」という側面が透けて見えるようにも見えてくる。そもそも「ナ」は「私」であるが、同時にまた「あなた」でもあった。それに「ナ」の語源と語義は非常に多く、「ナ」は生命を維持してくれるほぼすべてのものにわたる語であった。(8)「なつかし」は、あるいはそのようなすべての「ナ」に「つく」ことの感覚をどこかに付着させ、日本的な感性をつくっていったのかもしれない。

終章　リズムと断層

段差のあるリズム、途切れるリズムは、裏と表を別のものとして切断して考える日本人の認識がつくりだした。日本人は、表面に見えない「裏」の方に真の心が宿っていると捉えた。そもそも「裏」と「心」の原義は同根であった。表立ってこない気配が言いたいことを見、言葉の裏側に真意を探ろうとするのは、表と切断された裏を、こよなく愛んできたからである。

日本人は、陰に潜み表に隠れた裏のもつ潜勢力を重視してきた。裏が支えるのでなければ表はうまく力を発揮できない。掛軸や表装の裏打ちは表を映えさせるために、いかに入念に行われることであろう。

陰に隠れる裏は明確に自身を表さないで、漠然と本意を示唆することになる。京都人の言い回しはおだやかな言葉の裏に言いたいことを隠しているとされるが、しかしそれは京都の人に限るものではない。額面が言いたいことではなく、伝えたいものは隠されており、また無いものの中に有るはずのものを探り、「空気を読む」ことに日本人は鋭敏であり続けた。接頭語の〈ウラ〉にはその意識が表れていた。日本語の裏は表と隔絶されて潜むことによって力を発揮する、表と拮抗した世界の半身である。

実は接頭語の〈ウラ〉には当初、「強い感情」という要素があった。しかしそれは次第に弱まり、心の「底」という側面が大きくなって行った。そして「うら～」は「どことなく～」、「なんとなく

〜」という意味合いとして使われることになった。第1章で述べたように〈ウラ〉には、他の接頭語の〈ヒキ〉や〈トリ〉が与えることのできないニュアンスがあった。〈ウラ〉は裏の語義のように、表には見えてこない、奥底にある「心」を表すための語のしるしとして、「心の底から来る強い感情」を暗示する働きをもっていた。本来強い力をもつ裏を、日本人の感性は明示しようとしない。裏は表と切断されるところでこそ、生きてくる。

明示されないものである裏は、日本的な感覚に、見えないところを含めて全体をぼんやりと見やる見方を強くさせる。見るというよりも、むしろぼんやりと感じることへの嗜好を強くしてゆく。この感じ方、ものの見方は、畢竟《ひっきょう》、下方向へのリズム、水平方向へと向かうリズムと重なり合うものであった。

現在の日本人にとって、花と言えば桜を指す。われわれはその桜をぼんやりと見る。花見の桜を見るとき、われわれはじっと花弁のひとつ一つを見つめるのではなく、全体をぼんやりと見て、情景全体を感じ取る。しかし古代の日本人にとって「花」は梅を指していた。とはいえその梅の花の味わい方もまた、視覚的に見るというよりも、香りの漂いの中に身を置くことによって、ぼんやりと梅の香りの気配を感じるというものであった。[1] あるいは日本の湿潤な空気は全体をぼかして見せるもので、人は多くを明瞭に見ようとしなかったのかもしれない。

何かの裏を読もうとするとき、人の目はどこか特定のものや場所に焦点を合わせないで、漠然と、見るともなく、何かに焦点を合わさないでいる。「遠くを見る目」という言い方がこれを表している。裏を見ようとするとき、人の意識はものごとが進行してゆく前方にではなく、内向きの、下向きの、さらには閉じられて隠されたものの中へと、あるいは進行方向とは逆の方向へと向かう。そこには浮遊感さえ漂う。裏に向かう日本人のリズム感覚は、こうした方向性を反映したものとなった。日本的な感性のリズムは、ゆっくりと、じっくりと、下に向かい、あるいは後ろへとあとずさりするような、したがって過去へと向かうものになった。それはたとえばうなずき方、姿勢、歩き方、のこぎりの引き方の方向などという所作・動作に表れてくるとともに、「なつかしい」という感覚を育ててゆくこととなった。

感性のリズムは身体のリズムをつくる。また身体のリズムは表現のリズムとして表れる。ヨーロッパのリズムは蹴って外へと開放してゆくもので、途中で区切ることなく、粘って、作用と反作用のバランスを保ちながら、循環する軌跡を描いて続いてゆく。このリズムは日本人の求めたものとは真逆であった。

それはまず、脚で地面を蹴って進む運動に表れている。蹴るためにはまず身体の準備をする。この準備がリズムを持続させてスムーズな連続して流れる時間をつくる。これが西洋近代音楽のリズムの基盤となった。ところがこれは日本人にとって捉えるのになかなか苦労するものであった。そこで昔から伝統的にある裏拍で西洋音楽リズムを捉えようとした。しかしそもそも裏に対する意識には大きな差異があった。

西洋音楽の「ウラ拍」とは、蹴って円弧の軌跡をつくって循環してゆくリズムの中の通過点である。ところが日本人はこれを、表の拍に対しての裏にある拍という意識の中で捉えた。ここに日本語のもつ裏と表の段差が無意識のうちに入り込むことになった。

西欧の近代音楽では、演奏の前の音がまだ出てこないうちでも、すでにそこにリズムは流れている、と捉える。演奏者の身体はそのリズムを感じてすでに準備をしている。拍は次の拍を飲み込むように前もって意識されており、終わった拍は余韻を残して持続している。リズムは循環していく。このような、次へ次へと粘りをもって続いてゆく中に西洋音楽のリズムと拍感はあった。

日本語は導入された西洋の音楽に対して慣習的に使ってきた裏拍という言葉を当てはめたものの、そのウラは日本語が伝統的に培ってきた、表に対しての裏であった。表の拍は、待ち構えていて、いったん息を止めて切断してタメをつくり、次いで勢いをつけて拍の瞬間を打つ。表と交替するように裏拍がつくられる。このように、切ることと打つことを繰り返す日本人の拍感は、西洋音楽の循環するリズム感を上手く捉えることができなかった。

蹴ることで生まれるヨーロッパの上向きの動きでは、次へと粘って続いてゆくリズムを循環させるために、再び落ちてきた身体が地面をしっかりと蹴る。蹴って上に向かうリズムが生まれる。この中に、循環してゆくリズム感ができ上がる。循環の中のウラ拍の裏は、流れてゆく動きの中にある、通過してゆくベクトルの動きの中にあって、点としてさえ捉えられない、自らの尾を喰らうウロボロスのように、持続する運動そのものであり、その軌跡であり、軌道である。ヘビの口は尾を捉えたところですでに次を始めようと構えている。

西洋近代音楽のリズムの礎とも言えるバロック・ダンスでは、最初のステップは次に続くリズムのために、一歩脚を後ろに引いて、尾を口にしたウロボロスのように、次の動きの準備をしていた。こうした準備のもとに振り上げられた脚は、凝縮した力を身体運動へと繋げてゆく。日本の裏表の伝統と慣習の中で培われた日本語のウラ拍に、このような概念は生まれてこなかった。日本語の裏は、表と交互になりながら裏・表、裏・表と交替してゆく、切断された段差の一方だったからである。

この段差のリズム感は、外国人にとっては日本語の促音「ッ」の撥音の難しさとしてあらわれている。「北海道」は「ホッカイドウ」ではなく「ホカイド」に、「執行」は「シッコウ」ではなく「シコウ」になってしまう。また日本人はたとえば演説をするとき、語尾を切ってもう一度母音を引き延ばして、「あの、お〜」、「これに関しては、あ〜」というように、語を切り、もう一度最後の母音を伸ばす口調が多い。日常生活の中でも日本人で発声を切断する話し方をする人はまれではない。これもまた、切断する日本語の発音特性がつくり出す、日本語のリズム感が培ってきたものと同じ根に発している。前から続いてくるリズムを切断し、打ちおろすことでできるのが、日本語の「裏」がつくるリズムであった。

日本語の「なつかし」の根源も同じところにある。それゆえ「なつかしい」は翻訳の難しい語として扱われてきた。欧米語はそもそも日本語のような「裏」の方向感などなかった。日本人の感性が「裏」を求めたのに対して、ヨーロッパは「対《コントル》」を選んだ。彼らにとって大地は、人間に対峙するもっとも大きなコントルの相手であった。日本のリズムとヨーロッパのこの概念の落差は踊りや歌の歌い方の違いにも現れていた。バロック・ダンスの中のペアになって踊る「コントル・ダンス」と、日本の盆踊りのような一斉に同じ動きをする踊り方との違いを、もう一度思い起こしてみたい。「対」とはたがいに向き合うことであり、対峙し、ときに反発し合うものである。しかし日本の場合はふたつを対立させるよりも、ひとつを切断し、そこに裏と表を取りだした。その間に断層ができた。表と裏との間のふたつは拮抗しあっている。盆踊りの動作がそうであるように、ときに後退しながら進むことも、この均衡する感覚の表れであったと言える。対立しあうもの同士は、共存しながら、しかしおたがいにどちらかからも離れ、どちらかと交替し反発し合いながら、どこかで折り合う場を選択してゆく。こうした中で釣り合いを求めることが日本的なリズムの基にあった。

もっとも西欧における「対」の考え方はルネサンス以降になって、とりわけ明確になったことである。ルネサンスになると画家たちは、画布上に人と地球の重力を描こうとした。ルネサンスは人間を発見したが、同時にルネサンスの人間は大地を発見した。大地と向き合い、大地に反発する人間は、両の脚をもって地面に踏ん張って立つと、その体重を支える堅固な大地と「対《ツィ》」となった。生きる人間は重力を感じ、重力に反発して地面を蹴りあげる。大地はその反作用で人間を支える。人間の動きは大地に対するところに発した。人は筋肉の力で地面を蹴り上げ、大地を駆け抜ける。こうして画布の上に、体重をもち、大気を吸って生きる人間的空間ができ上がった。

　さらにルネサンスの生んだ透視遠近法が、こちら側にある近景から森や山々のある遠景まで、大地を歩いて行くことのできるリアルな空間描写を実現させた。とりわけ中景は、人が触れることができ、そこにあるものとの距離を認識させてくれる生活空間を描かせてくれることになった。人間が筋肉を使って歩き、走り、生活する空間は、中景に描写された。絵画の中景には人間たちが住む家屋が建ち、猟をして駈けてゆくことのできる野山や、植物を栽培する畑や果樹林が表現されてゆく。

　人は筋肉を使って歩き、働き、走り、戦った。人の身近にあって、筋肉の力で地面を疾走する最速の動物は馬であった。こうして馬は跳躍する筋肉の典型として、速度の基準となった。現在でも仕事率の単位には馬の力、つまり「馬力」という語を用いている。

　一方、日本人の感性は、ものと「対」すること、対峙することを選ばなかった。人は「場」の中に入って行き、その気配を受け入れるという考え方をする。人は気配の中に浮き、煙のように場に漂うようでもある。場もまた堅固ではなく、人を受け入れることで揺れる。近代西欧画に描かれた大地は動じることがないが、日本の「場」は、人とものの出入りに合わせて変化する。日本語の「浮世」という言葉は、場とは浮いて変わる世界で、そこにある気配とは、変化し漂うものであることを教えている。

もっともこのような感性は日本人だけがもつ、日本独特のものであったわけではない。西欧においても、人々が地球の重力を意識し表現するようになるのは、近世に「距離」という概念が確立してからのことで、つまり、たかだかここ数百年のことなのである。あるいは世界を全般的に見渡すなら、ヨーロッパが辿った近代以降の足取りのほうが特殊であると言えるのかもしれない。ヨーロッパにおいても中世キリスト教絵画は現実的な距離感を明確にしていない。金箔を背景に幼子を抱くマリアは、大地の下からの重力ではなく、画面に対して背後からの垂直の、つまり壁の遥か奥向こうからの力を受けて座して宙に浮いているかのようである。

距離を見出し、大地に対峙し、筋肉の力で走る人や馬を描き出した西欧近代は、産業革命を成し遂げる。近代的な機械は筋肉の動きを超えて行く。最速の動きをする馬はもはや速さの基準とならない。機関車の登場は社会経済を変える。スピードのある機械の乗り物は、速度と距離に対する認識を変えることになった。

近代は、歩く筋肉に基づいていたリズム意識をも変えることになる。その変化の仕方は速度標記の変遷のところで見たとおりである。距離概念は成長もするが、衰退もする。近代の終わりは、自ら生み、培って来たものに対して、今度は疑問符を打つことになる。距離の認識は逆方向に振れ、そしてさらに衰退へと傾いていく。

絵画史は近代の距離意識のこの変遷の過程をつぶさに語り出してくれる。近代以降の画家たちの興味は、もはやルネサンス人が寄せたところにはなかった。遠近法のイリュージョンを編み出し、如何にして遠方へと広がる広大な自然を三次元的に描き出すかは、彼らの主たる関心事でなくなった。画家たちは、ぼやけて揺れ動く、曖昧なかたちを追った。彼らは競って、水面に立ち上り、よどみ、くぐもり、遷ろう、輪郭の定かでないものを追い、求めた。モネやマネは、水蒸気や煙、霧、水面のもや、霞などを好んで描いた（図26）。彼らだけではない。浮くものや、未だ対象が定かでなく距離感を測らせないような、遊泳感のあるものを、印象派の画家たちは憧れた。彼らは杳《よう》とした漂いこそを希求した。堅固に建つ石の大聖堂さえ、光線の具合で揺れ動くようにさえ描かれることになる。

とりわけ機関車という馬を超える速い乗り物が、形状の定かでない煙を排出させて走ると、画家はこぞって機関車の蒸気に満ちた駅舎に赴くことになった。駅には新しく描く対象となった漂いがあった。駅はこうして、近代芸術の行方を象徴的に語るテーマとなる（図27）。

距離を測らせないものが求められ、ヨーロッパの「距離」意識は永遠の基準ではなくなっていた。画家たちは重力からの逃避を造形作品の中に模索し、現実的な空間描写をするという距離表現の呪縛から逃れようとしたのである。

西洋の近代が終わろうとしていたとき、距離からの逃避は音楽にも反映した。すでに触れたように、いわゆる近代の「絶対音楽」は基本的に時間の粗密をなくすこと、つまり拍とリズムの固定化の上に誕生した。バロックより以前には、音楽の拍は必ずしも均一なリズムを刻むものではなかった。拍子の概念は無く、音の均質でない奏法は珍しくなかった。ところがバロックの舞踊が拍を明確にし、西欧近代のリズムをつくる。身体が次の動きを準備し、そして伸び上がるバロック・ダンスの一連の動《ムーヴマン》きは、身体を重力から開放させて、ゴムのような上向きの運動を形式化した。これはその後の数百年間にわたってヨーロッパ音楽を支配する近代的なリズムを枠づけることになる。楽譜の小節線は、地面を蹴って上向きに循環してゆくリズムを視覚化する、このムーヴマンの観念を反映したものであった。ルネサンスの画家たちが夢中になった地球の重力の表現を、音楽家たちは、筋肉を用いる舞踊をひな型にして、跳ねるリズムを外化させようとした。このリズムは楽譜に書き写され、固定化されていった。ヨーロッパの近代は絵画においてと同様に音楽に対しても、音と音との距離を客観化することに成功した。ところが一九世紀は音楽に対してもまた、距離からの束縛を断ち切ろうとする。音楽も絵画に似た道をたどることになるのである。

画家たちが重力と遠近法からの解放を試みたように、音楽家はリズムと和声の体系を改変してゆく。

図 26　マネ『駅舎』

図 27　モネ『サン・ラザール駅』

こうしてとりわけドビュッシー以降、無調や一二音階を均等に用いることによって、楽曲は古典的な調性と和声理論の枠組みから自由になろうとする。作曲家たちは再び古い教会旋法を持ちだしてくる。全音音階を操り、四度や八度、長二度や長七度、増五度の進行を頻用しながら、彼らは和音をひとつの音の塊として扱ってゆく。音楽の形式は自由に流動的になり、旋律は解き放たれて動いてゆく。音楽家は縛られていた約束事から逃れて、音はあたりに煙るように漂うことになる。

音の距離感の規律を崩し、音の距離と音の幅による和声の理論を再編して誕生してゆく音の重なりは、もはや音同士の距離の論理によるのではなく、揺らぐ全体として捉えられる。そこには流動的で漠然とした響きが生まれ、五線譜のもつ拘束が消えてゆく。ドビュッシーのフルート無伴奏の名曲『シラックス』（一九一三年）は当初、小節線がなかったとも言われる。エリック・サティはたいていのピアノ曲に小節線を引いていない。バロックが編み出した明確な拍子をつくるという小節線の役割は薄められていったのである。小節線の削除が拍感を排除し拍子を見えなくすると、音は漂う塊となって耳に運ばれる。近代が終わるとき、音の距離意識もまた、次第に老いていった。

しかし日本においては、音楽ははじめから距離の呪縛を免れていた。音は伸縮する場に浮いていた。それに、西洋音楽がドレミファソラシドという平均律の音階を数値的な計算によってつくり出していたのに対して、邦楽の世界はむしろ音を微妙に外したり、あえて音程からズレた音にすることを当たり前のこととしてきた。西洋の音楽では音程の許容範囲にない音や、楽音から排除される音を、邦楽はときに意図的に使い、正確な音程から微妙に浮くような音づくりをする。むしろ音が「どツボに嵌まる」ことを避け、音をしゃくり上げたりする。あるいは積極的にユリをつくる。一音は長々と伸ばされるが、その音の中で音程は揺れ、強弱をつける。揺れる幅も揺れる速度の粗密も変わる。こうした音づくりをする日本の音楽的伝統は、距離概念の明瞭な西洋近代音楽の楽譜の中に収められない。人の呼吸をひとつの根《コン》とする日本の奏法は、そもそも西欧近代の楽譜という均質な時間の秩序を受け容れにくい構造をもっていたのである。

日本人の感性は重力に反発し「対」するのではなく、重力を受け入れるものであったからである。ここに下方に、内側に向かうリズムが生まれたのであった。同じように刀を使うとしても、剣道が刀を打ち下ろすのに対して、フェンシングは突いた刃先を外へと払う。邦楽器を演奏する方向も西欧的な動きとは逆で、下へ、内へと向かい、沈み込む。オーボエやクラリネットが上向きに吹くのに対して、尺八は下向きに吹く。リュートは同じ音に対してふたつの弦を張り、二重の弦を指に絡ませるようにして弾く。これに対して同じ撥弦楽器であっても、三味線の弾き方はバチの重さを利用するようにして下方向に向かうもので、また弦の上でバチを止めて音を切るように弾く。リュートが指の腹の柔らかな部分でねっとりと絡ませて音を保ちながら弾くのとは、発音も音質の目指す方向性も異なっている。しかも三味線はリュートのようなフレットをもたないことで、音程に微妙なユリをつくってくる。

しかし日本人の感性は、ただ内に向かい下に向かって、表と裏を分離するのではない。それらの均衡をつくるのである。つまり「ソ」の場が設けられる。このことは、ヨーロッパの近代文化が、相手と対峙する「対」の文化をつくり、対峙するもの同士を粘って結んでゆき、それがリズムにおいては循環する軌道を描く形をつくっていったことと対照的である。「ソ」は裏と表に切断されたふたつの段差を繋いで、場にいる者をくっつけたりあるいは再び引き離して見させるような、独特の力を発揮する。「ソ」は切断されたもの同士を離しながらつなぎ、裏と表を分けながらつなぐ。あるいは、切断されているからこそ、「ソ」が生まれ、「ソ」の力が働き、裏と表の拍を交替させるリズム感をつくっていったと言える。

この構造は演劇の舞台にも表れている。たとえば歌舞伎の花道は、役者と観客が対面するというヨーロッパ近代の演劇概念の枠外にある。花道は、演ずる者とそれを観る者との間の、どちらのものでもない捻じた構図の中間者の位置にある。歌舞伎の花道はふたつをともに繋ぎながら、均衡を保つところにある。花道は舞台と客席のどちらからも近いように見えるが、どちらの世界にも属さない。花道は現実に観客の目の前にありながら、演劇上の現実からは遊離しており、距離感の曖昧な世界である。舞台と観客のどちらからも近くて遠い「ソ」の場である。

映像の世界もこれを使う。「ソ」は私とあなたの間にあって、どちらにも近く、またどちらからも離れた位置取りをする。日本絵画の中景描写にはそれが表れされていた。小津安二郎の映像世界も、「ソ」の具現化であったと言える。小津が頻用する、照準を合わせないうちにいつとも知れず移ってゆく凝視しないカメラ・アングルは、日本語の「ソ」のイメージであった。「ソ」は注意を「もの」から「もの」へと、あるいは「もの」から「こと」へと、巧みを見せることなく移してゆく。「移る」の「ウツ」は、ウツシ（顕）、ウツツ（現）に、写しに由来する。このウツシへと推移してゆくものの束の間いる場所が「ソ」であった。

「ソ」の働きは、切り取るとともにその間をつなぐ、独特の時の意識をつくっていった。「なつかし」はそうした感情の表れ方のひとつであった。「なつかし」はただ過去を振り返るところに出てくるものではない。切り取られた過去とゆかりのあるかけらをきっかけに、昔を思い出す感情である。そこにはものの「切り取り」がまず、ある。何かをなつかしく思うとき、われわれの心は「過去にあったこと」がつくる、或る「部分」と接している。

歴史は連続的であるが、思い出は断片である。思い出の断片は、揺曳する記憶の断章であり切片であるが、そうした切片は束の間膨らんだときに、今の「私」に接近してくる。日本の映画やテレビ・ドラマのナレーションにはしばしば、「そのとき私はこの生活がいつまでも続くものと思っていた」というものがある。このナレーションはそれから起こる悲劇を予感させる。この台詞の部分は、過去のあるときを切り取ってきて、それをその後に起こる出来事と区切り、現在との間に断絶をつくることによって、私の物語を、今の私からも過去の私からも手の触れられない時空間に投げ込む。

今も昔も日本人はこうした切り取りによる枠組みを好んだ。絵巻物はこの構図を、俯瞰的で、回遊的な断片で描いてみせた。段差と断層を設けることで、「ソ」の場がつくられた。この構造は「なつかし」の枠組みをつくった。段差をつくり、下へと後ろへ裏へと向かう日本人の方向性は、一方では身体の方向性に表れて日本人のリズム感をつくっていったが、それはまた「なつかし」に代表される日本人の感性を支えるものであった。

日本の文学は叙事詩のような長編小説ではなく、断片的なエピソードを回想する短編を好む。詩歌も長編の叙事詩よりも、和歌や俳句など、切片を描くジャンルに秀でる。長編の『源氏物語』は長編小説なのではなく、光溢れる源氏を取りまく、個々の女房たちのエピソードの壮大な集成であるともいえる。

「ソ」の文化は、跳躍して先に進む、開放して伸びてゆくようなリズムづくりをしない。「ソ」をつくる感性は、表にあるものと裏にあるものとを並置させながら、釣り合いを求めてその間にある。それは回想する心を育み、推量する力をそだてる。「ソ」は境界を決めず、凝視されることを拒みながらそこにいる。「ソ」は人を近づけず、「ア」からも「コ」よりもさらに遠く、その緩衝作用の中に日本人の感性を浮かび上がらせる。この「ソ」が日本的なリズムをつくり、日本的な感性をつくり出している。

こうした日本的なリズム感は、ときに異なる国の音楽を聴いたりダンスを見たりするとき、あるいは実際に踊ったり演奏しようとするとき、わたしたちを戸惑わせる。しかし日本人のリズム感の出処を知ることによって、わたしたちはむしろ様々なリズム感が教えてくれる豊かな差異を、さらに一層楽しむことができるように思う。

註

第1章　「ものおと」の気配

（1）佐々木健一『日本的感性』中公新書、七五－八六頁。
（2）ジークムント・フロイト「不気味なもの」『フロイト著作集三』人文書院、三五〇頁。また、拙著『メトニミーの近代』（三元社）、第5章「リアリティと陶酔」において、「不気味なもの」について詳しく触れているので参照されたい。
（3）「わたり」については、佐々木健一前掲書、第1章の、「8　わたりの遠近法」のうち、とくに一五一－六頁。
（4）ヨハン・ゴットフリート・ヘルダー『言語起源論』（木村直司訳）大修館書店、八四頁。
（5）同右、七五頁。
（6）同右、七五頁。
（7）同右、六四－五頁。
（8）金田一春彦「国語動詞の一分類」、金田一編『日本語動詞のアスペクト』むぎ書房所収、一－一六頁。および、高橋太郎「解説　日本語動詞のアスペクト研究小史」、同書、三三一－五六頁。
（9）オットー・フリードリヒ・ボルノー『気分の本質』（藤縄千艸訳）筑摩書房、一一七－八頁。
（10）Gregor Streim,　Das Ende des Anthropozentrismus: Anthropologie und Geschichtskritik in der deutschen Literatur zwischen1930 und 1950, de Gruyter, 2008,　S.68. による。なお、ハンス・リップスの『人間の本質』は一九四一年に出版されている（H. Lipps, Die menchelihce Natur. Frankfurt a.M. 1941.）。
（11）Stefan Hajduk, Poetologie der Stimmung: Ein ästhetisches Phänomen der frühen Goethezit, e.transcript Verlag,Bielefeld,2016, S.367.
（12）大西克礼『現象学派の美学』岩波書店、二五五頁、二八二－三頁。
（13）同右、三〇三頁。
（14）G・W・クーパー、L・B・マイヤー『音楽のリズム構造』（徳丸吉彦、北川純子共訳）音楽の友社、一三頁。
（15）同右、一六頁。
（16）同右、一二頁。
（17）同右、六五頁。

第2章　リズムの方向

（1）C・D・ポリワーノフ「日本語の音楽的アクセントに関する研究について」、村山七郎編訳『日本語研究』（弘文堂、一九七六年、七九－九〇頁）所収。

（2）『日本の深層』集英社文庫、二三四頁。

（3）佐々木高明「戦後の日本民族文化起源論――その回顧と展望」、『国立民族学博物館研究報告書　34（2）:211-228（2009）』所収、二一一頁。

（4）角田忠信『日本人の脳』大修館書店、七一－二頁。

（5）角田忠信『続・日本人の脳』大修館書店、一五頁。

（6）同右、二七四－五頁、三〇六－七頁。

（7）同右、六六頁。

（8）角田忠信『日本語人の脳』言叢社、「序にかえて」、一五－六頁。

（9）高橋龍雄『国語学原論』中文館蔵版、一九三四年、三六－四四頁。

（10）川本茂雄は、三好達治の俳句風の四行の短詩「茶の丘や／桔皐（ハネツルベ）／馬／梅の花」（四行に行分けされる）の例を挙げて、行と行の間へと移りゆくにあたって点景となる物が例示されることによって、また、切れ字の「や」によって休止が醸し出されるとしている。川本茂雄『ことばとこころ』岩波新書、一八〇－一頁。

（11）「日本古典文学全集・謡曲集」（1）小学館、一四頁。

（12）日本語の四拍への偏愛と四拍維持の傾向については、古山和男「日本語の「ムーヴマン」を維持する「長音」「促音」「撥音」」、『国立音楽大学研究紀要』第四六巻（二〇一一年）四六頁を参照のこと。

（13）アルファベットの手書き文字の終わり方（右上に跳ね上げる）は、編曲家でチェリストの大澤久氏のアイデアをもとに、ここに発展・展開した。氏からはレッスンを通じて、リズムに関する多くのヒントをいただいた。また以下に続くアラビア語のカリグラフィーについては、アラビア書道家の本田孝一氏から直接話を賜り、それらを基にここにまとめた。両氏に感謝したい。

（14）本田孝一「アラビア語書道の各スタイルにおけるアルファベットの立体的分析」、『日本中東学会年報』一九九一年、第六号所収、二〇三頁。なお、本文中の図版は当該論文の二二二頁から引用。

（15）本田孝一『日本中東学会年報』日本中東学会、第六号、一九九一年、二〇二－三五頁。および本田孝一 Japan Association or Middle East Studies, No. 9.1994, p.241-271。ナスヒー体はシンプルで標準的、スルス体は高度に洗練された代表的な書体である。また簡略体としてルクア体がある。本論文V章のアラビア語書道の諸要素の分析とアラビア語の空間構成を参照。

(16) 本田「アラビア語書道の各スタイルにおけるアルファベットの立体的分析」二〇三－四頁。

第3章 模倣のリズムと情景の模写

(1) 朝日新聞の記事(二〇一五年一一月一四日東京版)、「政治を写し進化するリズム」。
(2) フリードリヒ・ブルーメ『バロックの音楽』(和田旦、佐藤巌訳)、白水Uブックス、八三頁。
(3) ただしバロック音楽の時間は規則正しい時間を刻むものではなく、本来歪んでいると見做さなければならない。この問題については古山和男「拍節の音楽的時と科学的時間――「ムーヴマン」の時間の歪みについてのデカルト的考察」、『国立音楽大学研究紀要』第三〇号(二〇〇七年、二五五－六九頁)を参照のこと。
(4) 浜中康子『栄華のバロック・ダンス――舞踊譜に舞曲のルーツを求めて』音楽之友社、二〇〇一年、四二頁。
(5) 小節線成立の他の要因は、井戸和秀著、「音楽における拍子概念と表現に関する一考察(Ⅳ)――その成立過程と自然リズムの観点から」、岡山大学教育学部学術研究委員会編『岡山大学教育学部研究集録』八九号、一九九二年、一五七－八頁。
(6) 佐々木健一『美学への招待』中央新書、一三六頁。
(7) ブルーメ、前掲書、四一頁。「(語り)言葉は音楽の女主人であるべきで、下女であってはならない」。もっとも、バロックの模倣と情感の音楽とみなすものとの間には大きな落差があり、バロックの時代の言葉と音との関係はルソーの時代と原則的に異なっている。
(8) その一方で、バロックの作曲家たちは、たとえば「自然」を模倣する場合、鐘の音や鳥のさえずりや小川の直接的な響きを、その響きのままに表す、ということも行っていた。ブルーメ、前掲書、五七－八頁。
(9) ブルーメ、前掲書、四二頁。
(10) Béatrice Didier, La musique des lumières, PUF, p. 185.
(11) ダランベール自身、ラモーのもとで音楽理論を学び、ラモーの和声の理論を要約して出版していた。ダランベールが解説を付したラモーの翻訳本は、分かり難いラモーの考えを平易に整理して、ドイツやイギリスなどの当時のヨーロッパに愛読されていた。ところがダランベール自身はルソーにもラモーにも与せず中立的な立場を保った後、次第に両者に対して対立関係になっている。
(12) 原表記は、Lettre sur la musique française. 白水社版の邦訳『ルソー全集　第12巻』では「フランス音楽に関する手紙」とされている。『フランス音楽に関する手紙』は一七五三年一一月に発行された、わずか九二頁の小冊子(パンフレット)であるが、激しい反論を呼び起こし、ブッフォン論争を新しい局面へと導くものとなる。
(13) ルソーの理論上の不整合性は、イタリア音楽とフランス音楽の優劣性にも及ぶ。一七五二年から翌年にかけて書いた「フランス音楽に関する手紙」では、イタリア音楽は、和声は簡素となり優秀である古代の音楽に近いが、フランスでは言語が非音楽的であるせいで和声に関心が向けられ、騒々しい音楽がつくられることになったとしている。フランス音楽は画一的で拍子もリズムもなく、歌詞はみじめでうるさく、フランス語はしなやかさがなく、モノローグは退屈で、耳をくるしめるものでしかない。旋律は言語の影響を受けるものであるが、フランス語は音楽にふさわしくないので、作曲家は旋律を作れず、人々は和声に専念したと、ルソーはしている。ところが「音楽劇に関する手紙」ではこれと真逆のことを言う。

(14)『ルソー全集　第12巻』では、「グリム氏に宛ててフランスとイタリアの音楽劇を論ず」となっている。原表記は、Lettre à M.Grimm, sur le drame musicale en France et en Ltalie.『ルソー全集　第12巻』の「解説」によると、ルソーのこの草稿は、ルソーの草稿が多数所蔵されているスイス・ヌーシャテル市立図書館にはない。わずかにアルベルト・ヤンゼンが『音楽家としてのジャン＝ジャック・ルソー』(ベルリン、一八八四年)の補遺Ⅰの第一番として発表している。ヤンゼン版によればこの「グリム書簡」は一七五〇年に書いたとされる。

(15)『ルソー全集　第12巻』三一一頁。

(16)もともと彼のフランス音楽批判は古代ギリシアの音楽と近代音楽とを対比させて、前者を称賛することから始まったものだったからである。『言語起源論』のルソーによれば、言語の起源は、本来情念を伝達することにあった。しかし本来、情念の中に生まれた「情熱の娘」である言語は、その後言語が発達するにつれて、情念を忘れ、観念に身を寄せ、「堕落」していく。言語はただ伝達の手段となってしまう。当初、歌として発生し、美しい旋律をもつものであったはずの音楽は、和声を重んじて、堕落した。ルソーの時代の言語はイタリア語にしてもフランス語にしても、古代の言語からは遠く離れており、彼にはどちらも音楽的な言語ではないと思われたのであろう。ルソーは「フランス音楽に関する手紙」では、イタリア音楽の優れた点をまず言語から説き(甘美で響きがよい、諧調があって、アクセントがはっきりしており(『全集12巻』三六八頁)、それゆえイタリア語は旋律に拍子を与える、としている。ルソーにおいては「旋律の統一性」は筋の統一性と同じように重要だとされる。そしてイタリア語は耳にひとつだけの旋律をもたらすとしている。(『全集12巻』三七六－八頁等)。

(17)片山千佳子、関本菜穂子、安川智子「ダランベール著『ラモー氏による理論的・実践的音楽の基礎原理』に関する考察」、『東京藝術大学音楽学部紀要』第三四集、二〇一〇年、二八－九頁。

(18)「フランス音楽に関する手紙」、『ルソー全集　第12巻』白水社、三六二頁。

(19)本書のルソーの引用は基本的に、『言語起源論』については小林善彦訳の現代思潮社版を、その他は白水社版『ルソー全集』を用いている。邦訳版ではdisposition は「気分」と訳されていないので、原文のニュアンスが伝わりにくい。この語が使用されている箇所の原文を引用した版、および頁数は以下の通り。Correspondance complète de Jean Jacques Rousseau, édition critique établie et annotée par R.A.Leigh Tome II、1744-1754, Institut et Musée Voltaire Les Délices, Genéve,1965, p. 162.

(20) このルソーのリズムとアクセントに関する部分は「バーニー氏に宛てて音楽を論ず」に出てくる。『ルソー全集12巻』所収の同書簡中のうち、とりわけ四五二―五五九頁である（海老澤敏訳）。この邦訳部分は、刊行者の緒言にあるように、ルソーの手稿の断片である。
(21) 「フランス音楽に関する手紙」、『ルソー全集　第12巻』、四五九頁。
(22) 「バーニー氏に宛てて音楽を論ず」、前掲書、四五八頁。
(23) 同右、四五三頁。
(24) ルソー『言語起源論』（小林善彦訳）、現代思潮社、九一―三頁。
(25) この寓話はグリムの作で、当時よくつくられた小冊子（パンフレット）の形で出された。ローネイのまとめた『ブフォン論争』の番号でVII/143-145にある、第四章の「樵」。（Denis Launay, La Querelle des Bouffons, textes des pamphlets,Tome I, Chapitre IV ,minkoff reprint, Genève, 1973, VII/143-145, <Le bucheron>）ドルバック、ディドロたちはやはりパンフレットの中で、イタリア・オペラとフランス・オペラを比較するにあたってこれに言及している。ルソー自身もまた、「フランス音楽に関する手紙」の中でこの寓話について触れている（『ルソー全集　第12巻』、三九六頁）。
(26) 日本語の地名においても「ン」で始まるものは皆無ではなく、沖縄に「ンブフル」という島名などの例がある。
(27) 「の」もそうした働きをすることは、第2章の、『万葉集』や佐々木信綱の歌のところですでに見た通りである。「の」は日本語の中でもっとも多くつかわれる語で、大きな役割を果たしているんであるが、この「の」はある種、「ん」の変異体である。「の」をゆっくり発音すると、「ん」が聞こえてくる。「の」（n-o）の音の中には、n「ん」がある。「の」（n-o）の反復によるリズム感の変換は、「ん」を借りることで、足りない拍価を捻出してリズムを整えている。
(28) 井上ひさし『私家版日本語文法』新潮文庫、一九三―五頁。
(29) 山口謠司『ん　日本語最後の謎に挑む』新潮社、一二五頁。
(30) 同右、一五四―六三頁。
(31) 大野晋によると「ぬ」と「の」の等音性は平安時代からあったが、江戸に広まる。万葉仮名の読み方から研究するところによると呉音の読み方から推察される。「偲ぶ」をシヌブ、シノブ、「楽し」をタノシ、タヌシと読むなどの例がある（『岩波講座　日本語5　音韻』一六四―六頁）。
(32) 木村敏、坂部恵『〈かたり〉と〈作り〉』河合文化教育研究所、二四一頁。
(33) 『坂部恵全集　4』岩波書店、所収、「〈しるし〉〈かたり〉〈ふるまい〉」、三二五頁、三三一頁。
(34) 英語の擬音が約三〇〇〇語であるのに対して日本語は一二〇〇〇語と約四倍あるとされる。（灰島かり『絵本翻訳教室へようこそ』、研究社、六七―八頁）。ただしこれは日本語の動詞が少ないためである。たとえば英語の場合、「声を出して笑う」

のにはlaugh、「微笑する」はsmile、「くすくす笑う」はgoggle、「にやにや笑う」をsimper、「馬鹿笑いをする」はguffaw、と語を分けているが、日本語はそれぞれにオノパトペを使う。

また、日本語の、「だらだら歩く」、「てくてく歩く」、「とぼとぼ歩く」、「ふらふら歩く」が、英語ではそれぞれ異なる語を使うという場合の擬態語と擬声語との具体的な区別については、小倉慶郎「日英オノマトペの考察——日英擬音語・擬態語の全体像を概観する」、『大阪大学日本語日本文化教育センター授業研究』一四号（二〇一六年、二四‐五頁）の指摘を参照。なお韓国語は日本語よりもさらに擬音が多い。

（35）小倉前掲論文（三一頁）ではオノマトペAとオノマトペBという分け方をしている。

（36）大野晋『新版　日本語の歴史』朝日選書、四八四、四九七頁。

（37）大野晋によれば、日本語のざわめく、ざわつく、ざわざわとの例からも見られるように、この語は動詞の語根となり、副詞ともなるが、「ざわ」は主格にも目的格にもならない、という。（『日本語の文法を考える』岩波新書、七一頁）。また、沖森紅美『色彩語の史的研究』（おうふう）の第二章の、シロ、クロ、アカ、アオの各節の詳述を参照（九九‐一七一頁）。

第4章　リズムの距離

（1）折口信夫『折口信夫全集　第三巻』中央公論社、二〇頁等。こうしたところから「ものがたり」とは人の口に託して霊（もの）をかたることの意味となる（『折口信夫全集　第八巻』一〇二‐三頁）。

（2）南波浩『物語文学概説』ミネルヴァ書房、一一‐三頁。

（3）「日本語と哲学の問題」、『和辻哲郎全集　第四巻』岩波書店、「続日本精神史研究」所収、五二四‐三六頁。

（4）出隆「『もの』と『こと』によせて」『出隆著作集4』勁草書房、五二頁、六〇‐二頁。出隆の考え方は後述の日本語の隠された主語という点で、後述の「場」の考え方につながる。特に、「人なるもの」と「人なること」の違いは、前者では「人」が他と関係なしにそれだけで単独にあるのに対して、「人なること」は主語が隠されているが実は「何ものかが人である」ということ（判断）である、として、「こと」が属性的であると解釈して抽象的に見たからである、とする部分（同、六四頁）。

（5）東辻保和著『もの語彙とこと語彙の國語史的研究』汲古書院、二七‐四四頁。

（6）西下経一郎『國語と國文學』（第31巻第1号、一九五四年。『平安朝文學』一九六〇年四月号に再掲載）。近代における「もの」・「こと」論では他にとくに、南波浩、阪倉篤義、絲井通浩、山口尭二の重要な研究がある。

（7）廣松渉『もの・こと・ことば』勁草書房、六頁。

（8）たとえば大野晋『日本語の文法　古典編』角川書店、二〇二頁。

（9）木村敏『木村敏著作集2　時間と他者／アンテ・フェストゥム論』弘文社。とくに一二九頁以下の「時間と自己」（一九八二年）の第一部「こととしての時間」を参照。
（10）佐藤信夫『レトリック感覚』講談社学術文庫、一四〇頁の佐藤のつくった換喩の例を引用。提喩の例も佐藤に準じる。
（11）グループμ『一般修辞学』（佐々木健一、樋口桂子訳）大修館書店、二一〇－二頁。
（12）東辻保和、前掲書の、特に第二部、「判断表現『ことなり』『ものなり』」に史的考察についての詳細な考察がある。
（13）秋本守英「『徒然草』の表現」、『論集日本文学・日本語3　中世』一二七頁。
（14）池上義彦『「する」と「なる」の言語学』大修館書店、二五八頁。
（15）『西田幾多郎全集　第5巻』岩波書店、「述語的論理主義」、六九頁。
（16）西田の場所理論は難解な部分が多いが、以下、西田の場所と述語中心の考え方がよく表れている原文を引用する。「意識と概念「実在としての力の於いてある場所というのは、物理学者のいわゆる力の場という如きものでなければならぬ。」（『西田幾多郎全集　第4巻　働くものから見るものへ』岩波書店、二四一頁。なお、旧仮名遣いは新仮名遣いにして引用）。西田は徹底して、「概念と意識を話して考え」（二七三頁）なければならないとする観点から、主語・述語の関係を場所の問題として論じる。「主語と述語との合一に至って知識はその極限に到達する。しかしかかる合一を意識する時、かかる同一なるものも於いてある場所がなければならぬ。有るものは何かに於いてあると云う時、同一なるものの於いてある場所がなければならぬ。」（同、二六八頁）。「直観というものは述語的なものが主語となることである。」（同、二七五頁）。「判断が内に超越することである、内に主語を有つことである。」（同、二七五頁）。「判断の立場から意識を考えるならば、述語の方向に求める他はない」（同、二六九頁）。「直観とは……主語面が深く述語面の底に落ち込んで行くことである、述語面が何処までも自己自身の中に於いて主語面を有することである、述語面が主語面となることである。述語面自身が主語面となるということは述語面が自分自身を無にすることである、単なる場所となることである。」（同、二八三頁）。「主語面を超えて之を内に包むものが意識面である。……その背後に一般的なるもの、すなわち述語的なるものがなければならぬ、かかる述語的なるものが主語となる時、広い意味に於いて働くものが考えられる。」（同、二八五頁）。「述語が主語を含むという考えから云えば、主語が無限に述語に近づくことが働くものを考えることであり、述語面から云えば、述語面から自己自身を限定することであり、即ち判断することである。…（中略）…働くというのは主語面が述語面に近づくと考えられる如く、又述語面が主語面に近づくことである、述語面が主語面を包んで余地あるかぎり働くものとなる。働くとは主語面を包んで余りある述語面が自己の中に主語面を限定することである、」（同、二八八頁）。
　また、場所についてはとくに同、二四二頁に「有が有に於いてある時、場所は物である。…（中略）超越的なるものが内在的となるというのは、場所が無となることである、有が無となることである。」とある。
（17）『西田幾多郎全集　第4巻』、二六九頁。

(18) 同右、二八八頁。
(19) 同右、二八三頁。
(20) 同右、二八三頁。
(21) 時枝誠記『国語学原論』(上)、岩波文庫、五六‐六一頁。
(22) 同右、五八頁。
(23) 「場」と「場面」という語の使い分けについては、たとえば高橋太郎が一九五六年に区分している。高橋によれば、「場面」は客観的に存在する非言語的対象であり、「場」は主観的・心理的・生理的な「意識形態」である(「『場』と『場面』」、『国語国文』25‐9、一九五六年、京都大学文学部国語国文学研究室)。
(24) たとえば角田太作『世界の言語と日本語――言語類型論から見た日本語』くろしお出版、一七八‐八七頁に詳細な類型分析と問題点の指摘がある。
(25) 同右、一四七頁、一六二頁。
(26) 金谷武洋『英語にも主語はなかった　日本語文法から言語千年史へ』講談社。金谷は「スペイン語に『主語』はあるか」とも問う。同右、一六七頁。
(27) 同右、一四八頁。
(28) ルソー『言語起源論』(小林善彦訳)現代思潮社、三〇頁。
(29) 同右、第四章。
(30) 「パダン・パダン」胸にせまりくる あの足音は／つかれた足音 昨日の足音／生きる苦しさよ 破れた心よ／人の世の悲しさ疲れたあしおと胸にひびく／パダン　パダン　パダンまた聞こえるものは／パダン パダン　パダン明日の足音さ…。なお、本文中で挙げたジャヌカンは、ルネサンス期にこうしたオノマトペを頻用して、ときに風刺的なあるいは卑猥なシャンソンを多く作った(『鳥』、『狩』、『みじめな心』など)。
(31) 河合隼雄『中空構造日本の深層』中公文庫、三六頁。
(32) 同右、四一頁。この中間にある部分を河合隼雄は最終的に「中空構造」と命名した。『河合隼雄著作集8　日本人の心』岩波書店、二九二頁。

第5章 「ソ」の裏側

(1) 「ソ」の問題は、大槻、佐久間に限らず、多くの研究者が仮説を提出している。金水・田窪はそうした論文を収集した(金水敏・田窪行則編『指示詞』(「日本語研究資料集、第一期第7巻」)ひつじ書房)。この論文集の中で、たとえば阪田雪子は「ソ」を相対的領域観と絶対的領域観へと移るものとして「ソ」を捉える(同書所収、「指示詞『コ・ソ・ア』の機能について」、六一頁)。高橋太郎は「場」と「場面」によって異なる「ソ」の捉え方を提示した(同「『場面』と『場』」四一-四二頁)。また堀口和吉は「指示語の表現性」において、指示詞が基本的に話し手と聞き手が同じ空間を共有している、身振り手振り・表情を共有するときに対象を指示するものがコ・ソ・アである(同「指示語の表現性」七七-八頁)、として論理を展開する。本章ではとりわけ「ソ」が放つ問題を「間」、「中間」にあるという点に即して問題となる論考を取り上げる。

(2) 佐久間鼎「指示の場と指す語――『人代名詞』と『こそあど』」、金水敏・田窪、同右、所収、三四-五頁、および一八六頁。

(3) 金水・田窪、前掲書所収「〈解説編〉――日本語指示詞研究史から/へ」、一六六-八頁、一八四-六頁。

(4) 金水・田窪は、「コ」・「ソ」・「ア」を、指示するものが目の前にある〈現場指示〉の場合と、文章や会話の中で用いられる〈文脈指示〉の場合とで分けて考えてゆくのであるが、実際にそこに指し示すものがある現場指示と、指示対象の見えない文脈指示の「コ・ソ・ア」は異なってくるとする。文脈指示の場合の「コ」は、説明の中で処理している対象、あるいはすでに指示していた事物のうち、とくに取り上げたいものを指すもので、「ア」は話し手が過去に直接体験として出会った対象である。

(5) 堀口和吉の「指示詞考」では、コソアを分ける場合、自己に関わりが強いとする対象を強烈に指示するか(「コ」)、遥かな存在と捉えるものを強烈に指示するか(「ア」)、平静に指示するか(「ソ」)、という分け方をしている点で、堀口においてもコソアに心理的な認識の側面が強いと金水・田窪は言う(前掲書、一七八頁)。

(6) 大野晋『日本語の文法を考える』岩波書店、七五頁。同『日本語をさかのぼる』岩波新書、一七四-八頁。ただし、竹林一志のように『徒然草』のき、けりの分析で直接体験・間接体験に集約できない点を分析する考察がある。『日本古典文学の表現をどう解析するか』笠間書院、一六〇頁。

(7) 服部四郎、「コレ、ソレ、アレとthis,that」、金水・田窪編前掲書所収、五〇頁。

(8) 形容動詞(「静かな」など)も形容詞に準じるもので、この分類に加えることが出来る。ただし属性形容詞の「菓子は美味しい」と、今、眼の前に菓子があって私が食べて、それを美味しいと感じて「〈この〉菓子は美味しい」という言い方とは異なる。「〈この〉菓子は美味しい」の、指示詞「この」は「この菓子」を味わう「私」を現前化する。属性形容詞は指示詞の使い方など、場合によって感情形容詞化する。そこに「私」がいることは、その場にそう感じる「私」がいることを、「そこに判断者の私がいる」ことを露わにする。「彼は悲しい」という言い方にも、現在の彼をそう判断する「私」がそこにいるという状況が現れ出てくる。日本語の形容詞は実質的に感情形容詞に近い使い方をすることが多い。

(9) 金田一春彦『日本語動詞のアスペクト』むぎ書房、七-一六頁。

(10) E・バンヴェニスト『一般言語学の諸問題』(河村正夫他訳、みすず書房、一九八三年、所収)、第V部14章「動詞における人称関係の構造」(高塚洋太郎訳)、二〇六頁。この論文は一九四六年に Bulletin de la Société de Linguistique, XLIII に発表された。
(11) 千野香織「古代文学と絵画」『日本文学史 第三巻 一一・一二世紀の文学』所収、岩波書店、二九六－七頁。
(12) 大野晋は「トキ」を「溶ける」の意味に由来し、存在するものが溶けること、くずれて崩壊して行くことと類推した(『日本語をさかのぼる』一八八頁)。
(13) 金田一春彦『日本語(上)』岩波新書、一二六頁。
(14) 同右、一〇八頁。
(15) 菊池清麿『日本流行歌変遷史』論創社、一四頁、二一頁。
(16) 同右、一四頁、二二頁。
(17) 鴨下信一『日本語の呼吸』筑摩書房、一一二頁。
(18) 米山文明『声と日本人』平凡社、一一一頁。
(19) 同右、一一四頁。
(20) 同右、一一六頁。

第6章 「なつかし」のリズム
(1) 佐々木健一『日本的感性』中公新書、五七頁。
(2) 『平家物語総索引』金田一春彦他、学習研究社、一九七三年版による。
(3) 『平家物語』は異本が非常に多く少なくとも五〇種を下らない。それらは琵琶法師の語りの台本の「語り本系」と「読み本系」に分類されている。現在一般的に読まれているのは、一二巻とは別に巻末に「灌頂巻」を特別に置いて建礼門院の後日譚を記す「語り本」系の中の「覚一本」である。
(4) 佐倉由泰著「物語としての語り」(杤木孝惟夫、長谷川端、山下宏明、梶原正昭編『軍記文学研究叢書6 平家物語 主題・構想・表現』汲古書院、五二－三頁所収)によれば、文末部における用例として、きこえし(しか)、は覚一本では九二例ある(内訳、「けるとぞ聞こえし」三五例、「ぞきこえし」四例、「とぞきこえし」五〇例、「きこえけり(ける・けれ)」一三例、「きこゆ」四例など)。また文中における用例としては、覚一本には一〇二例ある。「きこえしかば」五四例、「きこえしかども」四例、「きこえしが」一二例、など。
(5) 日下力「『保元・平治物語』の琵琶語り」、『国文学 解釈と鑑賞』第51巻、1－4(4)、一九八六年、三二－三頁。日下は、「けるとぞ聞こえし」が「けるとかや」や「けるとぞ承る」といった明解な伝聞表現とは異なり、語り手の「私」が、過去の物語から語りの現在へと自らの素面を有情させるという。「けるとぞ聞こえし」によって今と過去とのつなぎ方に「私」が顔を出し、このためここに抒情が生まれることになった、と指摘している。

（6）村上學によれば、覚一本の合戦場面の表現時制がしばしば現在・完了形が使われることは注目すべきである。過去を過去として定着させるだけであるのなら、表現時制も過去形でよい（『平家物語と語り』、三弥井書店、四五－七頁）。

（7）山下宏明、『琵琶法師の「平家ものがたり」と能』塙書房、一一六－七頁。山下は語り手と受け手について、「物語・小説は、語り手と聞き手、その語りの素材・対象世界との関係を結ぶことによって成り立つ」、としている。

（8）「ナ」は私を意味するとともに、あなたを意味する。「なつかし」の語源である「なれ」と「つく」の「なれ」にしても、ナレはかつて、「私」であり「あなた」を表す語であった。そもそも「ナ」は多くの重要な意味を蓄えた語で、たとえば「肴」（ナ）は肉・魚・鳥獣の肉などの意味をもつとともに、「菜」（ナ）、つまり野菜の意味をもつ。つまり「ナ」は食物一般の総称のことである。さらに「ナ」は現在の中（ナカ）の古形である。「ナカ」の「カ」は、「どこか」「ありか」「すみか」の「か」と同様の、場所を示す接尾語である。中の場所が「ナ」なのである。また「ナ」には「名」の意味がある。つまり「ナ」は「名」すなわち物や人の名、評判である。さらに「真名」は漢字の〈真〉の文字である。また「仮名」は〈字〉、〈文字〉の意味であり、「ひらがな」「カタカナ」と言う例があるように、「ナ」には「字」、「文字」という意味がある。古代の社会においては、名は実体と区別され難かったので、みだりに自分の名前を人に教えなかった。「ナ」が文字という意味をもつこと自体、文字と物の名が区別され難かったことを示している。つまり「ナ」は、人称、食物、場所と位置関係の中のことであり、われわれの生命をまもり生活をし、この世に存在する上で必須の、生命維持のための根源的なこと・ものの意味をことごとく携えていた。それゆえ「ナ」は様々な意味に分岐して行くことにもなった。このような意味で「なつかし」の「な」は、語のはじまりの段階ですでに日本語の根幹となっていたと言える。

終章　リズムの断層

（1）佐々木健一『日本的感性』中公新書、二七－八頁。

あとがき

「あとがき」という部分はたいてい、書店で本を手にしてパラパラとページをめくってゆくかなり早い段階で目にされる部分だろうから、これをここで告白してしまうのはあまり得策ではないのだが、敢えて言おう。

私はリズム感が悪い。

しかしだからこそこの書を書こうと思い立った。

ことのはじまりは何となく始めたチェロであった。それまでもいろいろと楽器に興味をもっていて、あれこれ試してはいたが、ある日突然、チェロを弾いてみたいと思った。さっそくインターネットでチェロ教室を調べ、小さな教室の扉をたたいた。現われた先生は音楽大学を卒業してまだ日も浅い、若くて快活な颯爽とした青年だった。

最初のころ、レッスンはそれなりに進んで行った。ところがある時、先生は眉間をピリピリっと痙攣させると、見る間に顔を般若のように硬直させた。そして天をも貫く鋭い声で、「あなたはリズム感が悪い、悪い、悪すぎる」と叫んだのだった。さらに、「あなたの音を聞いていると腹が立つ」とその声を震わせた（すみません。敬語は省略させていただきます）。

人間の怒りは一度或るハードルを越えると、そこから先はどんどんエスカレートするようである。それまで温厚で、若者には珍しく美しく丁寧な言葉遣いで接してくれていた先生は、爾来、本当に、よくぞまあ厭きないものだと感心するほど、全精力を注ぎ込むようにして怒鳴るようになった。レッスンの度ごとに実によく怒り、奇声を上げた。たぶん最初のうち穏やかだったのは、この生徒のリズム感は今のところまだまだだが、そのうち分かるだろうと我慢してくれていたからなのだと思う。しかし私のリズム感はいつまで経っても、なかなかよくならなかった。

それからというもの、レッスンはひたすら一本の解放弦を弾くだけのものとなった。先生の一、二、三、四の声に合わせて、ブー……ブー……と、ひたすら開放弦を弾くのである。曲や音階など全くやらせてもらえない。毎回、毎回、レッスンはただ、先生の拍を数える声に合わせて弦を弾くだけである。いや、正確に言えばただ弾くというのではなく、私がブーと弾くと、たちまち先生は眉をピリピリと神経質に動かせ、叫声を響きわたらせるという連続だった。こんなふうに書くのは先生には大変すまないのだけれど、これは事実で、先生は実にまじめに、どこまでも真摯に、顔を真っ赤にさせて、罵詈雑言の限りを尽くして全身全霊で怒った。色白の顔は真っ赤になり、飛び出さんばかりの目には毛細血管が散っていた。総立ちとなった髪の毛の先には本当に立ち登る湯気が見えるようだった。ほっそりした身体の一体どこから出て来るのかというほどの咆哮怒号で、大人が地団太を踏んで怒るという光景を、私は生まれて初めて見た。

私には弾く前にするべき準備のリズムがなく、最初の拍を目がけて突進して行くように弾いているらしい。私にその自覚がない。弾く前に瞬間的に息を止めてしまうようで、そのたびごとに先生は怒り狂う。弾き出しには身体を少し沈み込めるらしい。自分では気をつけているつもりなのだが、いくら直しても直らない。その動作にも先生には虫唾が走るらしく、ますますいら立つようだった。

私のリズムの取り方が先生には生理的に我慢がならなかったのだ。西洋音楽のリズムは丸く連続的で粘りながら、しかも外に向かって解放していく、常に持続する動きをもつのでなければならない。メトロノームに合っていればいいのではなく、リズムが感じられる弾き方をするのでなければならない。

弾く前の準備の呼吸は、それから始まる音楽のすべてをつくっていくものなで、それを大切にしなければ、すべてが無駄である。音を弾いていないときのリズムはさらに重要で、むしろ休符のあるところや音を長く伸ばすときこそ、循環するリズムを感じさせるものでなければならない。プッンプッンと切れてしまうのではない、ねばりをもった音の連続しかチェロから出してはならないし、そういう音しか正しいリズムと音楽をつくってくれない。さらに、弾き終える音の処理には細心にして最大の注意を払っていなければならない。

私はそのことがなかなか体得できないでいた。こうして何か月もただひたすら解放弦をブーと弾いては怒鳴られる、ブーと弾いては罵倒されるという「地獄のレッスン」が続いた。しかし真っ赤になって説明する先生の言葉には結局のところ、なるほどというものがあった。私は罵声を浴びせかけられながら、やっと拍とリズムの理解の入り口に立ったと実感したと思った。

リズムは身体《おなか》の中心から外に向かってゆくものなのだから、弓を弾くときには決して身体の先端にある手足の方から先に動かしてはならない。そのためには常日頃の動作も気をつけていなければならない。日常生活の中で、たとえばコップを取る動作や、玄関のベルを押す動作も、指先から先に動かすのではなく、身体の中心から指を動かすつもりでなければならない。実際にレッスンでは、コップをもつ所作、本や楽譜を開くときの手の動かし方、玄関のチャイムを押す動作を何度も練習させられた。西洋の音楽をやりたいのであれば、まず普段の身体の動作全体を見直すことを学ばなければならないというわけであった。

しかし身体がそれを会得するにはかなりの時間がかかる。齢を重ねてからのリズム・レッスンは、固くなった筋肉と、地下水路のように出来あがってしまっている神経の網を構築し直し、脳への経路全体を改造してゆく作業であるのだから、想像以上の気力と体力が必要である。リズム感は身体感覚である。出来上った身体感覚はなかなか変えることができない。チェロの先生は、あなたの弾き方を見ていると気味が悪い、ぞっとする、恐怖さえ感じる、とも言った。ずいぶんの言われ方だと思うが、それは先生の身体が感じる生理的な反応だったのだろう。

そのうちチェロ教室への脚は次第に遠のいていったが、しかし密かに名づけたこの「地獄のレッスン」のおかげで、私のリズムへの興味はむしろ広がっていった。「まえがき」で書いた相槌のエピソードも頭の中にあった。そして日常のリズムを含めて、リズム感というものについて何かまとめられるのではないかと思うようになった。

そのときまずキーワードとなったのが、日本人の「裏」の意識であった。日本文化の中で、「裏」は重要な役割を果たして、言語のリズムや詩歌の音律を支配している。日本人の感覚の裏にはかなり特殊なところがあり、これがリズムにも反映していると考えるようになった。

西洋音楽のリズムが取れるか取れないかには、「裏」、いわゆる「ウラ拍」をうまく取れるか取れないかで決まるところがある。大人から楽器を始めた人がリズムで悩むのは、この「ウラ」の拍をうまくつかまえられないことによる場合が少なくない。ウラ拍の苦労はヨーロッパの人たち、たとえばフランス人に話してもなかなかうまく伝わらない。そもそもウラ拍という言葉自体、それほど使われていないようである。実際に彼らを見ていると、普段あまり音楽に縁のなさそうな人たちさえ、ウラ拍の問題など全く存在しないかのように難しいリズムを簡単に処理して、楽しく弾き、歌い、踊っている。

一拍目の前の拍の、まだ音がない拍が「前拍」であるが、前拍はウラ拍のいわば変形で、前拍を十分に感じ取れなければ正しいリズムが取れないことは、ウラ拍と同じである。前拍は循環して続いてゆくリズムの中で、音の出る前からすでに準備されている。音楽が終わって音がなくなるときもまた同じことで、そこにめぐっているリズム感を絶やしてはならない。それは余韻の表現や感じ方に表れてくる。日本人の拍取りは、むしろ切り離され、お互いに交代してゆくもののように見える。

連続させるリズムか、断絶をつくるリズムか、ウラ拍をとれるか取れないかというリズム感の問題は、日本人のものの裏と表という認識仕方に繋がっている。「はじめに」に書いたイタリア人と日本人のうなずき方の違いも、リズムの連続性とアクセントという点から考えてゆくとくっきりと見えてくる。

欧米の指揮者たちは指揮棒を勢いよく上に振り上げる。まるで馬に鞭を当てて、跳ね上がるように指揮棒を振って、リズムを体現している。その動作はいったん区切ってアクセントをつけているわけではない。指揮棒の動きや会話の中の相槌やうなずき方に見えるように、リズム感の差異は無意識的な動作の中に顔を出して来る。リズムの連続か断絶かは、言語に固有のリズムと身体の基本的な動きと通底している。リズム感は身体の動きと言語や他の表現を司って、生理的な部分さえをも支えている。私のリズム感がチェロの先生に「気持ち悪い、薄気味悪い」と思われたのも、リズム感が生理的な部分をも支配するものだからであろう。

リズムは常にかたちになることを希求し、外へと出たがっている。リズム感は日常生活の中で人の動作や仕草を律しているだけでなく、表現の方向を司って、時間的な動きの中で表現される音楽、舞踊や韻律のある詩歌だけでなく、絵画や彫刻、デザイン、装飾や建築などの造形表現の中に表れて出てくる。こうした表現全体の中にあるリズム感を、とりわけ日本人の感性の中に見てゆこうとしたのが本書である。

＊

本書の出版にあたっては多くの方々のご協力をいただいた。すべての方に感謝したい。しかしまず第一に、あれほど罵倒されはしたものの、やはりチェロの熱血先生に謝意を表したい。氏の怒号逆巻くレッスンなしには、こうした視点からリズムを考えることはなかったと思う。

とはいうものの、チェロ先生のおっしゃっていたことは、実は長年、文字通り手取り足取り、恐るべき忍耐をもってお教えいただいてきた、バイオリン奏者で指導者のIさんが何度も口にしていたこと、ほぼ寸分違わないものであった。私がそれまで正しく理解していなかっただけのことなのである。ただ、チェロは何といっても形が大きい。身体全体を大きく使う。チェロを抱え込む四肢の動きも、ダンスを踊るところと似ている。つまりよほどのリズム感がないとチェロは弾けない。この大きな楽器と格闘することで、リズムが目に見えてきたのであった。またバロック・チェロに造詣の深いチェリストのIさんから教えていただいたことも甚大である。バロック・ダンス教室でお世話になった関係各位ともども、皆さまに深謝したい。

リズムは空気のようである。普段はとりたてて意識することのない呼吸や仕草のようである。呼吸を意識することがないように、リズム感を意識することはあまりない。しかし昨今、ダンスが小中学校の教育科目に取り入れられたことも手伝ってか、人々が自身のリズム感について振り返る機会が増えてきたように思う。本書を書いた理由のひとつは、日常的には意識することのないリズム感を、リズムの出処を探りリズム感の深部にある日本人のリズム観に触れていただくことで、リズムづくりのどこかに応用していただくきっかけになればという、密やかで実践的な狙いがある。そのためリズム感の変遷をながめるという、いささか厄介な内容に触れることになった。しかしそうした箇所は読み飛ばしていただいても大筋で問題はないと思う。

とはいえどのようなものであっても、考えは言葉となり文字となり書物という形となって、人に読まれなければ意味を成さない。私がリズムに関する考えをかたちにしたいと考えていたとき、ゆくりなく巡り合い、多大な尽力を賜わることになったのが、青土社の菱沼達也氏である。氏は、羽根の先のように細やかな、かつ疾駆する駱駝のように大胆なアドヴァイスの矢を次々と射てきた。氏によって私の拙い考えは形になった。菱沼氏に対する感謝の表現を、私は見つけることができないでいる。――ただし本書の内容の責はすべて著者に帰する。

末尾になるが、学生時代からの友人であり歌人である天草季紅さんに、衷心から感謝したい。天草さんは本論の構想段階から相談に乗ってくださった。忙しい時間を割いて、私の突拍子のない質問にも的確な答えをしてくださった天草さんは、この本をともにつくった、かけがえのない戦友である。

二〇一七年一〇月　寓居にて

樋口桂子

著者　樋口桂子（ひぐち・けいこ）
名古屋大学文学部卒業。東京芸術大学美術研究科修士課程修了。ベルギー政府給費留学生としてリエージュ大学文学部留学を経て、1982年に東京芸術大学美術研究科博士後期課程満期退学。専攻は美学。東京芸術大学美術学部助手、大東文化大学国際関係学部助教授を経て、現在、教授。著書に『イソップのレトリック』（勁草書房、1995）、『メトニミーの近代』（三元社、2005）。訳書にグループμ『一般修辞学』（佐々木健一氏と共訳、大修館書店、1981）、クリスチャン・メッツ『エッセ・セミオティック』（勁草書房、1993）。

日本人とリズム感
「拍」をめぐる日本文化論

2017年12月5日　第1刷発行
2020年7月31日　第4刷発行

著者――樋口桂子

発行人――清水一人
発行所――青土社
〒101-0051　東京都千代田区神田神保町1-29　市瀬ビル
［電話］03-3291-9831（編集）　03-3294-7829（営業）
［振替］00190-7-192955

印刷・製本――シナノ印刷

装幀――水戸部功

Printed in Japan
ISBN978-4-7917-7028-1　C0030